小売マーケティング研究の
ニューフロンティア

［編著］
中西正雄／石淵順也／井上哲浩／鶴坂貴恵

関西学院大学出版会

小売マーケティング研究のニューフロンティア

序

　2011年10月8日、西宮市上ケ原にある関西学院大学で、日本マーケティング・サイエンス学会の部会が開催され、その部会において、中西正雄先生にゆかりのある研究者たちが、先生の喜寿のお祝いに寄せて「喜寿出版」をしようということになった。しかしながら中西先生のご性格から、喜寿出版というかたちでの出版を固辞されたのは容易に想像することができよう。これまでの中西先生の業績は多岐にわたるが、先生のご所属学会から、大きく「マーケティング・サイエンス」「消費者行動研究」「商業研究」という3つにご業績を類型化することができよう。中西先生のご著書・編著書は多数であるが、1978年に出版された『小売吸引力の理論と測定』ならびに1988年に出版されたMarket-Share Analysisはマーケティング・サイエンスに、1984年に出版された『消費者行動分析のニューフロンティア』ならびに1998年に出版された『消費者選択行動のニュー・ディレクションズ』は消費者行動研究に、それぞれ関した出版物であるが、最後の商業や小売マーケティング研究に関してはまとまったものがなかった。そこで先生が喜寿をお迎えになられる機会に、小売マーケティングが現代直面している課題をそれぞれ研究し、論文としてまとめ、中西先生に校閲そして編集頂くと同時に、中西先生にも特別寄稿を頂こうという運びとなった。本来ならば、本書にご執筆頂くべき諸研究者の方々も多くいらっしゃるが、日本マーケティング・サイエンス学会の部会に端を発するということで、編に包含されなかった経緯をご容赦頂ければ幸いである。

　この30年ほどの間に、商業の世界では大きな変革が起きてきた。とりわけ小売業の世界では、我が国の流通政策の転換、グルーバル化、ICTの進展、多様化した消費者行動がビジネスモデルを根底から覆し、企業間、業態間競争を激化させ、小売マーケティングの難しさを一層のものとした。このような激動の時代を共にしたマーケティング研究者にとっては、この30年間は研究材料に事欠かない豊かな時代となったといえよう。

小売マーケティングの分野における研究を、マクロ、ミクロ、そして消費者という3つの視野から考えることができる。

　第1のマクロ的視野に関して、小売業態、小売の生産性、そして流通システムとしての卸と小売の関係を本書では取り扱っている。本書の執筆者の何名かは、関西学院大学商学部で中西先生がご担当された商業学あるいは流通マーケティング入門の授業を履修している。1958年、マクネアーが提唱した「小売の輪」仮説は、これらの講義において中西先生からご教授頂いた内容のうち、初学者であった我々に相当の印象を与えたものの1つであった。そして1996年に中西先生が『商学論究』に発表された「小売の輪は本当に回るのか」論文は、その後の我々の小売の輪仮説に対する考えを改める機会となった論文であった。中西先生から特別御寄稿いただいた章では、この小売の輪仮説ならびに新小売の輪仮説を再検討され、新たに顧客ニーズ、流通サービス・ミックス、流通技術集合の3次元で定義され、業態とフォーマットの定義に関する試案を提示されている。第3章での新倉論文における、消費者による業態認識に関する認知構造と認知分布の視点からの小売業態の議論を合わせることは、興味深いであろう。また第7章での高橋論文における認知構造体としてのスクリプト視点からの小売業態の革新性も興味深い。

　小売の生産性に関して、生産性に直接関するご研究ではないが、1981年に「大点審査指標体系の整合性」論文を、1982年に「大規模小売店規制の一理論」論文を執筆されている。これらの論文に加えて、後述するハフ・モデルを修正しそのパラメータ推定の困難性を克服することにより、大規模小売店舗法審査基準の策定にも活かされ、小売行政に多大な貢献を行っている点を、ここで述べておきたい。第1章の山本論文は、付加価値額を活用し食品小売の生産性を検討し、ICTの活用の重要性を指摘している。第6章の杉本論文は、2002年に発表した中西先生との共同研究の発展であり、卸売企業によるリテール・サポートが取引先小売店の売上を増加させる結果、自社の売上も増加するという卸と小売の「共存関係」に注目し、卸と小売の共存関係の方策としてのリテール・サポートを議論した論文である。

　第2のミクロ的視野である小売マーケティングに関して、販売促進戦略、小規模小売業の経営意識と品揃え、そして業態革新を本書では取り扱ってい

る。中西先生が UCLA で学位を取得された博士論文は、広義においてはコミュニケーション戦略の効果に関するものであり、1972 年の "Measurement of Sales Promotion Effect at the Retail Level A New Approach" ならびに 1973 年の "Advertising and Promotion Effects on Consumer Response to New Products" は、まさにコミュニケーション戦略の効果に関するものである。概して、マーケティング戦略の効果を推定することは容易でなかったが、1974 年に発表された "Parameter Estimation for a Multiplicative Competitive Interaction Model.-Least Squares Approach" は革新的であり、その後のマーケティング戦略の効果測定に大きな影響を与えた。

　第 2 章の井上論文は、メーカーと小売業者にとって互恵的な販売促進戦略のあり方を論じたものであるが、中西先生のご研究の成果なしでは存在しなかった論文である。第 4 章の坂田論文は、小売マーケティングに経営意識としての自己目的志向概念に注目し、小規模小売業者としてのキルトショップの品揃えと顧客関係に注目している。筆者は 1992 年に中西先生の指導を受けるべく修士課程に入学して以来一貫してフィールドワークを中心とした方法論を採用しており、中西先生の研究に対する多彩さを垣間見ることができる側面も有している論文である。第 7 章の高橋論文は、スクリプト視点から小売業態を論じた研究であるが、小売マーケティングとしての業態革新にも接近しており、マクロそしてミクロの両側面を有した研究である。

　第 3 の消費者視野では消費者選択行動が重要となるが、目的地としての商業集積選択、カテゴリー不確実性下での選択、そしてバラエティ・シーキングを本書では取り扱っている。中西先生のご研究の多くは、選択に関するものである。今日、商圏分析において広く用いられている、中西先生が UCLA 時代にご指導を受けたハフにより提唱されたハフ・モデルや日本の研究者によって提唱された修正ハフ・モデルは、買物目的地選択行動を予測するモデルの代表である。このハフ・モデルが容易に利用されるには、自宅から商業施設までの距離の影響度や商業施設の規模の影響度を表すパラメータ推定の困難性を克服する必要があり、中西先生は、予測精度の高い MCI モデルを構築するとともに、予測に必要なパラメータの推定方法として対数中央化変換を開発した。その結果、消費者の買物目的地選択行動の予測を容易にし、

小売企業の商圏予測、商業施設を含む都市計画の策定に応用された。また一連の研究は、第1のマクロ的視野における、大規模小売店舗法の規制緩和が進む中で、どの地域でどの程度の規制緩和を行うかを判断する審査基準の策定にも活かされた。

　この流れを受けているのが第5章の石淵論文である。ハフ・モデルを拡張した小売吸引力モデルに都市施設充実度の変数を包含し、買物動機や集積の業種構成といった調整変数を勘案し、商業集積の魅力度を高める都市施設充実度の影響を考慮した研究は、マクロ的視野に対して消費者選択行動の水準から考察を行ったものとして、非常に興味深い。また第8章の西本論文は、メーカーが市場に導入した製品のカテゴリーがあいまいなハイブリッド性を有している際の消費者の選択行動に関する研究であり、小売業者の棚計画といった小売マーケティングに加えて、製造業者のマーケティングにも示唆を与える論文である。第9章の西原論文は、小売の棚などにおいて、あるカテゴリー内で品揃えが豊富な際に発生する傾向にあるバラエティ・シーキングを研究したものであり、小売の売上に直結する購買数量に関して考察した論文である。

　中西先生のご業績を述べるに際し失念してはならない研究の1つに、マーケティング活動が新製品の普及に与える影響に関する研究がある。計量経済学的なモデルによる研究が主流であった時代に、消費者行動研究の知見を活かし、広告、販売促進、知名、試用などの要因が消費者の新製品の採用行動、継続的な購買行動に与える影響を体系的に明らかにし、企業の新製品マネジメントに寄与した研究である。中西先生は、消費者の選択行動を定量的に研究した先駆者であり、消費者行動の選択行動と企業のマーケティング活動との関係、経営成果との関係を究明した点は、国内外の学界において高く評価されている。その他にも多くのご業績があるが、紙面の制約上、ここで紹介の筆をおきたい。

　小売業マーケティングという共通のテーマのもとに、中西先生そして先生とゆかりのあるものが執筆し編集された本書における研究が、小売マーケティングの発展の一助となれば幸いである。

本書の出版に際し、まず中西正雄ゼミOB・OGの方にお礼を申し上げたい。2013年11月23日に関西学院大学第4別館ならびに関学会館で開催された中西先生の喜寿をお祝いする会にご賛同いただき、約150名のOB・OGの方に本書を事前注文頂いた。このご尽力なしでは本書の出版は、実現できなかった。また冒頭で述べたように本書は、2011年10月8日に開催された日本マーケティング・サイエンス学会の市場に関する研究部会に端を発する。部会開催助成を頂戴している日本マーケティング・サイエンス学会にお礼を申し上げたい。素晴らしい表紙絵をご作成頂きました中西裕子様にも心から感謝を申し上げたい。慶應義塾大学大学院経営管理研究科博士課程の飯野純彦君には、編集作業で多大な尽力を得た。感謝の意を表したい。そして最後になったが、遅々とした進捗となり、多々お手数をおかけすることとなったにもかかわらず、本書の出版を快くお引き受けいただいた関西学院大学出版会の田中直哉様そして浅香雅代様にお礼を申し上げる次第である。

　2015年1月

鶴坂 貴恵

目 次

序　　　　　　　　　　　　　　　　（鶴坂貴恵）　　iii

特別寄稿　続「小売の輪」は本当に回るのか　　（中西正雄）
- *0.1* はじめに ———————————————————— 1
- *0.2* 既存理論の概要 ————————————————— 2
  - 0.2.1 「小売の輪」仮説と「真空地帯」理論　2
  - 0.2.2 技術フロンティアと消費者選好分布　4
  - 0.2.3 新「小売の輪」仮説　6
  - 0.2.4 伝統的モデルの問題点　7
- *0.3* 理論的前提の再検討 ————————————————— 9
  - 0.3.1 小売「業態」の定義　9
  - 0.3.2 流通サービス・ミックス　11
  - 0.3.3 小売マーケティング・ミックスと業態　12
  - 0.3.4 消費者ニーズ　15
  - 0.3.5 流通技術集合　17
  - 0.3.6 流通技術集合の共通化　19
  - 0.3.7 小結　20
- *0.4* 小売業態の定義と分類 ————————————————— 21
  - 0.4.1 業態分類に関する試論　21
  - 0.4.2 業態概念の拡張　24
- *0.5* 小売業態と競争戦略 ————————————————— 26
  - 0.5.1 小売マーケティング戦略と業態　27
  - 0.5.2 小売企業の競争戦略と業態　28
  - 0.5.3 小結　30
- *0.6* 結論 ———————————————————————— 31

第 1 章　小売店舗における人時生産性の規定要因
　　　　食品スーパーを事例として　　　　　　　　　（山本昭二）

- 1.1　はじめに ─────────────────────── 35
  - 1.1.1　小売生産性の議論　35
  - 1.1.2　小売りサービス　36
- 1.2　サービス生産と小売業 ─────────────── 36
  - 1.2.1　サービス生産性・小売り生産性　36
    - 1.2.1.1　サービス生産の向上　36
    - 1.2.1.2　サービス生産減少　37
    - 1.2.1.3　コスト削減　38
    - 1.2.1.4　生産関数での検討　38
  - 1.2.2　管理単位としての人時生産性　39
    - 1.2.2.1　サービス品質を保証するものか　39
    - 1.2.2.2　変化する人時生産性の実態　41
- 1.3　食品スーパーの生産性 ──────────────── 43
  - 1.3.1　食品スーパーの特性　43
  - 1.3.2　人時生産性の規程因　45
  - 1.3.3　人時生産性の推移　47
- 1.4　より進めた分析 ───────────────────── 50
  - 1.4.1　規模別の検討　50
  - 1.4.2　パートタイムと常勤　50
  - 1.4.3　店舗規模と従業員のタイプ　53
- 1.5　むすび ────────────────────────── 57

第 2 章　メーカーと小売業者に互恵的なセールス・プロモーション戦略
　　　　顧客愛顧追求型マーケティング戦略の互恵性への示唆
　　　　　　　　　　　　　　　　　　　　　　　（井上哲浩）

- 2.1　問題意識 ────────────────────────── 61
- 2.2　セールス・プロモーションと社会的マーケティングの過去の研究 ── 63
  - 2.2.1　メーカーと小売業者間のセールス・プロモーション効果に関す

　　　　る研究　　63

　2.2.2　社会的マーケティングに関する研究　　65

2.3　メーカーと小売業者に互恵的な
　　セールス・プロモーション戦略の事例————————— 69

　2.3.1　王子製紙グループと王子ネピア　　69

　2.3.2　製紙市場　　72

　2.3.3　「nepia 千のトイレ」プロジェクト　　73

　2.3.4　成　果　　78

2.4　顧客愛顧追求型対マージン追求型マーケティング戦略の
　　収益性シミュレーション————————————————— 80

2.5　総　括 ————————————————————————— 88

第3章　消費者の業態認識　　　　　　　　　（新倉貴士）
　　　　業態を認識させる認知構造と認知分布

3.1　問題意識 ————————————————————————— 93

3.2　業態概念をめぐって ————————————————— 94

　3.2.1　小売業態研究と小売流通革新研究　　94

　3.2.2　実体／差異としての業態概念　　95

　3.2.3　フォーマットとフォーミュラ　　97

　3.2.4　消費者の認知空間と業態変動　　100

　3.2.5　既存研究からの示唆　　104

3.3　業態認識 ————————————————————————— 105

　3.3.1　業態認識の情報処理　　105

　3.3.2　業態の認知構造　　106

　3.3.3　業態の認知分布　　111

3.4　残された課題 —————————————————————— 116

第4章　自己目的志向の小売業者としてのキルトショップ
　　　　品揃えと顧客関係の考察　　　　　　（坂田博美）

4.1　問題意識 ————————————————————————— 121

4.2 日本における手芸とパッチワークキルトに関する既存研究 ———— 124
 4.2.1 日本における手芸の既存研究 124
 4.2.2 日本におけるパッチワークキルトの発展と普及 126
4.3 小規模小売業者への新たな分析視角としての自己目的志向概念 ——— 129
 4.3.1 経営意識としての自己目的志向概念 129
 4.3.2 自己目的志向の小売業者を取り上げる意義 131
4.4 キルトショップにおける品揃えと顧客関係 ———————————— 133
 4.4.1 キルトショップの概要 133
 4.4.2 キルトショップの品揃え 136
 4.4.3 キルトショップの顧客関係 138
4.5 まとめと残された課題 ————————————————————— 141

第5章　どのような条件下で都市施設は商業集積の魅力を高めるのか
小売吸引力モデルによる選択行動レベルの分析
（石淵順也）

5.1 はじめに 145
5.2 既存研究 ——————————————————————————— 146
 5.2.1 既存研究の類型 146
 5.2.2 都市施設が買物行動に与える影響：タイプ1,2研究 148
 5.2.3 都市施設が心理的評価に与える影響：タイプ3,4研究 151
5.3 仮説とデータ概要 ————————————————————— 152
 5.3.1 問題意識と仮説 152
 5.3.2 構成概念 155
 5.3.3 モデル 156
 5.3.4 データ 158
5.4 分析結果 ——————————————————————————— 161
 5.4.1 都市施設充実度の測定 161
 5.4.2 買物目的地選択と都市施設充実度 163
 5.4.3 買回り品購入時に、なぜ負の外部性は発生するのか 165
5.5 結論 ——————————————————————————————— 169

5.5.1　まとめ　169
　　5.5.2　街づくりへの示唆　170
　　5.5.3　今後の課題　171

第6章　卸と小売の共存関係　　　　　　　　（杉本宏幸）
　　　　　その変化

6.1　はじめに ─────────────────────────── 177
6.2　卸と小売の共存関係 ──────────────────── 179
　　6.2.1　卸売業者のマーケティング　179
　　6.2.2　株式会社リテールサポート大阪　180
6.3　共存関係の変化 ──────────────────────── 184
　　6.3.1　卸売業者の戦略への示唆　184
　　6.3.2　共存関係の変化　187
6.4　結論と今後の課題 ─────────────────────── 190

第7章　消費者視点の業態革新の方向性　　　（髙橋広行）
　　　　　食品スーパーの事例を用いたスクリプト概念による検証を通じて

7.1　問題の所在 ─────────────────────────── 197
7.2　スクリプトを通じた業態認識 ──────────────── 198
　　7.2.1　消費者視点の業態認識　198
　　7.2.2　スクリプトを通じた業態認識　199
　　7.2.3　スクリプトの階層性　200
7.3　スクリプト操作による革新性（仮説）───────────── 201
　　7.3.1　2つの革新性（仮説）　201
　　7.3.2　サンシャインチェーン：店舗内行動の流れを変える革新性（H1）　204
　　7.3.3　北野エース：売り場行動の流れを変える革新性（H2）　207
7.4　革新性仮説の検証 ─────────────────────── 210
　　7.4.1　検証に用いたデータ　210
　　7.4.2　店舗内行動の流れを変える革新性（H1）の検証　211
　　7.4.3　売り場行動の流れを変える革新性（H2）の検証　213

7.4.4 購買単価・購買点数の検証　217

7.5 まとめと今後の課題────────────────── 219

第8章　カテゴリー不確実性のマネジメント　　（西本章宏）
ハイブリッド製品に対する消費者カテゴライゼーションの異質性

8.1 はじめに──────────────────────── 225

8.2 先行研究─────────────────────── 226

 8.2.1 ハイブリッド製品　226

 8.2.2 カテゴリー不確実性　229

 8.2.3 シングルカテゴリー信念　230

 8.2.4 マルチプルカテゴリー信念　231

 8.2.5 認知欲求　232

8.3 実証分析─────────────────────── 233

 8.3.1 分析対象　233

 8.3.2 リサーチデザイン　234

 8.3.3 モデル　238

 8.3.4 分析結果　240

8.4 まとめ──────────────────────── 248

第9章　製品カテゴリー内の品揃えの豊富さとバラエティ・シーキング
　　　　　　　　　　　　　　　　　　　　　　　　（西原彰宏）

9.1 はじめに──────────────────────── 257

9.2 カテゴリー・マネジメント────────────── 259

9.3 バラエティ・シーキングとは──────────── 261

9.4 バラエティ・シーキングと製品関与─────────── 263

9.5 インターネット環境や購買・買物場面における先行研究── 266

9.6 調査の概要───────────────────── 268

9.7 調査─────────────────────── 272

9.8 分析結果────────────────────── 274

 9.8.1 購買1回目の購買数量　276

9.8.2　購買2回目の購買数量　279
9.9　おわりに―――――――――――――――――― 281

索　引　287

特別寄稿

続「小売の輪」は本当に回るのか

0.1 はじめに

　マルコム・マクネアーが「小売の輪」仮説を提唱してから（McNair 1958）、半世紀以上が経過した。マクネアーの主張は、「小売業における新業態（type）は低価格、低サービス、低マージンで営業を始め、その後徐々に格上げ（trade-up）する」というものである。[1] この仮説はその妥当性について当初から厳しい批判（e.g., Hollander 1960）を受けてきたにもかかわらず、未だに多くの小売業に関する著作に引用され、現在でも安売りを標榜する小売業が出現するたびにマスコミで言及されている。研究者の間でこの仮説の普遍性の無さや実証分析の乏しさが厳しく指摘されている（e.g., 白石 1987; Brown 1990）ことを考えれば、無批判な引用の多さは驚くべきことと言わねばならない。

　筆者は前稿「小売の輪は本当に回るのか」（1996）において、池尾（1989）の議論を援用して「新業態は技術革新による流通技術フロンティアの突破によって発生する」という仮説を提示した。1企業がそれによって高収益を上げれば、他企業が追随して同業態に参入し、その結果新たな流通技術フロンティアが形成される。またその後の格上げ（または格下げ）現象は、新しい流通技術フロンティアが上下に拡張する現象として説明した。この「新小売の輪」仮説は、流通技術の革新により技術フロンティアが突破された後に何が起こるかについて、元来の小売の輪仮説に不足している部分を補っている

が、その後この仮説にも多くの問題点があることが判明した。本稿では旧稿において十分に議論されなかった部分を補足し、小売の輪は本当に回るのかどうか、もう一度検討してみたい。

0.2 既存理論の概要

新しい議論を展開する前に、まず小売の輪仮説や真空地帯理論、さらには新小売の輪仮説などの既存理論について簡単に述べておこう。

0.2.1 「小売の輪」仮説と「真空地帯」理論

マクネアーは1950年代までに米国で出現した小売業態の変遷が循環的であることに着目してこれを「小売の輪」と呼んだ。上に述べたように、その主張は「小売業における新業態（type）は低価格、低サービス、低マージンで営業を始め、その後徐々に格上げ（trade-up）する。その結果、低サービス・低価格セグメントに空白が生じ、新業態の発生を促す。」というもので、次の図に集約されている。

この仮説は、百貨店、チェーンストア、メールオーダーハウス、スーパーマーケット、ディスカウントストアなど、19世紀後半から20世紀前半にかけて現れた小売業態の発生とその後の発展にうまく適合していることから、小売業界で生れた独自の理論としてもてはやされ、急速に受け入れられたことは周知のことである。しかし小売の輪仮説が発表された直後から、この仮説の有効性について疑問が出された。たとえばホランダー（Hollander 1960）は多くの新業態が低サービス・低価格を売り物にして参入してきたことは認めているが、その後の「格上げ」現象とそれにともなう低サービス・低価格セグメントにおける「空白」の発生については、支持するデータの不足を理由に疑問を呈している。またいくつかの新業態（自販機、計画的ショッピングセンターなど）では、最初から高サービス・高価格の業態として参入してきたことを小売の輪仮説の反例として上げている。

「真空地帯」理論（Nielsen 1966）は小売の輪仮説の修正として提示され、広く引用されている。小売の輪が低サービス・低価格から高サービス・高価

図 0-1 小売の輪仮説概念図

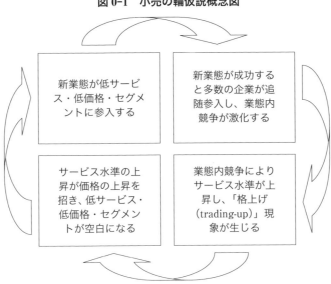

格への業態循環を表しているのに対し、この理論は逆方向からの循環を含めて説明している点が特徴である。すなわち「新業態は低（高）サービス・低（高）価格セグメントに参入するが、業績拡大を求めて徐々に価格を引き上げ（下げ）、それにともないサービス水準も引き上げ（下げ）る『格上げ（格下げ）』現象が起こる。その結果、また低（高）サービス・低（高）価格セグメントが真空地帯（＝小売企業数が少ないセグメント）となり、新たな業態の発生を促す。」というのがこの理論の骨子である。

真空地帯理論の貢献は単に格上げと格下げの両現象を説明したことだけではない。小売の輪仮説では明確にされていなかった消費者選好分布の概念を導入し、それによって真空地帯と市場セグメントとの対応を明らかにした。しかしこのことは同時にこの理論の弱点ともなっている。なぜなら、消費者選好分布を上図のような単峰形と仮定しているので、選好分布の両端は狭いことが前提になっている。そのため両端に参入した新業態は業績拡大を求めて徐々に選好分布の中心に寄ってくると考えられている。つまりこの理論では「格上げ（または格下げ）」現象の発生に関して、業態内競争を必然

的な前提にしていないのである。業態内競争の圧力が無ければ、新業態の企業の中には消費者選好分布の中心に寄りつかないという判断をする企業があるかもしれない。つまり真空地帯ができるという必然性はないのである。真空地帯が発生しなければ、長期的には消費者選好分布と小売企業の提供するサービス・価格ミックスの分布が同じになって、静的な均衡状態になる。すなわち<u>小売の輪は回らなくなる</u>。真空地帯理論はこのような論理矛盾を含んでいるので、小売の輪仮説の修正としては不完全であるといわざるをえない。

0.2.2 技術フロンティアと消費者選好分布

真空地帯理論が小売の輪仮説の拡張として不十分だった一因として、消費者選好分布を1次元空間に規定した根拠が明らかでないことがあげられる。池尾（1989；2005）はゴールドマン（Goldman 1975）の分析手法を拡張して「流通技術（または効率性）フロンティア」という概念を導入し、真空地帯理論の修正を試みた。ここでは単純化のために、消費者選好に関わる要因を「小売価格」と「流通サービス」の2変数としよう（流通サービスについては後に詳しく述べる）。ある一時点で利用可能な流通技術の集合によって達成可能な小売価格と流通サービス水準の組み合わせを「流通技術フロンティア（または単に技術フロンティア）」と呼ぶ。このフロンティアは当然左下がりで、右図（図0-3）では実線で示している。流通技術フロンティアはある時点で1つである必然性は無い。図0-3のように、低サービス・低価格、中サービス・中価格、高サービス・高価格などのいくつかの「サービス・価格ミックス（＝組み合わせ）」ごとに特有の技術集合が存在し、複数のフロンティアを形成していることも考えられる。<u>当面1つの技術フロンティアを共有する企業群を「業態」と呼ぶ</u>ことにしよう（業態の詳しい定義については後述する）。図0-3では3業態（A、B、C）があることを想定している。また複数フロンティアを包括する包絡線（点線で示す）が<u>小売業全体としての技術フロンティアを構成している</u>。

これに対し、消費者視点からは、個々の消費者について小売価格と流通サービス水準の組み合わせに関する等効用線を想定できる。当然等効用線も左下がりで、右下へ行くほど効用が高くなる。そして「ある消費者の等効用線が

特別寄稿 続「小売の輪」は本当に回るのか 5

図 0-2 真空地帯理論

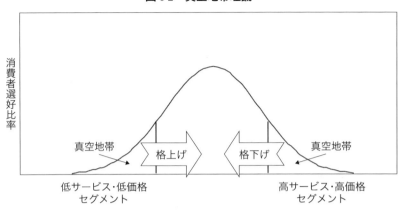

図 0-3 技術フロンティアと消費者選好分布

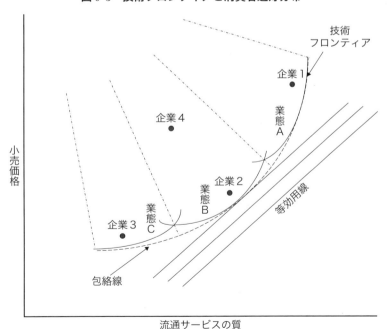

技術フロンティアに接する点でこの消費者の業態選択が決まる」という仮定は妥当であろう。消費者によっては等効用線が2つの技術フロンティアに同時に接することもありうるが、消費者の選好が最大となる点はほぼ包絡線上に並んでいると考えてよいだろう。すなわち<u>消費者選好分布は包絡線上に規定される</u>のである。Nielsen (1966) は消費者需要を1次元空間に定義したが、その根拠はここにあると考えられる。

　この図にはいくつかの企業のサービス・価格ミックスを例示している。企業1、2、3はそれぞれ技術フロンティアに近いところで操業しているので、消費者選好は高い。これに対して企業4は技術フロンティアから遠く位置しているので、消費者選好は低く、いずれは淘汰されるであろう。一方技術フロンティアの性質上、それに近い企業は利益率が低い。業態内外の競争圧力により、企業はできるだけ高い消費者選好を求めて技術フロンティアに近づく努力をするであろうが、それにより利益率は圧縮される。苦し紛れに若干の格上げや格下げを試みても、同じ技術フロンティアに沿って上下している限りでは利益率の低下に対応することはできない。そこで企業はなんとかして技術フロンティアを突破して、ヨリ右下の位置を確保しようとする。これが小売業における新業態発生の最も強い動因になると考えられる。

0.2.3　新「小売の輪」仮説

　中西 (1996) は上の技術フロンティアの考えを基礎に、新たな業態循環の論理を提唱した。その概要は次図に示されている。

　業態内外の競争圧力に苦しむ企業が、新たな流通技術の採用により既存の技術フロンティアの突破に成功し、高い消費者選好を獲得したとしよう。最初は新しい流通技術集合の能力限界で操業する必要がないので、この企業は高い収益を上げることができる。しかし時間の経過とともに、高い収益率に惹かれて模倣する企業群が現れ、ここに新業態が発生する。新業態は既存業態から消費者を奪って一時的には高い収益率を享受できるであろう。しかし追随参入する企業が増えて業態内競争の圧力が高まると、新流通技術集合の能力限界が追求されて新たな技術フロンティアが顕在化する（図0-5）。同時に企業間での差別化努力により、同じ技術集合の適用範囲が上下に（点線

図 0-4　新小売の輪仮説の概要

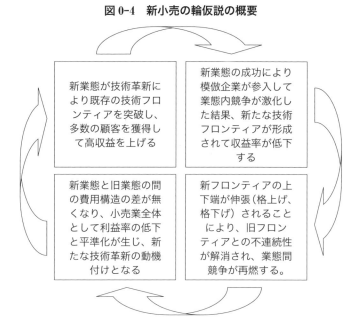

で示す）広がってゆく。これが「格上げ」、または「格下げ」現象として表れると考えられる。

　技術フロンティアが上下に延長されるにともなって既存の（旧い）フロンティアとの不連続性が解消され、新たな小売業全体としての技術フロンティア（包絡線）が形成される。このことは業態間競争がまた激化するだけでなく、包絡線を共有する新業態と旧業態との収益率の差が縮小して、小売業全体としての収益性の低下と平準化が起こることを意味する。それがさらに新たな流通技術革新と業態発生の起動力となるというのが、新小売の輪仮説の主旨である。

0.2.4　伝統的モデルの問題点

　新小売の輪仮説が旧小売の輪仮説（または真空地帯理論）と根本的に異なっているのは、新業態発生の動機を真空地帯の存在に求めていないことである。すでに述べたように、小売の輪仮説の言う格上げ現象や真空地帯理論の

図 0-5 技術フロンティアの拡張

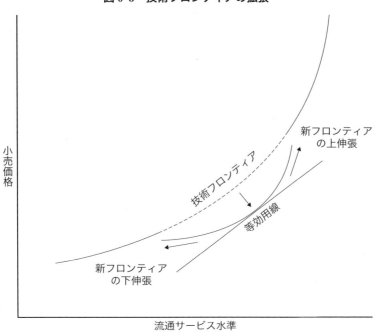

言う高需要セグメントへの移動によって真空地帯が発生するという考えは支持できない。ホランダー（1960）が「Why should reasonably skilled businessmen make decisions that consistently lead their firms along seemingly profitable routes to positions of vulnerability?」と問うているのもうなずける。

　これに対し、新小売の輪仮説では真空地帯の存在を前提とせずに、業態内外の競争による利益率の圧迫が新業態発生の起動力であること、また現実に観察される格上げ、または格下げ現象は新技術フロンティアの上下伸張で説明できることを示した。流通技術革新を業態循環の最重要因としたところにこの仮説の意義がある。しかし新小売の輪仮説に対しては、流通技術革新に重きを置きすぎている、業態間の商品構成の違いが十分考慮されていない、標的（消費者）セグメントの違いが考慮されていない、といった批判もあった。以下ではこれらの批判を踏まえ、新小売の輪仮説の妥当性を検討する。

0.3 理論的前提の再検討

0.3.1 小売「業態」の定義

　新小売の輪仮説の問題点として、まず小売「業態」とはなにかを明確に定義していないことが上げられる（この欠点は元来の小売の輪仮説にもあてはまる）。そもそも「業態」という言葉は日本の学界で使われるようになったものであって、マクネアーやホランダーなど初期の研究者は単に forms とか types という表現を使っているが、「何が form で何が type なのか」といった議論はしていない。その後のブラウン（Brown 1990）にしても、業態変動を retail institution changes と呼んで、type changes という表現を避けている。つまりアメリカの学界では「業態（type）とは何か」ということを深刻に取り上げていないのである。業態の定義が曖昧であったことが小売の輪仮説を初めとする業態変動の分析にさまざまな混乱が生じる1つの理由となった。新たに低価格を標榜する小売企業（群）が発生すると、巷間では「小売の輪が回った」と評されることがよくあるが、多くの場合は景気変動などの影響で既存業態の一部が低価格戦略を採用したに過ぎなかったと指摘されている（Hollander 1960）。

　百貨店、スーパー、量販店、専門店など、現在一般に「業態」として識別されている小売企業群を見ると、それぞれがなんらかの流通技術集合に特色を持っているように見える。歴史的には、百貨店は部門別管理技術で、スーパーはセルフ・サービス方式で、量販店は特定商品分野の深い品揃えで、それぞれ流通技術に革新をもたらしたとされる。これが図 0-3 の説明で、「1つの技術フロンティアを共有する企業群」を「業態」と呼んだ理由であった。しかし流通技術集合の違いだけで、現在広く用いられている業態分類をすべて説明できるわけではない。

　最も顕著な例がコンビニエンスストアである。周知のように北米における初期のコンビニエンスストアはガソリン・サービスステーションと併設されることが大きな特徴であった。新たな立地条件の選択を流通技術集合の一部と考える見方からは、初期コンビニエンスストア発生に際して技術革新があったと考えることもできる。しかしその後のコンビニエンスストアの発達

（とくに日本における）を見ると、単に新しい立地条件を選んだことが成功要因になったとは思えない。初期コンビニエンスストアの特徴は、際立った流通技術革新によって実現したというより、特定の消費者ニーズ（便宜性）を標的としたことである。初期コンビニエンスストアがサービスステーションと併設されることが多かったのは、標的消費者ニーズに関してサービスステーションと共通の部分があったからである。つまり「便宜性へのニーズ」を満たすことで両者を併置することが可能だったと考えるべきであろう。もちろんその後の発展においてコンビニエンスストアの用いる流通技術集合も独自の進化を遂げたが、コンビニエンスストアの最大の特徴は「便宜性へのニーズ」で括ることのできる複数の消費者グループを標的としてきた点にある。

　また流通技術革新を動機としないのに新業態とみなされた例もある。たとえば米国における1960年代初期のディスカウントストアは特別の流通技術革新にもとづいて発生したとは思えない。むしろ既存の流通技術フロンティアに沿って左下に移動したに過ぎないと理解すべきであろう。このため初期のディスカウントストアは小売業において大きな勢力とはなりえなかったし、その後格上げしたという形跡もない。この例は、流通技術革新で技術フロンティアを突破せず、単に既存技術フロンティア上を移動しただけの「新」業態は持続的な存在とはなりえないことを示している。

　業態定義の曖昧さの解消に一歩踏み込んだのは田村（2008）であった。田村は「百貨店、スーパー、専門店、コンビニエンスストアなど、いわゆる業態は流通企業のビジネス・モデルの基本的な枠組みである」（前掲書、3頁）とし、いわゆる業態はビジネス・モデルの基本要素―市場標的、提供する顧客価値、その提供様式―をどのように配置するかを決める「流通企業にとってもっとも基本的な戦略コンセプト」であると位置づけた。さらに田村は商業統計業態別統計編で使われている業態分類は分類体系の基本原則を満たしていないだけでなく、業態の進化的側面を十分把握できていないと指摘し、業態に加えて「フォーマット」と言うコンセプトを導入した。

　フォーマットは「業態が分化した様々なかたち」のことであり、「統計調査で捕捉される業態を遺伝子型とすれば、フォーマットはその表現型」（田

村、前掲書、25頁）である。フォーマットは企業の戦略行動を反映し、同一業態に属する企業であっても戦略展開を通じて進化し、多様な変化を見せることになる。この生物学的な発想は統計調査で捉えきれない多くの亜種（subspecies）の発生・衰退を分析するための枠組みとして意義があり、1つの業態がとりうるフォーマットは「小売ライフサイクルの過程で異質化と同質化を繰り返している」という田村の観察（前掲書、28頁）は、統計調査レベルでの業態分類に固執している限り得られないものであろう。

筆者の立場は、田村の「ビジネス・モデルとしての業態」認識を踏襲するだけでなく、フォーマット概念についてもその有用性を認めるものであるが、ここでは業態を次のように大まかに定義しておこう。

「業態とは、同様のニーズをもった消費者グループ（セグメント）に対し、同様の流通技術集合を用いて、同様の流通サービス・ミックスを提供する小売企業群を指す。」

この定義の3つの主な要素——消費者ニーズ、流通技術集合、および流通サービス・ミックス——のそれぞれについて詳しく検討しよう。まず流通サービス・ミックスから検討する。

0.3.2 流通サービス・ミックス

われわれは小売業態を考える上で、消費者ニーズを食料品に対するニーズだとか、衣料品に対するニーズといったように、「商品に対するニーズ」と捉えがちである。しかし業態の定義で意味を持つのは、小売業者が提供できる「流通サービス」に対するニーズであることをまず確認しておこう。小売企業が消費者に商品を提供していることはもちろんだが、多くの場合、同一（または類似の）商品を複数の小売企業から購入することができるとすれば、小売企業間競争（または業態間競争）において差異をもたらすのは、それぞれの企業が提供する流通サービスの組み合わせ（ミックス）にほかならない。

流通サービスに関する定義で有名なのは、バックリン（Bucklin 1966）の挙げた4種の「流通サービス水準」(distribution service outputs) であろう。

市場分散化（decentralization）：消費者が購入できる販売店（窓口）の数。

（多いほど分散化している）
ロット・サイズ（lot size）：購入時1回あたり商品数量
待ち時間（waiting time）：消費者が注文してから入手までの時間
品揃え（variety）：取扱商品の「幅」と「深さ」

このバックリンの流通サービス水準理論については、後に「経済的効用に偏っている」という批判が出た（*cf.*, Waterschoot *et al.* 2011）が、本論文では「流通サービス・ミックスの要素をどう規定するか」という問題に踏み込んで議論することは避けたい。ここではバックリンの（古典的）流通サービスに加えて、

情報分散化：消費者への情報提供
（店舗）生産機能：店舗における低レベルの生産機能（例　裾丈直し）

を加える見方もあることを指摘するにとどめたい。

　バックリンの見解は有名なので、上記の流通サービス各項目について詳説する必要はないと思うが、流通企業はこれらを操作することで流通サービスの受け手である消費者にとっての効用を生む。もちろん流通サービス（とそのミックス）が消費者に与える効用は一様ではない。たとえば少量買いたい消費者は小さいロット・サイズを望むが、一時に大量買いたい消費者は大きいロット・サイズを望む。品揃えに関しても、ある消費者は広い品揃えを欲するが、別の消費者は深い品揃えを欲するというように、消費者ごとに（そして商品の種類ごとに）異なっている。こうした消費者ニーズの異質性が、小売企業に標的セグメントとそれに提供する流通サービス・ミックスの選択を迫ることになる。

0.3.3　小売マーケティング・ミックスと業態

　ここで、この小論で流通サービス・ミックスというとき、それは通常用いられる「小売マーケティング・ミックス」の概念とは異なるものであることを明確にしておきたい。小売マーケティング・ミックスは企業が提供する商

品ミックス、価格ミックス、立地・流通ミックス、販売促進ミックスなどを包括する概念であり、流通サービス・ミックスは立地・流通ミックスと同義、またはその一部と考えられる。もちろん、小売企業が成功するためには、単に流通サービス・ミックスを適切に選んだだけでは不十分であり、その他の要素（商品、価格、販売促進など）が適切に選択されなければならないことは言うまでもない。このように言うと、小売業態を流通サービス・ミックスで規定するより、小売マーケティング・ミックスの全体で規定する方がヨリ戦略的な意義があるように見えるかもしれない。

　しかし筆者は商品ミックスと価格ミックスは小売業態を規定する次元としてあまり有効ではないと言いたい。上に指摘したように、いわゆる量販店が複数の商品分野（業種）に存在するのは共通の流通技術集合をそれぞれの商品分野に適用したからである。専門スーパーは別業種に属していても（つまり商品構成や価格帯が違っていても）、流通サービス・ミックスの見地からは同じ業態と識別すべきだというのが、筆者の主張である。そうしなければ取扱商品や価格帯が異なるごとに別の業態を規定しなければならず、分類に複雑さと混乱をもたらすことになるからである。

　またほとんど同じ商品ミックスと価格ミックスを持つネット小売業と有店舗小売業も存在する。同一の小売企業が両方を提供している事例ではなおさらである。販売促進ミックスに関しても、最近有店舗小売業がインターネット・カタログやバナー広告を用いるようになったので、両者の差が減少した。有店舗小売業とネット小売業の決定的な違いはもちろんその流通サービスの違いであり、とくに市場分散化、待ち時間、情報分散化に関して異なると考えられる[2]。

　以上「業態は、小売マーケティング・ミックスでなく、流通サービス・ミックスで規定されるべきである」という主張を述べてきたが、ここで既存仮説（小売の輪、新小売の輪）がとりあげた小売価格についても再考の余地があることを述べておきたい。図0-3で技術フロンティアを示した際、一方の軸は小売価格、もう一方の軸は流通サービス水準としたが、ここで言う小売価格は、小売店の店頭価格ではなく、店頭価格に消費者が負担する配達費用を加えた「配達価格」でなければならない。

図0-6 小売価格と配達費用

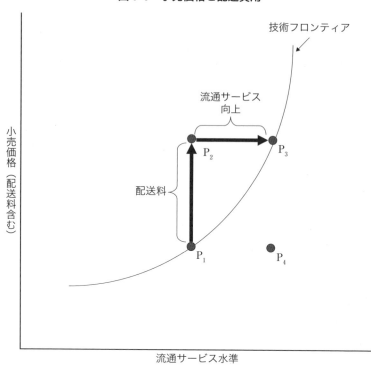

　1つの商品が生産者から消費者に届けられるまでにかかる流通費用は生産者、流通業者、消費者の間で分担される。ここでは生産者や小売以外の流通業者の負担する流通費用には触れないが、小売企業と消費者の間でも流通費用は分担される。簡単に言うと、小売業者の提供する流通サービス水準が高いほど、消費者が負担する流通費用は軽減される。たとえば、市場分散化を進めれば消費者が買物出向の際に支払う交通費やエネルギーは減少する、待ち時間が短くなればなるほど、消費者が負担する貯蔵費用は減少する、といった関係がある。

　このような論理からすると、消費者が来店して店頭価格を支払い、商品を持ち帰るのと、店頭価格にプラスして配送料を払う代わりに、消費者の自宅まで商品を配達してもらうのとでは、小売企業の側から見て、流通費用分担

という意味ではまったく等価となる。下図の点 P_1 は小売店へ消費者が買物に来た場合の店頭価格と流通サービス水準を示す。同じ商品を配送料をとって消費者の自宅まで配達したとすると、配送料をとることで点 P_1 から点 P_2 へ、配達サービスをすることで点 P_3 へと移動する。点 P_1 と点 P_3 とが同じ技術フロンティア上にあるということは、いわば「格上げ」が行われたことになる。もし縦軸が店頭価格のみを含むなら、たとえ配送料をとって配達しても、図上では点 P_4 に移行したように見える。この点 P_4 はあたかも技術フロンティアを突破したように見えるであろうが、それはもちろん誤った印象である。これが小売価格に消費者の負担する流通費用を含めた配達価格を用いる理由である。

0.3.4 消費者ニーズ

　田村にならって小売業態をビジネスモデルと見る立場からは、業態を定義する際に標的セグメントを考慮することの必要性は明らかである。しかし標的セグメントを消費者の人口統計的または社会経済的特性で括るのは誤りであろう。異なる個人が同じニーズを共有する現象は広く観察されており、業態の定義には特定の「ニーズの塊り」を標的とした小売企業群の存在を考慮しなければならない。たとえば、日本におけるコンビニエンスストアの初期の標的セグメントは比較的若い消費者層だとされてきたが、最近ではシニア層も重要な標的だと言われるようになった。つまり、年齢層は違っても、便宜性へのニーズは共通に存在するのである。

　このことはまた、通常用いられる「業種」の概念より、「消費者ニーズ」を中心に捉えた方が業態の定義に適していることを示している。これまで使われてきた「業種」概念は使用目的（用途）の違いによる商品分類から成り立っている。2009年度の商業統計では、小売業種は飲食料品、織物・衣服・身の回り品、家具・什器・機械器具、医薬品・化粧品、自動車・自転車、燃料、書籍・文具、その他などに分かれているが、この分類はかならずしも消費者の流通サービスに対するニーズに沿った分類とは言えない（その証拠に、商業統計における業態の定義は百貨店、総合スーパー、専門スーパー、コンビニエンスストア、ドラッグストア、その他のスーパー、専門店・中心

店、その他小売店に分かれていて、業種と業態との間に対応関係をつけることができない)。

　筆者の立場は、「小売業態の定義には消費者の流通サービスに対する『ニーズの塊り』を分類(＝セグメンテーション)のベースとして考えることで、業態の特質をさらに明確にできる」と言うものである。だが残念ながら消費者ニーズの塊りをどのように把握したらよいのか、今のところ具体的な指針は無く、今後に残された研究課題である。以下では消費者が買回り品購買行動、最寄り品購買行動、便宜品購買行動をとるとき、それぞれ流通サービスに対するニーズにどんな違いがあるか検討しよう。この3種類の購買行動について、

　買回り品購買行動：Howard (1999) の言う広範囲問題解決 (extensive problem solving) または限定的問題解決 (limited problem solving) 購買行動に相当する。この購買行動では購入商品の選択にかかわる様々なリスクを最小化することが主な目的であるが、加えてショッピング行動自体の楽しさも大きな要素となる。
　最寄り品購買行動：限定的問題解決または日常的反応 (routinized response) 行動に相当する。この購買行動では、商品購入にかかわるコストと時間、ならびに(消費者の)エネルギーを最小化することが主な目的である。
　便宜品購買行動：最寄り品購買行動にとくに時間的・空間的な制約が加わった行動。主に時間・空間的な制約が購買行動を規定する。

と定義しておく。この3種類の購買行動に求められる流通サービス・ミックスを比較すると、次の表に示すような相対的な違いがある。

　消費者の購買行動を便宜品、最寄り品、買回り品と分類するのは恣意的であるという批判もあるだろうし、上表の各セルの内容が適切であるかどうかは議論の分かれるところであろう。しかしここで筆者が主張したいのは、便宜品、最寄り品、買回り品それぞれの購買にかかわる消費者ニーズを、商品の側から(つまり業種として)規定するのでなく、上表のように流通サービ

表0-1 流通サービスに対するニーズの違い

	市場分散性	ロット・サイズ	待ち時間	品揃え	情報分散性	店舗生産機能
買回り品購買ニーズ	中〜小	大〜小	長〜中	多	大	大〜中
最寄り品購買ニーズ	大〜中	中〜小	中〜短	中	中	中
便宜品購買ニーズ	大	小	短	小	小	小

ス・ミックスの見地から規定することである。すでに指摘したように、消費者は同じ商品分野であっても、ある時は最寄り品購買ニーズを持ち、また別の時には買回り品購買ニーズを持つことがある。たとえば、贈答用食品と自宅消費用食品との購買行動の違いを考えれば、両者に対して同じ流通サービス・ミックスで対応しようとすることの無意味さが分るであろう。

消費者ニーズの塊りは上の3種よりもっと多様であるという指摘は当然であり、それぞれの塊りをもっとも効果的に充足する流通サービス・ミックスが存在することもまた首肯できる。買回り品購買ニーズ1つをとっても、消費者属性によって、また購買機会（TPO）によって、流通サービスに対する異なる要求があるだろう。このような異なる要求の塊りが実質的な大きさを持つセグメントとして認識されれば、それが流通企業の新たなフォーマットを発生させる動因となり、さらにはそのフォーマットのオペレーションを支える新しい流通技術集合を生む契機となる。

端的に言えば、1つの消費者ニーズの塊りとそれをもっとも有効に充足する流通サービス・ミックスとは対応している。標的セグメントである消費者ニーズを具体的な流通サービス・ミックスとして認識することにより、流通小売企業にとってヨリ効果的な標的セグメントの設定が可能となる。加えて、選択した流通サービス・ミックスをもっとも効率的に提供するための流通技術集合を確保すれば、業態内外の競争に優位な立場を確保することができる。

0.3.5 流通技術集合

小売企業が企業間競争に勝つ1つの方法は、特定の流通サービス・ミックス（ロット・サイズ、待ち時間、市場分散化の程度、品揃えなど）を欲する消費者群を標的セグメントとして捉え、その流通サービス・ミックスをでき

るだけ効率的に提供できる流通技術集合を用いることである。

　もちろんここで「流通技術」というとき、単に物流技術や店舗デザインなどハード面の技術のみを意味してはいない。いささか古くはなるが、部門別管理制（百貨店）、連鎖店経営（チェーンストア）、フランチャイズ制などはソフト面の技術の典型と言えよう。さらには、高嶋（2003）の指摘する供給業者との共同革新（SCMを含めて）や多店舗管理技術などもソフト面の技術と言える。またIT技術の進歩にともなって、インターネットを経由する通信販売や、単品（SKU）管理、POSデータの処理・分析など、ソフトとハードの中間的な技術の発達も業態の変容に大きく寄与してきた。これらの技術なしには量販店やセルフ・サービス店舗の発展は望めなかったであろう。ほかに人的接客技術（ソフト）、ディスプレー技術（中間的）、小売特有の販促技術（中間的）なども小売企業の流通技術集合に含まれる。

　小売戦略策定の見地からは、「標的とする消費者ニーズの塊りを認識し（ターゲティング）、それを満たすための流通サービス・ミックスを選択し（ポジショニング）、そのミックスをもっとも効率的に提供できる流通技術集合を採用する」という段階的意思決定の流れが望ましい。

　　　消費者のニーズの塊り　⇔　流通サービス・ミックス　⇔　流通技術集合

　しかし現実にはこのような論理的な流れに沿って流通技術集合が採用されるわけではない。第1に小売企業が業種（各種商品を含めて）を選ぼうとする傾向が強く、消費者ニーズの塊りをターゲットに選ぶという意識が低い、第2に、提供する商品構成によって差別化しようという意識が強く、流通サービス・ミックスを差別化の軸とするという意識が弱い、第3に既存小売企業の場合には、諸般の事情から、すでに採用している流通技術集合から大幅に変化することができない、といった理由からである。

　戦略的志向に欠ける企業がしばしば陥るのは、既存の業態とそれに付随する技術集合を丸ごと採用するという誤りである。商業統計的な業態概念（百貨店、総合スーパー、専門スーパー、コンビニエンスストア、ドラッグストア、その他のスーパー、専門店・中心店、その他小売店など）をビジネスモ

デルと捉えるなら、それも当然と見えるかもしれない。しかしすでに指摘したように、もしある企業が既存業態の1つをビジネスモデルの「基本型」として採用したとしても、それだけでは標的セグメントの認識は曖昧であり、提供すべき流通サービス・ミックスと必要な流通技術集合についても明確な指針が得られないであろう。具体的に標的セグメント、流通サービス・ミックス、流通技術集合を特定化した1つのフォーマットを選ばなければ、競争に参加できない。つまり、業態の概念が戦略的コンセプトとして意味を持つためには、業態自体が標的セグメント（ニーズの塊り）、流通サービス・ミックス、流通技術集合の3次元で定義されていなければならないのである。

0.3.6 流通技術集合の共通化

　流通技術についてもう1つ強調しておきたいのは、現代の小売産業では多くの流通技術が商品分野（業種）や既存の業態分類（百貨店、総合スーパー、専門スーパーなど）を越えて利用されているという点である。たとえば、部門別管理、連鎖店経営、単品管理システム、POSシステムなどの重要な流通技術とその組み合わせは業態を越えて広く利用されている。このように主要な流通技術（とその集合）が多くの流通企業によって利用されていることの背景には、それを可能にするIT技術の進歩と、流通サービスを代行する専門企業の発達がある（運送会社が小売業の物流業務を代行するのは後者の例である）。

　重要な流通技術が特定の企業・業態の占有物になるのではなく、小売企業全般に広く採用されるようになったことの重要な意味は、「これらの流通技術で充足することのできる消費者ニーズに関しては、小売企業間で差が無くなる」ということである。すなわち、田村の言うフォーマットの大きな部分が共通化してくると、企業間競争ではそれ以外の部分に差異を求めなければならなくなる。さらにこのような流通技術の共通化現象が既存の業態分類を越えて起こると、業態間競争にも変化が起こる。現代の百貨店、総合スーパー、量販店などは一般的には異業態と認識されているにもかかわらず、物流技術や店舗・商品管理技術に関しては多くの共通の部分を持っている。これらの共通する技術集合は現代の大型店の管理・運営に欠かせない共通のプ

ラットフォーム（仮に「大規模小売」技術集合と呼ぼう）になっているとも言えるだろう。別の表現をすれば、大型店間の業態間競争はこの共通プラットフォームの上で行われるようになってしまった。

　近年百貨店の凋落と総合スーパーの不振が目立っている理由の1つとして、この大規模小売技術集合の普及が挙げられるであろう。初期の百貨店がそれまでの小売店と店舗管理技術について大きく異なったように、初期の総合スーパーは商品の調達・管理技術において百貨店と著しく違っていた。その差異が技術フロンティアの右シフトを可能にしていたのである。ところが最近は、百貨店も総合スーパーも上述の大規模小売プラットフォームの上で競争するようになった結果、百貨店、総合スーパー、さらには異業種の量販店がほとんど同一の技術フロンティア上で競争する事態が生じ、百貨店と総合スーパーにとって厳しい競争環境を作り出したと考えられる。

　流通技術の共通化現象は大型店間にとどまらない。かつて大規模小売企業（チェーン店を含めて）の占有物であった高度な情報・通信技術は小規模小売企業（専門店、中心店）にも普及している。その結果小規模小売企業でも大規模企業並みの商品管理技術や顧客管理技術を利用できるようになり、さらにインターネットの利用によりバーチャルなSCMを構築することまで可能になった。また楽天や陶宝の様なネット小売業のためのウェブ・モールの発達により、小規模企業が急速にその数を増やしている。小規模な有店舗小売企業の数が減少していることで、小売業における寡占が進んでいるように見えるが、実は小売業全体として小規模企業数は増えているものと推察される。流通技術の共通化がその大きな理由となっていることは疑いない。

0.3.7　小結

　小売の輪仮説（新小売の輪仮説も）では顧客サービスの質と小売価格との2次元で業態を規定してきたが、そのことが「何が新業態であるか」の認識を混乱させていた。この章では、業態をビジネスモデルと捉える田村（2008）の立場を踏襲し、業態を次の3次元で規定することを提案した。

　a. 標的とする消費者ニーズの塊り、

b. ニーズを効果的に充足する流通サービス・ミックス、
c. ミックスを効率的に提供する流通技術集合

　この3次元はビジネスモデルの基本要素（市場標的、提供する顧客価値、その提供様式）（田村、前掲書）にも対応しているが、「提供する顧客価値」を流通サービス・ミックスに限っている点で、田村のものより限定的である。しかし標的ニーズを具体的な流通サービス・ミックスの形で規定することで、必要な流通技術を鮮明にし、最適流通技術集合の選択を容易にする。

0.4　小売業態の定義と分類

0.4.1　業態分類に関する試論

　上に述べた定義にもとづいて業態を分類することは今後の研究課題であるが、ここで将来の分類作業に関しての私見（下表）について若干の説明を加

表0-2　小売業態に関する試論

業　態	フォーマット（亜種）	標的顧客ニーズ	流通サービスの特徴	流通技術の特徴
各種商品大型店	百貨店	買回り	広範な商品構成・高級感	大規模・連鎖店
	総合スーパー	買回り・最寄り	広範な商品構成・割安感	大規模・連鎖店
専門スーパー	業種別	買回り・最寄り	業種内品揃えの充実	大規模・連鎖店
専門店・中心店	連鎖店	買回り・最寄り		大規模・連鎖店
	個店	買回り・最寄り		多様
コンビニエンスストア		便宜性	アクセスの容易さ	大規模・連鎖店
ネットストア		買回り・最寄り・便宜性	多様	インターネット利用
その他	カタログ通販（ネット以外）	買回り・最寄り・便宜性	多様	多様
	移動販売	最寄り・便宜性	移動店舗	移動技術
	100円ショップ	最寄り・便宜性	低価格商品	連鎖店

えたい。

各種商品大型店：百貨店と総合スーパーがこの分類に入る。この両者を同業態（すなわち同じ遺伝子型に属する）と考えることに違和感を持つ人は多いだろう。だが各種商品小売業という業種が共通であるだけでなく、どちらも「大規模小売業」技術集合（大規模店舗、部門別管理、IT技術による単品管理、POSシステムなど）に大きく依存している。また消費者視点からは、「高級感（百貨店）－割安感（総合スーパー）」が両者を識別する主な軸となっているが、この軸については、流通サービス・ミックスだけでなく、もっと広く小売マーケティング・ミックス全体で対応する必要がある。つまり商品のブランドや店舗の内外装、広告・販促手法などが百貨店と総合スーパーとを分ける主な手段となっているので、流通サービス・ミックスの違いは見かけほど大きくない。

　こう述べても、両者はオペレーションの面で大きく異なるので同じビジネスモデルとは言えないという論者もあろう。しかしこれまで総合スーパーの特徴といわれてきたセルフ・サービス方式に関してみると、商業統計における百貨店は「対面販売が売り場面積の50％以上」、総合スーパーは「50％以下」と定義されている。つまり百貨店と総合スーパーは、セルフ・サービス方式の有無でなく、その比率によって区別されているに過ぎないのである。また日本の百貨店の特徴とされてきた「消化仕入れ（売上仕入れ）」の慣習についても、総合スーパーで広く行われていることは周知の事実である。こうした理由から、筆者は百貨店と総合スーパーは同じ業態の亜種である（すなわちフォーマットが異なる）と考えている。

専門スーパー（量販店）：専門スーパーはいくつかの共通の特徴、すなわち
(a)　業種（商品分野）にかかわらず適用可能な「大規模小売業」流通技術集合
(b)　消費者ニーズ（商品選択の確実さ[3]と容易さ、価格の安さ）
(c)　流通サービス・ミックス（品揃えの幅と広さ、短い待ち時間、情報提供とアフターサービスの充実[4]）

を組み合わせた業態である。食品スーパー、ドラッグストア、ホームセン

ターを始め、カテゴリーキラーと呼ばれる大型店は、同じ基本型（遺伝子型）が種々の業種に適応放散したと見るべきであろう。

専門店・中心店：業種（商品分野）にかかわらず、小規模店舗、深い品揃え、人的顧客サービスなどによって特徴づけられる業態である。顧客ニーズに関してはとくに共通ターゲットがある訳ではなく、フォーマット的にも企業間および業種間でバラツキがある。この業態には多店舗展開を目指す企業群と、個店経営の企業群との2つの亜種がある。連鎖店経営やフランチャイズ方式によって多店舗展開をする企業群（とくに大企業の場合）は、どちらかというと専門スーパーの店舗が小規模化したものと見るべきかもしれない。

コンビニエンスストア：すでに述べたように、この業態のもっとも顕著な特徴は消費者の便宜性ニーズに対応している点である。便宜性ニーズの内容が変化するために、コンビニエンスストアの商品構成は年々変化しているが、フォーマット的には業態内の企業間にいちじるしい共通点がある。なお交通機関の駅などにある小型売店（キヨスク）もこの業態の亜種と見るべきかもしれない。消費者の便宜性ニーズを満たすという点で共通しているからである。

ネット（ウェブ）ストア：インターネットによるカタログ販売というフォーマットが特徴的である。もちろんこの業態にも標的ニーズや流通サービス・ミックスに関連して多くの亜種が存在するであろうが、ここでそれを詳細に論じるだけの根拠を持たないので割愛する。なおネットストアと有店舗小売企業との混合現象については後に触れることにしたい。

その他：この分類には商業統計では明確な分類が行われていないものの、一般にはこれまで別業態と認識されてきたさまざまな小売企業が入っている。多様なカタログ通信販売業態（郵便、電話、テレビ・ショッピングなど）や、トラックなどの移動販売業態、100円ショップなどである。強いて言えば、カタログ通信販売企業群は一括して1つの業態とし、通信方法の違い（ネット、郵便、電話、テレビなど）をフォーマットの違いと捉えていくつかの亜種を規定することも考えられよう（この点については筆者自身まだ明確な答えを見出せないでいる）。100円ショップはユニークな

消費者ニーズに対応しているが、流通サービス・ミックスと流通技術集合の見地からは専門店に分類すべきかもしれない。

0.4.2 業態概念の拡張

　以上小売業態の分類について私見を述べてきたが、今後の業態変化を考える上で、いくつかの新しい要素を考慮する必要が生じたことも指摘しておきたい。

　まずこれまで小売業態を定義するのに、基本的には企業を単位としてきた。ところが近年の小売業界における競争を見ると、かならずしも企業を単位とした競争ではない状況が生れている。この点を象徴的に表しているのは、最近の百貨店や総合スーパーといわゆる「大型ショッピング・モール」との競合であろう。大型モールは百貨店、総合スーパー、各種量販店などを核店舗として、多数の専門店を同一の商業施設に集めて運営されている。百貨店が大型モールの一部であることが、競合関係の存在をあいまいにしているが、最近の大型モールは、元来百貨店が満たしていた商品選択の多様性、ワンストップ・ショッピングの便宜性、非日常的買物環境、高度な人的接客などに対する消費者ニーズを、モール全体として満たすようになった。そのためたとえ百貨店が大型モールの一部であったとしても、消費者から見れば「モール内にある店舗の1つ」という認識しか得られなくなっている。近年のように百貨店が店内に特定ブランドのショップを多く抱えるようになればなるほど、さらに大型モールとの差は小さくなる。とくに最近の大型モールは、都心の再開発にともなって過去の郊外型の立地から都市中心部に回帰する傾向があり、個店としての百貨店の存在意義を脅かす存在となってしまっている。大型モールは店舗の集まりであるために、これまで小売「業態」としての認識が希薄であったが、消費者視点からすると、数万 m^2 クラスの百貨店に買物に行くことと、同じくらいの規模のモールに行くことの差はなくなりつつある。郊外型のいわゆる「アウトレットモール」を含めて、複数店舗を包含する小売業態の存在を認める時期に来ているのと考えられる。

　もう1つ重要な点は、業態としてのネットショップと有店舗（リアルな）小売企業との差が急速に縮まっている点である。もちろん流通サービス・

ミックスおよび流通技術集合に関して顕著な違いがあることは明白だが、それぞれの業態が充足する消費者ニーズに大きな違いは無くなりつつある。

インターネット導入の初期には、ネットショップはリアルな店舗と同じ商品を取り扱うことはできないと言われていた。手に取って見なければ品質評価ができない商品（たとえば生鮮食品）や、衣服・靴など実際に着用してみなければサイズが合うかどうか分からない商品などはネットショップでは扱えないとされていたのである。しかしその後のネットショップの発展を見ると、こうした制約はほとんどないように見える。手に取って評価できないことも、それが障壁となるのは初回購入時であって、それ以降は大きな問題にはなっていない。またサイズ検討の困難さに関しては、返品制限の緩和により障壁が低くなってきている。こうして商品構成に関するリアルな店舗とネットショップとの差は小さくなりつつある。

販売促進方法も、初期のネットショップはインターネット、リアルな店舗は従来からの販売促進方法とはっきり分かれていたが、現在では有店舗小売企業もインターネット・カタログ、バナー広告やブログを多用するし、ネット小売企業も従来型のマス・メディアを使った広告を用いることがある。加えて、どちらも購入ポイント制度を販売促進手段として広く採用している。これらの変化を見ると、リアルな店舗とネットショップとで、販売促進方法に決定的な違いはないと言える。最大の違いはネットショップにおいて人的な（すなわち販売員による）直接コミュニケーションが行われないことだが、リアルな店舗の中にも人的コミュニケーションのほとんど無いものがあることを指摘しておきたい。

ネットショップとリアルな店舗との間で商品構成や販売促進方法の差が減少したことにともなって、両者を混合した業態が増加している。現在有店舗企業の多くがネット上でも販売を行っているし、実際に販売はしていなくともネット上に商品カタログを公開している企業が多い。これらの企業がネットとリアルと2つの業態に進出しているという解釈は誤りであろう。この現象を小売企業の側から見たとき、<u>流通サービス・ミックスを市場セグメンテーションの手段として用いている</u>に過ぎないという解釈が可能で、むしろこの方が現実に近いであろう。すなわち、現在の多くの小売企業ではネット

と店舗との双方をそれぞれの利点を生かして顧客ニーズに対応しようとしているので、これらの企業はネットとリアルとの「混合」業態になっていると言える。

巷間では、消費者が、リアルな店舗で商品を検討した上で、ネットショップで購入する「ショールーミング」現象や、その逆にネット上の情報提供によって店舗に消費者を誘導する「オンライン・ツー・オフライン」の動きが話題になっている[5]。これらの動きは、有店舗小売企業とネット企業との間の競合から生じたと考えるより、ネットショップとリアルな店舗との相互作用が一層強くなった結果だと解釈すべきであろう。ショールーミング現象をネット販売フォーマットの優位性を示すと考えるのは短絡的である。同じような商品の場合には、ネット企業の小売価格が有店舗企業より低いことがこの現象を引き起こしているのであって、有店舗企業が最低価格保証（price matching）などの対抗策をとるようになったとき[6]、この現象が持続するかどうかは不明である。将来的にはネットショップとリアルな店舗のどちらかに偏るより、両者の適切な組み合わせを指向する企業が増えることが予想される。このような「混合」型を業態分類に際してどのように扱うかは今後の研究課題である。

0.5　小売業態と競争戦略

以上企業による業態選択を小売企業の戦略的意思決定の中核と位置づけるためには、業態を消費者ニーズ、流通サービス・ミックス、流通技術集合の3つの次元から定義する必要があることを述べてきた。しかし一言に「小売企業の戦略」と言っても、小売戦略には階層的な構造があり、業態の意義は戦略をどのレベルで考えるかによって変わる。以下では、戦略の階層性を、

(a)　（企業としての）競争戦略
(b)　マーケティング戦略・戦術（ミックスの決定）

の2層で捉え、それぞれについて業態の意義を検討する。

0.5.1 小売マーケティング戦略と業態

まずマーケティング戦略（戦術）と業態の関連について検討しよう。コトラー（Kotler 1997）はマーケティングの基本戦略をセグメンテーション、ターゲティング、およびポジショニング（頭文字をとってSTPという）であるとして、マーケティング・ミックス（戦術）の決定に先立って行われるべきであると主張した。このコトラーの考え方は田村の業態概念と密接な関係がある。すでに述べたように、田村は業態を「流通企業のビジネス・モデルの基本的な枠組み」と規定し、ビジネス・モデルの基本要素──市場標的、提供する顧客価値、その提供様式──をどのように配置するかを決める「流通企業にとってもっとも基本的な戦略コンセプト」であると位置づけた（前掲書、3頁）。市場標的の決定をセグメンテーション・ターゲティング、提供する顧客価値とその提供様式の決定をポジショニングと考えれば、ビジネスモデルとしての業態の選択はまさに小売企業の基本的マーケティング戦略の決定であると言えよう。ただし、具体的なマーケティング戦術（流通サービス・ミックスとそれを提供するのに必要な流通技術集合）に関する決定は、業態というより特定のフォーマットにもとづいて行われると考えるべきであろう。業態を表0-2のように緩やかに定義しただけでは、具体的なマーケティング戦術の決定にはあまり役立たないからである。

小売企業が特定の業態（実はフォーマット）を選択した後に業態内競争で優位を得る方法は、必要な流通サービス・ミックスをできるだけ効率的に（低価格で）提供できる流通技術集合を用いることである。もし1企業だけが最適流通技術集合を見出すことに成功したら、この企業は一時的に高い収益性を確保することができる。しかしこの企業が高収益を上げれば上げるほど、他の企業も模倣によって最適技術集合を手に入れ、この企業を追随してくる。追随する企業が増えるにしたがい、その業態（フォーマット）における最適技術集合にもとづく技術フロンティアが顕在化する。さらに業態内の競争が激化すると、各企業は技術フロンティアに接近せざるを得なくなり、業態（フォーマット）全体としての収益性が低下する。これが新小売の輪仮説

から導出される1つのシナリオである。

　このシナリオは、小売企業が適切な業態（フォーマット）を選択することは企業にとって重要なことであるが、それが直ちに競争優位ないしは高い収益性を保証するものではないということを示唆している。とくにある業態（フォーマット）に後から参入した企業は、先発企業より優れた流通技術集合を手に入れない限り、競争優位に立つことはできない。フォーマットの市場標的がフォーカスされていればいるほど、また提供する顧客価値とその提供様式に関するポジショニングが明確であればあるほど、業態内（企業間）競争における流通技術集合の重要性が高まる。業態内の特定亜種における企業間競争では、フォーマットが同じであるだけに流通技術集合の可変域が小さく、企業が技術フロンティアにじりじりと押し付けられるのを避けることが難しいであろう。ビジネスモデルの明確さが流通技術集合と収益性の関連を一層強くするという状況を生むのである。この状況を脱却するには、明確な競争戦略にもとづく技術革新が必要になってくる。

0.5.2　小売企業の競争戦略と業態

　以上ビジネスモデルとしての業態（フォーマット）の選択と小売マーケティング戦略・戦術の決定とは密接な関連があることを述べてきたが、業態（フォーマット）選択がかならずしも個々の企業を競争優位に導かないことが示唆された。結論から先に言えば、小売企業が長期にわたる競争優位性と高い収益性を求めるなら、ビジネスモデルを「選択」することより、新たなビジネスモデルを「創造」することが必要なのである。しかし明確な競争戦略をもたずに行き当たりばったりなビジネスモデルの創造を目指しても、企業努力を消耗するばかりでその目的を達することは困難であろう。以下では、企業競争戦略の枠組みとして有名なポーターの競争戦略の3類型（コスト・リーダーシップ、差別化、集中）と新小売の輪仮説とを組み合わせ、競争戦略とビジネスモデルの創造との関連について述べる。

　まず企業がコスト・リーダーシップを目指すとすれば、その企業にとって2つの方針がある。1つは既存の技術フロンティアに沿ってコストを引き下げる方針である。この場合コスト引き下げが価格の引き下げに結びついたと

しても、同時に相応の流通サービスの低下をもたらすことで戦略的な意義はない。競合他社がすぐに同じ方向に動いて価格引下げの効果を中和することができるからである。もう1つはその時の技術フロンティアを突破しようという方針である。その企業が技術フロンティアを下向きに突破する新しい流通技術を取得・開発することができれば、他の企業は容易に追随できないため、持続的な競争優位性を確保できる。要するに既存の流通技術集合に依存していたのでは、コスト・リーダーシップ戦略は達成できないことは明らかである。競争戦略としてコスト・リーダーシップを指向するなら、流通技術の革新を同時に目指さなければならない。

　次に差別化戦略について考えよう。もともとある業態（またはその亜種）に属するということは、標的とする顧客ニーズがかなり絞り込まれているということである。また流通サービス・ミックスについてもその可変域が限られている。この状況下で差別化戦略をとろうとする際、企業にはまた2つの方針がある。1つは流通サービスを除く他の小売マーケティング・ミックス要素を駆使することである。たとえば取扱商品のブランドや販売促進の方法を通じて差別化を行う方針である。もしこのような動きによってユニークな商品の取り揃えや販売促進方法を考案することができたなら、新たなフォーマットを形成することができるかもしれない。しかしこの方針には、ブランド化や販売促進努力によって増加したマーケティング費用が企業を既存の技術フロンティアに向かって押しやり、収益性を低下させる危険もあるので、いわば両刃の剣である。

　もう1つの方針は、流通サービスを含めた小売マーケティング・ミックスを、顧客から見て、よりユニークで説得力のあるものにすることである。流通サービス・ミックスを変更することは流通技術集合の変更をともなうが、これにはさらに2つの下位方針がある。第1は、技術フロンティアを水平に突破する試みである。つまり同じ小売（配達）価格で高い水準の流通サービスを提供できるなら、実質的な差別化となることは言うまでもない。第2は、既存技術フロンティアを規定している流通サービスの次元を変えることである。最近コンビニエンスストアが消費者の自宅へも配達するようになったことが、その例として挙げられる。コンビニエンスストアの成り立ちから見て、

この業態の流通サービス・ミックスに自宅配達サービスは含まれていなかった。配達サービスを提供するには新たな流通技術集合が必要となるが、このことはコンビニエンスストア業態の技術フロンティアを新しい次元に拡張し、その結果新次元でのサービスを始めた企業に先発利益を与えることになった。2つの下位方針のどちらも、既存の技術フロンティアに縛られたまま競争戦略を立てるのでなく、新たな技術フロンティアの形を求めてゆく点で共通している。

　最後に**集中戦略**について考えよう。すでに述べたように、標的とする顧客ニーズ（とそれに対応する流通サービス・ミックス）は業態（フォーマット）を選択した時点でかなり絞り込まれている。顧客ニーズは消費者の人口統計的・社会経済的属性を超えて共有されていたとしても、消費者の何らかの属性に集中（フォーカス）した戦略をとることを妨げるものではない。たとえばコンビニエンスストアがとくにシニア消費者層にフォーカスした店舗展開を行うというように、人口統計的・社会経済的属性にもとづいたターゲティングを行うことは可能であろう。一般的な便宜性ニーズに加えてシニア層特有のニーズが存在すれば、提供する流通サービス・ミックスをこの特定のニーズにファイン・チューニング（微妙な適合化）をすることが集中戦略の主旨である。ただし、このような流通サービスの微調整に際して既存の流通技術集合をそのまま利用できるとはかぎらない。既存の流通技術集合の範囲内で適合化を行おうとすると、かえって流通費用が上昇する場合もある。すなわち特定ニーズを充足する流通サービス・ミックスを提供するには、新しい流通技術集合が必要になるかもしれない。さらに言えば、既存の業態（フォーマット）にとらわれず、新たに見出された顧客ニーズの塊り（たとえばシニア層のニーズ）に対して、まったく新しいフォーマットを創出する方がヨリ効果的、かつ効率的であるかもしれない。ここでも新しいビジネスモデルの創造が示唆されている。

0.5.3　小結

　この章では業態と小売企業のマーケティング戦略・競争戦略との関連を考察した。田村が指摘するように、ビジネスモデルとしての業態を選択すると、

小売マーケティング戦略の基本的部分（STP）が規定される。さらにフォーマットを特定すると、その時点で流通サービス・ミックスと流通技術集合の主要部分はほとんど確定してしまう。このため業態内（企業間）競争は必然的に流通サービス・ミックスとそれをもっとも効率的に提供する流通技術集合をめぐって行われることになるが、この状態が続けば長期的には業態全体の収益性の低下を招いてしまう。このような事態が起こるのは既存の業態もしくはフォーマット（およびそれにともなう流通技術集合）を前提として、小売マーケティング戦略を考えるからである。もし持続的な競争優位を目指すなら、既存技術フロンティアを突破するか、流通サービスに新しい次元を付け加えるか、どちらかの方針をとらねばならない。いずれにせよ、流通技術の革新が競争優位への突破口になる。

　流通技術の革新が競争戦略（コスト・リーダーシップ、差別化、集中）の主な要素となると言っても、容易に革新を成就できるものではない。しかしどの競争戦略をとるかによって、どんな技術革新がもっとも有効であるか、すくなくとも新技術開発の方向性は示される。また技術革新はすべて新規に創出されねばならないというものではない。過去の多くの「革新」は既存技術の異業態（または異業種）へ応用することからも生れている。すでに共通化が進んでいる大規模流通技術集合やIT技術だけでなく、他業態（または業種）で成功したオペレーションを持ち込むことで、新たな流通サービスの提供ができるようになった事例は多くある。競争戦略を明確にすることによって、必要な流通サービス・ミックスと流通技術集合の範囲が絞り込まれ、革新の方向性が明らかになることを強調しておきたい。

0.6　結　論

　この小論では、小売の輪仮説と新小売の輪仮説との前提条件を再吟味し、業態を顧客ニーズ、流通サービス・ミックス、流通技術集合の3次元で定義することを提案し、それにもとづいて業態とフォーマットの定義に関する試案を述べた。そして小売企業の戦略と業態（フォーマット）の選択が密接な関係にあること、および競争戦略が流通技術革新の方向性を定めるのに有効

であると論じた。

　こうした議論を経て、冒頭に述べた疑問「小売の輪は本当に回るのか？」について、結論を述べてみたい。結論を先に言ってしまえば、マクネアーの小売の輪仮説で示された小売の輪は「回るとはかぎらない」のである。それぞれの業態（フォーマット）に特有の流通技術集合があることを認めると、技術フロンティアに沿った上下の動き（格上げ、格下げ）は競争上の優位性を生むとは限らない。短期的には若干の収益を得ても、長期的には技術フロンティア近傍の企業分布は消費者選好分布に比例することになり、小売の輪は回らなくなる。ホランダーの指摘したように、局部的に景気変動の波に乗って低価格を標榜した企業が現れたとしても、同じ流通技術集合にもとづいて操業しているかぎり、それは業態変動の定型的パターンとはなりえない。すでに述べたように旧小売の輪仮説や真空地帯理論は小売業態変化の説明理論としては不完全なものである。

　旧小売の輪仮説が業態変化の普遍的な説明にならないとしても、新小売の輪仮説が主張する流通技術革新を契機とした「業態間競争―業態内競争」サイクルは疑いなく存在する。このサイクルは特定のフォーマットにも当てはまるが、フォーマット概念の導入により、業態内競争は一層複雑な様相を示すことになった。1つのフォーマットの中で競争圧力によって企業がとる行動に関しては、新小売の輪仮説が業態について述べている論理がそのままあてはまるであろう。ところが、業態の中に複数のフォーマットが存在する場合、より競争優位なフォーマットを求めて企業が動き回るという現象が付加されるからである。しかし、一業態内の異なるフォーマットがその業態の流通技術集合の中核部分を共有しているかぎり、フォーマットごとの技術フロンティアの境界は遅かれ早かれオーバーラップし、業態全体としての技術フロンティアが（包絡線として）顕在化する。その結果長期的には新小売の輪仮説の主張するような「業態間競争→業態内競争」のサイクルが繰り返されると考えられる。

　旧小売の輪仮説や真空地帯理論の本質的な欠陥は、局部的に発生する「低価格戦略→格上げ」現象を普遍的なものと捉え、それを実際には起こりえない「真空地帯の生成・消滅」という論理によって機械的に説明しようとした

点であった。これに対し、新小売の輪仮説では技術革新の原動力は小売企業による収益性と競争優位の追及であるとし、技術革新が普遍的な「業態間競争―業態内競争」のサイクルを惹き起こすと説明している。さらに企業の競争戦略が技術革新の方向性を与えることを指摘した。

（中西　正雄）

注釈

1) マクネアーの言う「サービス」はいわゆる顧客サービス（店員の対応、クレジット、返品制など）を指し、後に述べる流通サービスとは異なる概念である。
2) 前者がアクセスの容易さで後者を凌ぎ、後者は待ち時間（買物出向時間を含めて）でやや前者に勝ると考えられる。また情報分散化については、前者がカタログに詳細な商品情報を提示する一方、後者では店員から説明を受けたり、直接商品を手にとったりできるというように、それぞれ特徴がある。
3) 商品選択における不確実性（リスク）の低さ。広く、深い品揃えと十分な情報提供がリスクを軽減する。
4) 量販店はセルフサービス方式をとっているが、顧客に対する情報提供では専門店・中心店に匹敵する仕組み（専門性の高い店員、ウェブ・カタログなど）をもっている。
5) 参考：日本経済新聞、2013年1月14日付朝刊13頁。
6) 参考：日本経済新聞、前掲記事。

参考文献

Brown, S. (1990), "The Wheel of Retailing: Past and Future," *Journal of Retailing*, 66, 2 (Summer), 143-149.

Bucklin, L. P. (1966), *A Theory of Distribution Channel Structure*. Berkeley, CA: IBER Special Publications.

Goldman, A. (1975), "The Role of Trading Up in the Development of the Retailing System," *Journal of Marketing*, 30 (January), 54-62.

Hollander, S. C. (1960), "The Wheel of Retailing," *Journal of Retailing*, 24, 3 (July), 37-42.

Howard, J. (1989), *Consumer Behavior in Marketing Strategy*. Englewood Cliffs, NJ: Prentice Hall.

池尾恭一(1989)「消費者行動と小売競争」石原武政・池尾恭一・佐藤善信共著『商業学』有斐閣、第3章。
池尾恭一(2005)「小売業態の動態における真空地帯と流通技術革新」『商学論究(中西正雄博士記念号)』52 (4)、71-95。
Kotler, P. (1997), *Marketing Management*, 9th ed., Englewood Cliffs, NJ: Prentice Hall.
McNair, M. P. (1958), "Significant Trends and Developments, in the Post War Period," in A. B. Smith (ed.). *Competitive Distribution in a Free High-Level Economy and Its Implication for the University*. Pittsburgh, PA: University of Pittsburgh Press.
中西正雄(1996)「小売の輪は本当に回るのか」『商学論究』43 (2・3・4)、21-41.
Nielsen, O. (1966), "Developments in Retailing," in M. Kajae-Hansen (ed.). *Readings in Danish Theory of Marketing*. North-Holland, 101-115.
白石善章(1987)『流通構造と小売行動』千倉書房。
高島克義(2003)「小売業態革新の分析枠組み」『国民経済雑誌』187 (2)、69-83。
田村正紀(2008)『業態の盛衰』千倉書房。
Waterschoot, W., P.K. Sinha, S. Burt, J. De Haes, T. Foscht, and A. Lievens (2010), "The Classic Conceptualisation and Classification of Distribution Service Outputs: Time for a Revision?" in D.Morschett, T. Rudolph, P. Schnedlitz, H. Schramm-Klein, and B. Swoboda (eds.)., *European Retail Research*, 24 (2), 1-32.

第1章

小売店舗における人時生産性の規定要因
食品スーパーを事例として

1.1 はじめに

1.1.1 小売生産性の議論

　小売生産性は、小売企業の経営指標として長く利用されてきている。小売企業が経営の効率性を検討する上ではよく利用される指標であり、この数字が経営上重要な意味を持つこともある。数字自体は、人時生産性が利用されることが多く、投入された従業員に対してどれくらいの産出（売上高、利益等）があるのかを示すこの指標は店舗の効率を考えるうえで重要な指標とされている（Higon et al. 2010; Mishra and Ansari 2013）。

　他方、こうした数字は地域や国レベルで集計され、流通システムの効率として考えられる場合もある。特に小売り商業が労働集約的であった時代にはこの数字を引き上げることが「近代化」であると言われてきた。

　小売生産性の議論は、小売店舗、政策という2つの側面を視野に置きながら研究が進められてきており、技術的な側面だけではなく各国の抱える流通に関する問題を議論する上でも利用されてきている（Betancourt and Gautschi 1993; Dawson; 2004; de Jorge Moreno 2006; Kato 2012 など）。

　本章では、これらの研究のうち小売店舗の経営指標としての役割を中心に議論を進めてみたい。その際に小売店舗が生み出す流通サービスが利益と成長を生み出すものであるという視点を組み込んで、生産性を捉えていく。最後に、実際のスーパーマーケットチェーンのデータを利用して実証的な検討

を加えてみたい[1]。

1.1.2　小売りサービス

　従来から考えられてきた小売りサービスは、流通産出が消費者へ提供される具体的な形になったものとして理解されてきた。小売りサービスの水準は、小売商だけで決定されるわけではなく、製造企業の品揃え活動や広告活動、物流企業の輸送活動の成果に左右される、流通チャネルの産出という捉え方をされてきた（Bucklin 1978）。

　この捉え方は、小売商の店頭で繰り広げられる活動が、多くのチャネルメンバーによって支えられているという事実が背景にある。ただ、小売商自身の流通サービスへの貢献の度合いはそのマージンによってあらわされていると考えられるので、流通マージンの高い小売企業は高い流通サービスを提供していると理解することができる。

　もちろん、チャネル内でのパワー格差が著しい場合などは、利益の配分は大きく影響を受けるのでこのような結果にはならない。また、小売市場の競争状況等によっても小売りマージン率は影響を受けるだろう。

　ともあれ、小売商は生産した小売りサービスへの対価（小売りマージン）が得られなければ営業自体が成り立たないので、この数字に強い関心を持つのは当然である。この問題へのアプローチは、従来の小売生産性の議論とは異なりどのようなサービスを生産すれば顧客がより多くの対価を支払ってくれるのかという問題になる。次節からは、小売りサービスを含めたサービス生産の議論をしてみたい。

1.2　サービス生産と小売業

1.2.1　サービス生産性・小売り生産性

1.2.1.1　サービス生産の向上

　サービスが生産される過程はモノと同じく、労働や資本を投入してサービス生産を行い、その結果産出されたサービスが消費者に受容されると考えられている。生産されたサービスにはサービス品質と呼ばれるサービスの良さ

の程度を示す指標があると考えられており、このサービス品質に価格が付けられている。

　サービス品質には人的なサービスや物的なサービスが存在すると考えられており、一般的にサービス提供者が提供するサービス、施設や設備などを利用することによって得られるサービス、情報等があり、それへの評価がサービス品質を構成していると考えられる。

　もちろん、消費者が小売商から得られるものの中核は商品であり、それへの評価は小売商への評価を決定づけることは明らかであるが、その商品の持つ価値を交換するために必要な小売りサービスが生産されて交換が達成される。その意味でも小売りサービスの質と価格は交換の成否に影響を与えるだろう。

　そこでの消費者の判断は、商品とサービスの組み合わせで最も適当な購入方法を選ぶことになる。この中で小売り業態の盛衰が発生してくるのだが、本章ではこの点は扱わない。今回の分析の焦点は飽くまでも1つの業態内で各店舗が産出するサービスと成果の関係であり、この点について議論をしたい。個店を対象として分析を行うが、個別店舗の状況を分析することに焦点があてられるわけでない（de Jorge Moreno 2010）。

　サービス品質に話しを戻すとサービス品質の向上が図られ顧客から見た費用対効果が向上するにつれてその店舗での顧客満足度が高まり、収益の向上に繋がるというのが店舗の側から見た小売りサービス品質の構図である。これを実現するために様々な効果を狙って小売りサービスの品質向上が図られている。

1.2.1.2　サービス生産減少

　小売りサービスの品質向上による成果が十分に価格に反映されなければ収益向上に繋がらないことは明らかである。多くのディスカウント店では人的な小売りサービスを減少させることでコストを下げ、低価格販売を実現するという仕組みを持って市場に参入している（Weiheters et al. 2007）。

　もちろん、チェーン店舗化することによるバイイングパワーやPOSの導入による在庫の削減などにより積極的なコスト削減を進めているが、小売店

舗の経営にとって人件費を適正な水準に維持することは常に中心的な課題として理解されてきた。

このため、正社員よりもパート社員を増やすことによって人件費の低減が図られ、百貨店のように店舗内にテナントを導入することで従業員数を削減するなど人件費の削減には各企業とも知恵を絞ってきている。

これは、店舗経営における固定費である不動産コストの低減と併せて人件費をできるだけ変動費化して経営の柔軟性を得たいと考えているからである。対面販売をほとんど放棄している業態であってもなお人件費の削減意図は大きいと言えるだろう。

1.2.1.3 コスト削減

上記のような人件費の削減だけではなく、諸経費の削減は利益率の向上に直接的に繋がる。例えば、不動産コスト、広告費を含む販売管理費、物流費は代表的なものである。これらの組み合わせは小売りサービスを決定する重要な要素でもある。不動産コストは品揃えに大きな影響を与えるし、物流費用は在庫コストなどに影響し配達時間を左右する要素となる。

これらのコストを削減すると総体として小売りサービス品質は低下して、それに見合うだけの価格低下を伴うことが望まれる。ただ、IT技術の進展などによってコスト削減が必ずしも小売りサービス品質の低下には繋がらないので、この点は留意する必要がるだろう。本論文ではスーパーマーケットにIT技術が導入されてきた2000年以降のデータを取り扱うのでこの点は考慮しない[2]。

1.2.1.4 生産関数での検討

次に議論されるのは、生産関数を小売生産に当てはめる研究による検討である。Ingene（1985）に代表されるような小売生産の研究が行われている。わが国でも峰尾（2004）のようにこのモデルを使ってわが国の流通構造についての研究がなされている。これらの研究では、おおよそマクロデータが利用されており、個別の店舗を対象としたデータを取り扱った研究ではない。また、産出として想定されているのは「売上高」であり、生産性を議論する

場合にはあくまでも付加価値を対象にはしていない。これは、データの制約から致し方のないことであるが、経営上の指標としては付加価値（利益）に対する投入量が重要であることは言うまでもないだろう（Dubelaar and Ferrarin 2002）。

　生産関数の投入量としては、店舗面積と人員数が利用されるのが一般的であり、本来の投入量である人時が利用されることはあまりない。これも個店レベルのデータの利用が難しいことから致し方がないと言えるだろう。

　こうした意味でマクロデータを利用した生産関数を当てはめるタイプの研究では、長期的な生産性の変化を検討することは可能であるが、小売生産性の本来の意味での店舗単位の生産性を検討するという研究はデータの制約もありそれほど進展しているとは言えない。本章では、個店単位のスーパーマーケットの継時データを利用して、売り場面積人時生産性がどのように規定されているのかを検討する。

1.2.2　管理単位としての人時生産性
1.2.2.1　サービス品質を保証するものか
　本章で取り上げられる食品スーパーマーケットでは、流通サービスとして幾つかのものが生産されている。代表的な流通サービスとして考えられている、品揃えやロットサイズ、配達時間などはどちらかというと小売業にとってどの様な業態を取るかによって決定されるものであり、店舗面積、販売の形態などによって決定されるものとなっている。

　食品スーパーにとって人時生産性とは、こうした仕組みを維持するために必要な店舗管理要員の効率を示すものと考えられるだろう。具体的には品出しや店頭の管理、レジの待ち時間、店舗の清掃など一般的な管理を支える基礎となる数字である。人時生産性が一定の範囲に入っていると言うことはこの店舗管理の水準と収益性のバランスが取れている状況であり、そうした意味ではサービス品質と収益性のバランスを見る上で必要な指標という見方もできるだろう。

　図1-1にあるように小売商の分子モデルでは、消費者は商品である有体財を手に入れると同時に多彩な無体財を提供されている。これらの無体財を提

図1-1 分子モデル：小売商の事例

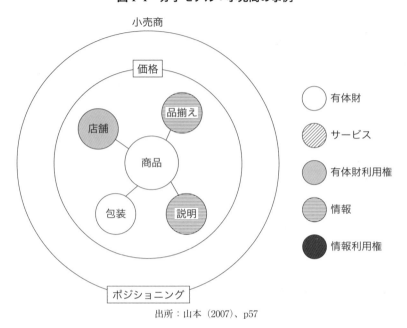

出所：山本（2007）、p57

供することで他の小売商と差別化を図っている訳だが、これらの無体財の生産には人手が掛かっている。人時生産性はこれらの無体財部分の生産にどれくらいの人手が掛かっているのかの指標と考えられる。

　もう一方の見方は、店舗の効率指標としてこれを捉えるという考え方である。人時生産性が高まれば、売上高人件費比率が低下し収益性が確保されるというのがその根拠であり、固定費としての人件費を効率よく使用しているかどうかと言う観点が強い考え方である。食品スーパーでも固定的に必要な人員がいる以上はこうした考え方も意味があるだろう。

　しかし、実際には店舗における人員は変動費としての管理がなされているのではないだろうか。この点が本稿の重要な出発点である。食品スーパーのような業態では、直接顧客と接触する場面は少ないため、バックヤードやレジなど最低限必要な固定的人員があれば良いと考えられるだろう。

　前述のように、ほとんどの要員を変動費化してもサービス品質には影響し

ないと考えることも可能である。これは大きな問題を孕んだ考え方である。食品スーパーでも季節や時間帯に併せた販売方法の工夫、生鮮食品などの店頭管理に必要な人員などサービス品質に影響する要員が変動してしまうと十分なサービスが提供できないことになる。

この考えを進めると競争力の無い、すなわち人時生産性があまり高くない店舗では人員を固定的に必要な人員を下回るほどに過剰に減少させてしまって、サービス品質を低下させる可能性がある。最終的に必要な人員の割り出しをサービス品質から顧客満足という本来の店舗の持つ競争力では無く、人時生産性を重視してしまうと誤った「効率主義」を推し進めてしまうことになるだろう。

1.2.2.2 変化する人時生産性の実態

先ほどの考え方を進めて、食品スーパーの労働生産性がどの様な状況にあるのかを見てみよう。図1-2にあるように食品スーパーの店舗数は、今世紀に入って50名以上の従業員の店舗のみが数を増やしている。これは、一定規模の店舗が競争力を持つような状況にあり、この期間において競争力の源泉が品揃えや駐車場の有無など規模の大きな店舗に有利に働いてきていることが理解されるだろう。

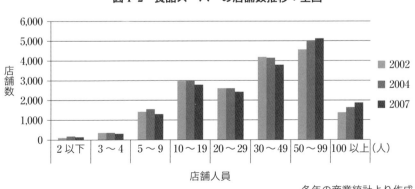

図1-2 食品スーパーの店舗数推移：全国

各年の商業統計より作成

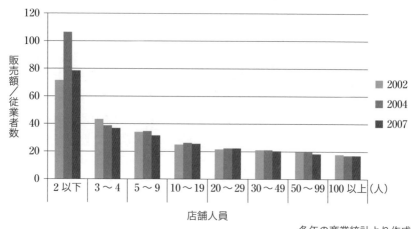

図1-3 食品スーパーの労働生産性：全国

各年の商業統計より作成

　それでは、労働生産性はどの様に変化しているのだろうか。図1-3を見る限りは従業員1人あたりの年間販売額は近年の経済状況もあり今世紀に入ってからは減少する傾向である。また、規模が大きくなったからといって労働生産性が高くなると言うことも見受けられない。売上高と従業員数の関係だけからでは、規模の大きな店舗が増大するという原因を推し量ることは難しい様である。

　この数字を見る限り、規模拡大によって労働生産性はあまり高まらないが、品揃えや店舗のアメニティを高めることで競争力を高めていると理解される。100人以上の従業者を抱えていても労働生産性が高まらないということを説明する論理としてはそうしたことが考えられる。

　図1-4は店舗の従業員が増えた場合売場面積効率は30名を超えたところで横ばいになることを示している。これは一般的に面積が増大するに従って売場面積効率が逓減する中で、現状では低下が見られないことを示している。食品スーパーでは規模の経済の効果は面積効率（資本効果）に現れており、省力化への効果は限定的であることを示しているのかもしれない。

　売場面積効率は規模が増大すると逓減もしくは吸引力の増大によりU字型になることが理論的には想定される。商業統計では規模を従業員数でしか

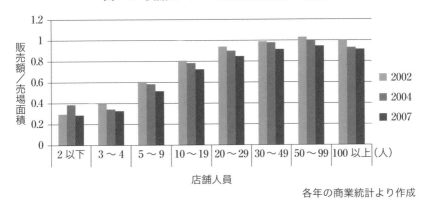

図1-4 食品スーパーの売場面積効率：全国

各年の商業統計より作成

公表していないので、面積と生産性の議論は厳密に行われているわけでは無い。また、本章で問題にしようとしている人時と付加価値という関係を証明できているわけでは無い。この点は具体的に店舗のデータを利用して検討してみよう。

1.3 食品スーパーの生産性
1.3.1 食品スーパーの特性

食品スーパーは商業統計の定義では、「取り扱い商品のうち食品の部分が全体の70％以上を占め、売場面積が500m^{2}以上。販売方式はセルフサービスを採用」となっており、関西では関西スーパーや万代などが代表的な企業である。

これらの企業は、従来から生鮮食品に強みを持ち大手企業はチェーン化した上、90年代以降急速にその数を増やしてきている。日本の小売店舗数が減少していく中で前述したように今世紀に入っても数を増やしている。この業態が従来埋められていなかった品揃え、価格、アメニティに関するニーズを充足することに成功しているからでもある。高品質の生鮮食品、品揃えの拡大、手頃な価格といった最寄品を提供する業態として最も重要な要素について高い水準でバランスをさせているからといって良いだろう。

本節では、関西地区のAスーパーのデータを利用して人時生産性につい

て多面的に分析をしてみたい。管理対象としての人時生産性は、付加価値額を投入される要素である人時で除したものとして定義される。付加価値額に売場面積と人時のどちらが大きな影響を与えるのかは店舗への投資と人時への投資に関してより端的な結論を与えてくれることになる。

　それは、サービス品質を考える上からも意味がある。食品スーパーは最寄品、特に近隣の顧客を中心としてリピーターの顧客で成り立っている。彼らの店舗選択行動に影響を与えているのは、流通サービス水準と価格である。価格には店舗までの出向費用も加味されているので、商圏が形成されることは言うまでもない。

　商圏内の顧客をいかに逃さないようにするのかは、優れた流通サービスの生産システムの構築に掛かってくる。人時生産性は、消費者が評価している小売商からの提供物の質と価格を反映している付加価値と店舗のサービス水準に影響を与えているコストである人時からなっているので、店舗評価を人件費で除したものと言い換えても良いだろう。[3]

　店舗の運営指標として人時生産性が重要な地位を占めているのは、コストの管理の上から重視しなければいけない数値として理解されているのであり、サービス水準について直截的に言及しているわけでは無いだろう。この関係を図に示すと図1-5のように理解される。

　店舗を管理するという立場からは、仕入れ価格は一定であると考えるとこの数字が店舗の償却費用や販売管理費などを賄える水準を下回らなければ大きな損失にはならないという前提に立っている。

　確かに食品スーパーにおいて人時とサービス品質の関係に大きな影響が無いのであれば、その理解で良いと思われるが、この関係が大きなものであれ

図1-5　人時生産性の規定要因

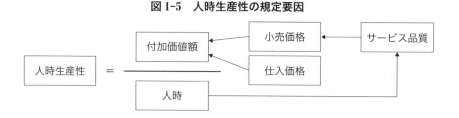

ば人時を減らすことによって小売価格を維持できなくなり店舗の競争力はスパイラル的に低下することになってしまう。

Aスーパーのデータを見ながらこの関係を見てみることにしよう。

1.3.2 人時生産性の規程因

Aスーパーは食品スーパーのチェーン展開をしており、今世紀に入ってから店舗数を拡大させている。経済環境の悪化から消費者の低価格志向が高まっていることもこのスーパーを後押ししているとともに小型店舗を閉鎖しながら郊外に店舗面積の大きな店舗を開店して行っている。

その結果として、企業規模が拡大しており従業員数も増大している。拡大する店舗網を支えるため新卒者も積極的に採用している。食品スーパーの特徴から生鮮食品には力を入れており、店舗の人員はそれほど少ない分けでは無い。2011年の全店舗平均(途中開閉店の店舗を除く)ではパートタイマーを含めると43.9名が在籍している。

このスーパーの人時生産性の人時の計算では正社員、パートタイマーとも実労働時間を集計してその時間数で粗利益額を除して計算している。2000年以降小売価格の低下もあり徐々に低下する傾向にあるが、近年は横ばいとなっている。

図1-6 人時生産性の推移

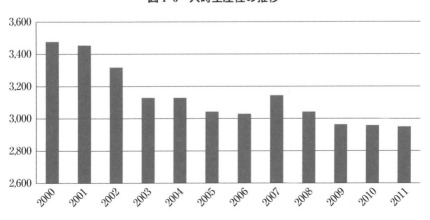

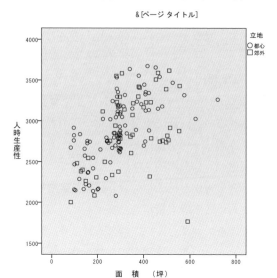

図1-7 店舗面積と人時生産性（2011年）

　それでは、2011年の人時生産性が店舗規模毎にどの様な分布になっているのかを見てみよう。このスーパーでは近年郊外への出店を進めていることもあり、都心と郊外の立地の違いも同時に表示している。

　これを見ても分かるように人時生産性と店舗面積には明確な関係は見られる。それでは、理論的にはどの様な予測が立てられるのだろうか。コブダグラス型の生産関数に当てはめることで検討をしてみよう。

　2011年のデータを元にして粗利益額（付加価値）が店舗面積と人時を投入して生産されると仮定して当てはめてみると次のような結果となった。営業日数が300日に満たない店舗は分析から除かれた。

$$\mathrm{Log}（粗利益額）= 0.019 \times \mathrm{Log}（店舗面積）+ 1.228 \times \mathrm{Log}（人時）+ 2.265$$
$$\text{自由度調整済み} \quad R^2 = 0.962 \quad N=144$$

　結果は上記のようになり店舗面積に関しては係数が有意とはならなかったが当てはまりは十分で粗利益額には人時が大きく影響していることが分か

る。これは店舗面積が固定値であるのに対して人時は客数などによって変化するなどより粗利益額に強く影響していることが原因であると考えられる。

注目するべきことは、人時の係数が1を超えていることであり、規模の経済性が発生していることである。人時の効果が逓増的に粗利益額に影響していることは店舗運営の上では問題かもしれない。2003年度のデータを元にして再度同様の回帰分析を行ってみると次のような結果となった。

$$\text{Log(粗利益額)} = 0.059 \times \text{Log(店舗面積)} + 0.937 \times \text{Log(人時)} + 3.208$$
自由度調整済み $R^2 = 0.964$　$N=126$

店舗面積の係数は10%水準で有意となっており、この時点では店舗面積も粗利益額に影響することが示されている。また人時の係数は1を下回っている。この8年間にこのチェーンでは郊外により大型の店舗を展開しており、その結果がここで現れてきている。2003年の総店舗面積は10万4128m²（3万1554坪）であるのに対して、2011年度は15万1797m²（4万5999坪）となっており、全体で5割近く店舗面積が増えていることに大きな特徴がある。

当該企業の担当者へのインタビューでは、Aスーパーではより大きな店舗を展開する中でより大型の店舗は人時生産性が高まるはずだという前提に立っていたようであるが、実際にはそうではなくて、人時生産性も高まらず面積効率も高くならないという結果を生んでいることがこの2つの分析から分かる。

1.3.3　人時生産性の推移

人時生産性の推移は図1-6に示したとおりである。一見すると長引く経済環境の悪化や競争の悪化によって人時生産性が低迷してきていると考えられるかもしれない。比較的大型の店舗を出店してきたということからセルフサービスの効果が高まり、人時生産性が高まることも想定される中で低下するということは簡単には納得できない。

そのために検証しなければいけないのは、投入した人時によってどの様な効果があったのかと言うことである。2011年のデータを使って次の2つの

分析結果を検討してみよう。食品スーパーはセルフサービスが中心なので人時を投入していっても対面部分での効果はそれほど大きくは無い。レジの待ち時間を短くしたり、品出しが迅速にできたりするので店頭での品切れが防止できるなどの効果は考えられる。

その結果、店舗の評価は高くなり顧客満足の向上などを通して来店回数の増大や粗利率の向上などが見込まれるだろう。

ここでは、店舗の効率改善という側面から、次の2つの効率指標に人時がどの様に影響するのかを見てみよう。1つ目は、面積あたりの販売点数である。この指標は、最寄り品を販売する食品スーパーにとっては、顧客の囲い込みと店舗効率を考える上では意味がある数字である。

面積当販売点数 = 80.797 × 面積当人時 − 288.964
自由度調整済み　R^2 = 0.875　N=144

上記の回帰分析の結果は、仮説通りに面積あたりの人時を増やせば面積あたりの販売点数が増大することを示している。年間で面積あたり1人時を加えると面積あたりの販売点数を80点増やすことができるという結果になっており一定の効果が期待される結果となっている。なお、この切片項は有意では無い。

それでは、人時を増やすことは顧客にとってあまり意味のないものなのだろうか。一客あたりの買上点数も顧客の忠誠度を考える上で重要な指標である。

一客当買上点数 = 61.510 × 一客当人時 + 2.336
自由度調整済み　R^2 = 0.674　N=144

一客あたりの買上点数と一客あたりの人時の関係を回帰分析によって検討して見ると上記のような結果となる。一客あたりの点数と人時に関係があることを示している。切片項は有意である。一方で店舗面積と一客当人時には正の相関がある（r=0.486）。そのため、この関係は店舗面積との疑似相関で

ある可能性がある。

　大きな店舗は駐車場を備えるなどして顧客はまとめ買いをするために、一客当買上点数は増大するからである。店舗面積が増大すると一客当人時が高まるのも同様の理由である。まとめ買いによる客数の減少によって説明されるかもしれない。

　この点を店舗規模別に分析をすることによって再度検討して見たい。ここでは、このチェーンの店舗を3つのグループに分けて分析をしてみることにする。このチェーンでは店舗面積が200坪（660m^2）以下の小規模店舗、400坪（1320m^2）、より大型のそれ以上の規模の店舗に分けることができる。大型の店舗は都心よりも郊外に展開しており、客層も異なっている。小規模店はどちらかというと低価格を売り物にすることで中型店や大型店よりも粗利益率は1％程度低くなっている。

　表1-1の結果から分かるように、客あたりの人時を増やすと客あたりの買上点数が上昇するというのは規模に関わらず見られている。それほど大きな効果では無いが、サービス水準の上昇は顧客の成果を高めていると考えられるだろう。その意味で、Aスーパーチェーンでは規模拡大による生産性の改善というよりも人手を掛けることで顧客の満足を高めるという当初の目論見とは異なる結果を導いているようである。このため、人時生産性を改善し

表1-1　買上点数と人時、店舗規模別、年別の回帰分析結果

独立変数 / 従属変数	一客当人時	自由度調整済 R^2	年	店舗規模	N
一客当買上点数	68.214161***	0.475519	2003	小型	65
一客当買上点数	72.141289***	0.686194	2007		44
一客当買上点数	53.509244***	0.567986	2011		31
一客当買上点数	52.799708***	0.614521	2003	中型	60
一客当買上点数	48.172131***	0.559938	2007		73
一客当買上点数	54.814982***	0.610451	2011		81
一客当買上点数	54.432978***	0.894031	2003	大型	11
一客当買上点数	41.346466***	0.540780	2007		19
一客当買上点数	43.834633***	0.506684	2011		37

*** $p<0.01$ ** $p<0.05$

ようとすると何らかのサービス水準の低下を計らなければいけないという結論が導かれてしまう。

ただ、この問題が経営上の致命的なものとなっていないのは、規模の大きな店舗の粗利益率が高いことにある。食品スーパーでは規模が増大するに従って品揃えが増大して粗利益率が好転してくる。このスーパーでもそうした傾向が見られており、その点が事態を悪化させていない原因でもある。面積と粗利益率の相関は0.440となり1％水準で有意である。図1-7の結果は、こうした効果が相殺されて出来上がっていると考えられる。

それでは、Aスーパーの大型店で人員を切り詰めることでより良い結果が得られるのだろうか。もし、この時点で大型店における人員整理を行って人時生産性を改善しようとするとどの様なことになるのかを考察してみよう。

1.4 より進めた分析

1.4.1 規模別の検討[4]

この節では、前節での分析をより進めて、人時と付加価値額の関係を規模別に検討するところから始めて、正社員とパートタイマーの関係を見てみたい。

この規模別の結果を見ると年度別で見てみても付加価値は概ね人時と強い関係があり、どの規模でどの年度でも人時が付加価値額に影響していることが分かる。この結果は、規模によってオペレーションの違いや品揃えの違いがあるのでは無いかという仮説を否定するものとなっている。大型の店舗は郊外にあって面積あたりの従業員も少ないので人時の影響はあまりないのでは無いかという点はこのスーパーマーケットチェーンでは該当しないことが明らかとなった。

1.4.2 パートタイムと常勤

それでは、店舗のサービス品質の水準を決めている要素と考えている人時の中身に違いはあるのだろうか。このスーパーマーケットチェーンでは、

表 1-2　店舗規模別、年別の回帰分析結果（生産関数）

独立変数 \ 従属変数	対数店舗面積	対数人時	自由度調整済 R^2	年	店舗規模	N
対数付加価値額	0.081269	1.022396***	0.964192	2003	小型	69
対数付加価値額	0.085965	0.862786***	0.851480	2007		44
対数付加価値額	-0.029830	1.153821***	0.933696	2011		31
対数付加価値額	-1.124273***	2.164754***	0.902012	2003	中型	60
対数付加価値額	-0.008354	1.260729***	0.933256	2007		73
対数付加価値額	0.134652	1.320820***	0.910820	2011		81
対数付加価値額	-0.184775	1.535310***	0.906046	2003	大型	11
対数付加価値額	-0.121268	1.839651***	0.519802	2007		21
対数付加価値額	-0.370623	1.504823***	0.895632	2011		37

*** $p<0.01$ ** $p<0.05$

2011年のデータで正社員とパートタイマーの人時はおよそ1対5の割合であった。店舗によっては正社員の人時が全人時の1割を切るような店舗もあったが大半の店舗は20％程度であった。このデータを利用して開店日が320日以上の店舗のデータを使って分析をしたところ次のような結果を得た。

$$\text{Log（粗利益額）} = 0.006 \times \text{Log（店舗面積）} + 0.252 \times \text{Log（正社員人時）} + 0.971 \times \text{Log（パートタイマー人時）} + 2.597$$

自由度調整済み　$R^2 = 0.963$　$N=143$

この結果を見ても分かるように店舗面積は有意になっていない。正社員人時とパートタイマー人時はほぼ1対4の比率で粗利益額に影響していることが分かる。スーパーマーケットにとって粗利益額を左右するのがパートタイマーの人時であり、パートタイマーの人時の調整によって粗利益額が決まってきていることも良く分かる。

このスーパーマーケットチェーンでは、各店の店長は人時生産性を経営指標として指示されている。どれくらいの人時を掛けて粗利益額を上げるかという意思決定を行う場合に正社員を増やすよりもパートタイマーを増やす方

が粗利益額を高めることが出来るという結果は、逆説的な結論のように思われるかもしれない。

しかし、パートタイマーを増やすためには一定量の正社員が必要である。多くの店舗で20％程度の正社員の人時が必要であることもこのことを支持している。それでは、店舗面積と人時の比率に関係は無いのであろうか。確かに店舗面積と人時には相関があり（r=0.477）店舗面積が増大すると人時比率は高まるという関係がある。これは、店舗を大きくすると正社員の比率を高めざるを得ないという関係にあることを示している。

店舗規模が大きくなることで必要な正社員の数を一定揃えなければいけないことは、オペレーションの複雑化に伴ってパートタイマーだけでは業務がこなせないことも影響している。それでは、このチェーンが積極的な拡大戦略を採り始めた2003年のデータではどの様に結果になるだろうか。

$$\text{Log（粗利益額）} = 0.060 \times \text{Log（店舗面積）} + 0.482 \times \text{Log（正社員人時）} + 0.552 \times \text{Log（パートタイマー人時）} + 3.571$$

自由度調整済み $R^2 = 0.963$　$N=126$

この時期では、まだ正社員の人時比率が大きく概ね3対1よりも大きな比率となっている。平均で0.3715となっていて2011年と比べるとまだ正社員の比率が高かったことが分かる。そのため、粗利益額への影響度も正社員とパートタイマーで大きな差は無い。このことは、このチェーンがパートタイマーへの依存を高めながら店舗拡大を行ってきた経緯を示している。

この様に生産関数は投入要素の変化によってパラメーターが変化している。もし、2003年の生産関数で2011年の投入を行えば図1-8に見られるように粗利は向上していた可能性がある。特に小規模な店舗ではズレが大きくなっている。

このことは、食品スーパーにおける人員構成の在り方について示唆を与えるものである。2003年当時の生産関数を維持していれば、すなわち正社員のパラメーターが相対的により大きな値であれば2011年においてもより大きな粗利益が確保できたと考えられる。正社員比率の低下は確かに粗利益の

図1-8 2003年のパラメーターによる2011年度の粗利と実際の粗利（対数）

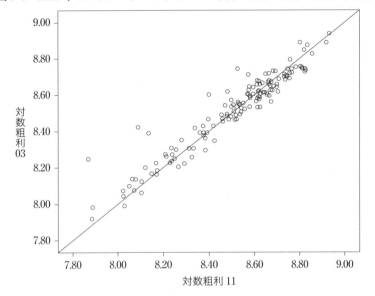

確保という点ではマイナスであったであろう。

ただし、人件費の負担を考えるとこの結論が当を得たものかどうかを再度確認する必要がある。2011年の人件費を時給で比較すると店舗間でバラツキはあるものの平均でパート社員は1016円、正社員で2743円となっておりおよそ2.7倍の開きがある。しかし、2011年の粗利益の貢献ではパート社員の人時は正社員の3.8倍となっており、パート社員の時給あたりの生産性は正社員を上回ってしまっている（図1-9）。

粗利益を確保するためには正社員が必要であっても最終的な利益を残すためにパート社員に頼らざるを得ない経営状況であることが理解されるだろう。小売企業の抱えている普遍的な問題とは言えサービス品質と利益の相反が起こっている状況は、この企業の経営にとって必ずしも良い状態とは言えない。

1.4.3 店舗規模と従業員のタイプ

最後にこの2つの要素を合わせた分析をしてみよう。今までの分析では規

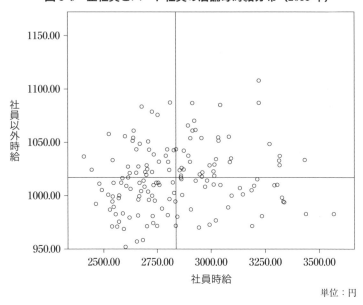

図1-9 正社員とパート社員の店舗毎時給分布（2011年）

単位：円

模別の正社員とパート社員の人時について取り扱ってこなかった。このチェーン店舗では、規模の大きな店舗で正社員の人時を高めに設定している。

図1-10にあるように小型店舗では、正社員の人時はパート社員の人時の16.5％であるのに対して、大型店舗では24.8％となっている。この差は統計的に有意となっていて、現在のこのチェーンの置かれている拡大期の状況を示している。

これは、小規模店ではオペレーションが単純で商品カテゴリーの幅も小さいために正社員は少なくて済んでおり、反対に大規模店にはパート社員に代わって正社員を配置している。このことは、オペレーションの問題だけではなく新しく採用している正社員を比較的単純な仕事に配置しているという事情に起因している。

新規に採用した正社員が将来のキャリアパスを考えて、店舗に配置をされるということは問題無いのだが、正社員の給与が将来高まってくることを考慮するとさらなる新規出店の圧力になることは容易に想像されるだろう。

図1-10 規模別の正社員対パート社員人時比率

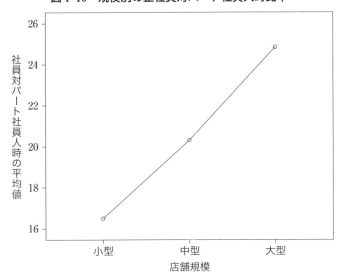

　図1-11は規模による人時生産性の違いを示している。確かに店舗規模が大きくなるに従って人時生産性は改善している。大規模店ではそれだけ高い生産性が実現されているので、正社員の賃金が吸収されているとも言えるが、それは将来の収益を圧迫する要因ともなる。

　以上の分析を確認するために規模別、社員別の生産関数の推定を行ってみよう。

　表1-3では2011年のデータで生産関数を推定している。小規模店では正社員もパート社員も付加価値額にプラスの効果があるが、中型店、大型店ではパートタイム社員の効果が大きな差となっているだけでは無くパートタイム社員の人時の係数が1を超えており、パートタイム社員の人時を増やせば増やすほど付加価値額が上がるような構造となっている。

　小規模店は生産性が低い分、正社員を減らしていることからパートタイム社員の人時の付加価値額への効果は相対的に小さくなっている。中規模、大規模の店舗では生産性が高い分正社員を増やしているので、その逆となっていることが分かるだろう。この結果を見てみるとAスーパーチェーンでは

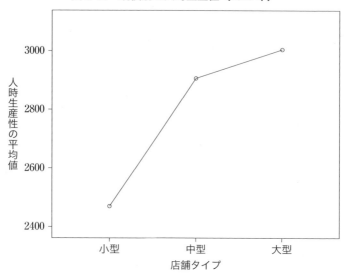

図 1-11 規模別の人時生産性 (2011 年)

表 1-3 規模別、社員種別生産関数 (2011 年)

独立変数＼従属変数	対数店舗面積	対数正社員人時	対数パートタイム社員人時	自由度調整済 R^2	N	規模
対数付加価値額	-.12967947	.39355500***	.78848823***	.94871471	31	小
対数付加価値額	.16569861	.11578285*	1.18377596***	.92190151	81	中
対数付加価値額	-.33729688*	.24194772*	1.22460125***	.89035169	37	大

社員の種類による人時の投入量が最適とはなっていないことが分かる。

また、表 1-4 を見ると大規模店には若い正社員を配置して時給を低く抑えることで生産性を上げながら店舗運営をしている。正社員の時給は、小規模店に比べると時給で 500 円近い差がある。

この問題は、A チェーンも認識しており将来の給与の増加に対して何らかの手立てを打つことを考えている。その一環として郊外への大型店の新規出店に大きな力を注いでおり、当面はその成長によって賃金の圧力を軽減することを考えているようである。

表1-4 規模別、社員種別時給平均(2011年)

	規模	時給（円）
社員時給	小	3161.2654
	中	2783.1553
	大	2678.5781
パート社員時給	小	1013.6413
	中	1023.6911
	大	1004.9382

1.5 むすび

　本稿では、食品スーパーのチェーンストアにおける生産性を売上高では無く付加価値額を使って実証的に検討をしてきた。従来から指摘されてきた店舗生産への投入物である人時と店舗面積についてサービス生産の観点からも検討を加えた。

　その結果は、店舗の大型化によって期待されていたほどの人時生産性の向上は見られなかったということである。この点は、店舗周辺環境の違いもあり判断が難しいところだが、分析対象とした食品スーパーチェーンにとっては、やや期待外れの結果となっている。その結果人時生産性の改善が見られず、若手の正社員を投入して収益を維持せざるを得ないという状況となっている。このことはさらなる出店圧力となっており、ICTのさらなる活用を迫られることになるだろう。この点に関しては、本稿の分析を元にして継続した研究を続けていきたい。

(山本　昭二)

注釈

1) 個別店舗の比較に関しては　DEAを利用した研究、Donthuen and Yoo（1998）やGauri（2013）のようにベンチマークを使った比較などが行われている。
2) ICTの小売生産性への効果に関しては、Reardon and Coe（1996）、Griffith and Harmgart（2005）、Basker（2012）などを参照。
3) Mägi and Julander（1996），p40.
4) 小売店舗の規模による生産性への影響については、Arndt and Olsen（1975）を参照。

参考文献

Arndt, J. and L.Olsen (1975), "A Research Note on Economies of Scale in Retailing," *Swedish Journal of Economics*, 77 (2), 207-221.

Basker, E. (2012), "Raising the Barcode Scanner: Technology and Productivity in the Retail Sector," *American Economic Journal: Applied Economics*, 4 (3), 1-27.

Betancourt, R.R. and D.A. Gautschi (1993), "The Outputs of Retail Activities: Concepts, Measurement and Evidence from US Census Data," *Review of Economics and Statistics*, 75 (2), 294-301.

Bucklin, L.P. (1978), *Productivity in Marketing*. Chicago, IL: American Marketing Association.

Dawson, J.A. (2004), "Retail Changes in Britain during 30 Years: the Strategic Use of Economies of Scale and Scope," *working paper, Center for Studies in Retailing*, Scotland, available at: www.csrs.ac.uk (accessed October 1st, 2011).

Donthu, N. and B. Yoo (1998), "Retail Productivity Assessment Using Data Envelopment Analysis," *Journal of Retailing*, 74 (1), 89-105.

Dubelaar, C., M. Bhargava, and D. Ferrarin (2002), "Measuring Retail Productivity: What Really Matters?" *Journal of Business Research*, 55 (5), 417-426.

Gauri, D. K. (2013), "Benchmarking Retail Productivity Considering Retail Pricing and Format Strategy," *Journal of Retailing*, 89 (1), 1-14.

Griffith, R. and H. Harmgart (2005), "Retail productivity," *International Review of Retail, Distribution and Consumer Research*, 15 (3), 281-290.

Higon, D.A., O. Bozkurt, J. Clegg, I. Grugulis, S. Salis, N. Vasilakos, and A.M. Williams (2010), "The Determinants of Retail Productivity: A Critical Review of the Evidence," *International Journal of Management Reviews*, 12 (2), 201-217.

Ingene, C.A. (1985), "Labor productivity in Retailing: What Do We Know and How Do We Know It?" *Journal of Marketing*, 49 (4), 99-106.

de Jorge Moreno, J. (2006), "Regional regulation analysis of performance in Spanish retailing," *The International Journal of Retail and Distribution Management*, 34 (10), 773-793.

de Jorge Moreno, J. (2010), "Productivity Growth of European Retailers: A Benchmarking Approach," *Journal of Economic Studies*, 37 (3), 288-313.

Kato, A. (2012), "Productivity, Returns to Scale and Product Differentiation in the Retail Trade Industry: An Empirical Analysis Using Japanese Firm-Level Data," *Jour-

nal of Productivity Analysis, 38（3），345-353.

Mägi, A. and C. R. Julander（1996）,"Perceived Service Quality and Customer Satisfaction in A Store Performance Framework," *Journal of Retailing and Consumer Services*, 3（1），33-41.

峰尾美也子（2004）「売り場面積規模別に捉えた小売構造における変化の分析と考察」『三田商学研究』47（3）、161-176。

Mishra, A. and J. Ansari（2013）,"A Conceptual Model for Retail Productivity," *International Journal of Retail and Distribution Mangement*, 41（5），348-379.

Reardon, J., R. Hasty, and B. Coe（1996）,"The Effect of Information Technology on Productivity in Retailing," *Journal of Retailing*, 72（4），445-461.

Weiheters, B., D. Rangarajan, T. Falk, and N. Schillewaert（2007）,"Determinants and Outcomes of Customers' Use of Self-Service Technology in A Retail Setting," *Journal of Service Research*, 10, 1（August），3-21.

山本昭二（2007）『サービスマーケティング入門』日本経済新聞社。

第2章

メーカーと小売業者に互恵的な
セールス・プロモーション戦略
顧客愛顧追求型マーケティング戦略の互恵性への示唆

2.1 問題意識

　マーケティング予算の中で、人件費を除いて最大のものが、おそらくマーケティング・コミュニケーション戦略に関する予算であろう。電通が毎年発表している『日本の広告費』統計によれば、2013年度において、TV広告費は約1.8兆円であったが、販売促進費に該当するプロモーション・メディア広告費は、それをしのぐ約2.1兆円であった。プロモーション・メディア広告費が最大である傾向は最近のものではなく、インターネット広告費が伸長している直近10年間においても総じて観察される傾向である（図2-1）。さ

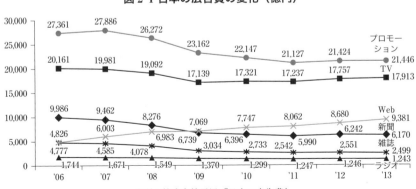

図2-1 日本の広告費の変化（億円）

出所：株式会社電通『日本の広告費』

らに、メーカーが負担しているリベートなどの販売奨励金を包含すれば、約2.1兆円という数字は、相当大きくなることは明らかである。

　セールス・プロモーションに関する研究は、多数ある。例えば、Blattberg and Neslin（1990）や渡辺、守口（2011）は、セールス・プロモーションの種類を、その主体と対象によって3つに類型化している。すなわち、メーカーが主体となって消費者を対象に行う消費者プロモーション、流通業者が主体となって消費者を対象に行う小売プロモーション、そしてメーカーが主体となって流通業者に対して行うトレード・プロモーションの3つに類型化している。小売プロモーションの支出源泉が、すべて小売業者でないことを勘案すると、メーカーがマーケティング投資しているセールス・プロモーションがいかに大きいかを察することができる。

　メーカーが相当なセールス・プロモーション投資を行っているのが実態にも関わらず、メーカーや当該ブランドへのロイヤルティや愛顧などが蓄積され資産化されている程度は、決して大きくない。この論点に着目し、本論ではメーカーと小売業者にとって相互に互恵的なセールス・プロモーションの在り方を考察してみたい。まず、次節でセールス・プロモーションに関する過去の研究を、特に顧客愛顧構築（consumer franchise building）の見地からレビューし、そして本論の主旨に対する1つの示唆を与える社会的マーケティングをレビューする。そして1つの事例として、王子ネピア社が行った「千のトイレ」プロジェクトを紹介し、その成果を検討し、社会的マーケティングの1つであるコーズ・リレーティッド・マーケティング（CRM）の有効性を検討する。そして両者を融合させた顧客愛顧追求型マーケティング戦略のメーカーと小売業者の両者にとって収益性を確保する互恵性の可能性を、シミュレーションによって検討し、さらに社会全体の流通システム福利の見地からも有効性を検討することにする。そして最後に、今後の課題を整理することにする。

2.2 セールス・プロモーションと社会的マーケティングの過去の研究

2.2.1 メーカーと小売業者間のセールス・プロモーション効果に関する研究

セールス・プロモーションの類型化は、上述の主体と対象による消費者プロモーション、小売プロモーション、トレード・プロモーション以外にもいくつかの類型基準がある。プロモーションの目的により、価格訴求型セールス・プロモーション、情報提供型セールス・プロモーション、体験型セールス・プロモーション、インセンティブ提供型セールス・プロモーションと分けることもできる (*e.g.,* 渡辺、守口 2011)。メーカーへのマーケティング努力の資産化を検討する本論の視点から特に重要であろう類型化基準は、顧客愛顧構築 (CFB: consumer franchise building) か、否かであろう。

顧客愛顧構築は、1990年代終わりに複数の研究によって提起された概念である (*e.g.,* Prentice 1977; Rossiter and Percy 1997; Stewart and Gallen 1998)。表2-1は、さまざまな広告やセールス・プロモーション手段を顧客愛顧構築手段とそうでない手段を整理している。媒体を用いた広告の内、顧客愛顧構築手段として考えられているのが、マス4広告と呼ばれるTV広告、ラジオ広告、新聞広告、雑誌広告、そして交通広告とDM広告である。顧客愛顧構築手段として考えられているセールス・プロモーションには、サンプリング、メーカーによるクーポン、実演販売、調理本などの資料がある。

表2-1 広告そしてセールス・プロモーション手段と顧客愛顧構築

	CFB手段	非CFB手段
媒体広告	TV広告、ラジオ広告、新聞広告 雑誌広告、交通広告、DM広告	流通広告 共同広告
S P	サンプリング メーカー・クーポン 実演販売 調理本などの資料	値引き おまけ、懸賞 増量、コンテスト 流通クーポン キャッシュ・バック

一方、顧客愛顧を構築しないと考えられる広告として、流通広告と共同広告があげられ、同じく構築しないと考えられるセールス・プロモーションには値引き、おまけ、懸賞、増量、コンテスト、流通によるクーポン、キャッシュ・バックがあげられている。

　顧客愛顧を構築しない広告そしてセールス・プロモーション手段の内、流通広告と流通によるクーポン以外は、おそらくメーカーがマーケティング費用を支出している場合が多いと察せられる。投資しているにも関わらず、メーカーあるいは当該の製品・サービスには愛顧が構築されず、投資は資産化されない点は、マーケティング管理上、これまでもいくつかの研究が指摘してきた。

　1990年代後半、RFID（Radio Frequency Identification）技術が進歩し、SUICAやICOCAなど、ICタグがさまざまな環境に適用されるようになった。その際、グローバル小売シェア1位のWal-Mart社は、取引メーカーにICタグを付与するよう要求した。その要求の程度は高次であり、取引停止も暗示するほどであった。Kumar（1996）は、早期から「信頼（trust）」の重要性を提示した研究である。カテゴリ・キラーやウェアハウス・クラブなどの巨大業態の出現、小売業間でのM&A、水平統合などから小売業者のパワーの伸長を分析し、その上で、パワー・ゲームではなく、信頼ゲームの重要性を説いた。具体的には、信頼を創造し、公正さを追求し、パートナーシップ数を制限することで相互従属性を創造し、オープン政策により市場価格を機会がある毎に確認することで、コンフリクトを縮減することを提案している。

　この種のチャネル・パワー関係から、メーカーと小売業者間の関係性に言及した研究に、Dawar and Stornelli（2012）がある。Dawar and Stornelliは、情報提供型モデル、プライベート・ブランド型モデル、運転資本型モデル、マージン型モデルの下で、メーカーと小売業者間の関係性を構築する際に注意すべき点を指摘している。

　Ailawadi（2001）は、小売業者が優勢なチャネル・パワー関係に疑問を投げかけた研究である。メーカーと小売業者間の相互作用に注目し、セールス・プロモーションが必ずしも優勢な小売業者によってメーカーが強いられて行

いメーカーの収益が圧迫されているわけではなく、むしろ競争的市場においては、メーカーに便益を提供している点を指摘している。

Corstjens and Steele (2008) は、小売業者部門はメーカー部門より成果が低く、株主価値で評価すれば最近になるほど悪化していることを経験的に示している。特に、アメリカにおいては 1980 年代そして 90 年代初期からこの構造は存在しており、2000 年以降もこの傾向は継続していることを示している。そしてこれは、アメリカのみならずヨーロッパにおいても存在していることを示している。

一方、Srinivasan, Pauwels, Hanssens, and Dekimpe (2004) は、メーカーの収益、小売業者の収益、そして小売業者マージンを、265 週に渡る 21 カテゴリのデータを用いて動態的に分析した研究である。Srinivasan, Pauwels, Hanssens, and Dekimpe の発見事項は、第 1 に、値引きはメーカーにも小売業者にも永続的金銭的効果を与えない点である。第 2 に、値引きは、小売業者の収益に与える効果と混在しつつもメーカーの収益にも正の効果を与える点である。第 3 に、メーカーの収益弾力性は高く、特に頻繁にプロモーションされる全国ブランドであるほど高くなる点である。すなわち、値引きによる収益性への負の効果を暗示している。最後に、小売業者の収益弾力性は、シェアの低いあまりプロモーションされていないブランドほど高くなる点である。すなわち、頻繁にプロモーションされているブランドに関しては、小売業者の収益性がメーカーの収益性よりも好ましくなる点が含意されている。

以上、いくつかのメーカーと小売業者間のセールス・プロモーション効果に関する研究を紹介したが、首尾よく関係をとらえる枠組みがないと言える。そこで、メーカーと小売業者という 2 者間の関係に焦点をあてるのではなく、より大局的な社会に焦点をあてることで、両者間でバランスのとれたセールス・プロモーション戦略の構築に向けた示唆を検討することにする。

2.2.2 社会的マーケティングに関する研究

Marketing Management の 12 版である Kotler and Keller (2006) ではマーケティングの課題を 4 つあげており、それらは、内部マーケティング、統合

マーケティング、関係性マーケティング、そして社会的責任マーケティングである。この最後の社会的責任マーケティングは、2009年に改訂された次の13版である Kotler and Keller（2009）では成果マーケティングとしてより広義にとらえられている。そしてマーケティングが検討すべき成果として、収益や利益、顧客エクイティなどの営利的成果に加えて、倫理や環境などの社会的成果が包含されている。このことからも社会的マーケティングの重要性が増していることは、明らかである。

コーズ・リレーティッド・マーケティング（CRM: cause-related marketing）は、社会的マーケティングの1つであり、特にここ10年で注目を集めているマーケティング・アプローチである。CRM は、1980年代後半にフィランソロピーと呼ばれる企業慈善活動（philanthropy）の1つとしてマーケティング関連のジャーナルに登場した。初期の研究の1つが、Varadarajan and Menon（1988）である。Varadarajan and Menon による CRM の定義は、良いことを行うことで企業が慈善活動する1つの方法であり、セールス・プロモーション、企業慈善活動、企業スポンサーシップ、企業福祉活動、広報活動などとは異なっているが、しばしばこれらが混合したものとして活動されることがある、としている。CRM の目的には、売上増加、企業地位の強化、負のパブリシティの防衛、顧客との講和、市場参入の支援、セールス・プロモーションされているブランドの取引水準の向上などがある。本論においては、特に最後の目的が関連している。

以降、いくつかの側面に焦点をあてて、CRM の効果が研究されている。Basil and Herr（2006）は、バランス理論に基づき CRM の効果を検討している。Basil and Herr の実験によれば、バランスのとれた態度は、正にせよ負にせよ、適切性に知覚されることが明らかにされている。その上で、事前に存在している態度が共に正であれば、正のバランスがとれたシナリオはシナジー的に態度を強調する効果が発見されている。またいずれかの事前に存在している態度が負であれば、悪意的な態度が明白になることも明らかになっている。そして CRM 関連性の知覚的強度を高めるようバランスのとれたシナリオを操作することで、より正の反応が導かれることも発見されている。

パーソナリティ特性に焦点をあてて、CRM の効果を研究した論文も多い。特に、性別に焦点をあてたものが多く、Moosmayer and Fuljahn（2010）、Hyllegard, Yan, Ogle, and Attmann（2011）、Sina, Hasan, and Ali（2012）などが最近の研究としてあげられる。Moosmayer and Fuljahn は、性別と寄付の大きさの CRM の知覚に与える効果を研究し、女性の方が効果の大きいことを明らかにしている。Hyllegard らは、性別に加え、コーズ、慈善支援、メッセージ性の側面も考慮し Y 世代を対象とした調査を行っている。その結果、Y 世代に関して、性別は有意な効果がなく、むしろボランティアなどの社会的コーズに関する関心の方が、CRM で取り扱われているコーズよりも影響が大きく、慈善コーズに対してなされる金銭寄付額を正確に述べることがマーケターに示唆されている。Sina, Hasan, and Ali の研究は、イランのチェーン・ストア顧客に対して行われた調査であり、男女間でコーズの効果差はないことが発見されている。

売上や利益に直接的に関連する選択行動に焦点をあてた研究も少なくない。初期の研究である Barone, Miyazaki, and Taylor（2000）は、従来考えられてきた、企業の社会的コーズを支援する情報は選択に影響するという仮説を検討し、この概念が CRM 努力の知覚に依存することを明らかにしている。すなわち、CRM 活動の背後にある企業の動機を消費者がどう知覚するか、そして対価格パフォーマンスの差にトレードオフがどの程度依存するか、が重要であることを発見し、前者に関して企業の CRM 努力を適切に伝達し、後者に関してトレードオフを説得する努力が重要であることを指摘している。Folse, Niedrich, and Grau（2010）は、購買量と企業の寄付額の参加意欲に与える効果を研究している。Folse らは、企業の寄付額の参加意欲に与える正の効果は当該企業に関する推察により特に結びつけられ、参加意欲に与える購買量の負の効果もその当該企業に関する推察により特に結びつけられることを明らかにしている。また参加要件が高ければ高いほど、購買量の効果は低減することも発見している。そして購買量の効果は、本源的に経済的交換の結果であることを明らかにしている。

コーズと企業あるいはブランド間の適合度の CRM 効果に与える研究もある。ブランドに関連した CRM 特性か、社会コーズに関連した特性かという

CRMのタイプによるCRM効果差の研究から派生したこの分野の最近の研究として、Nan and Heo（2007）、Adiwijaya and Fauzan（2012）、Robinson, Irmak, and Jayachandran（2012）がある。Nan and Heoは、CRMメッセージが組み込まれた広告と組み込まれていない広告を用いて、前者の方が、企業に対する消費者の態度が好ましくなることを明らかにしている。またブランドとコーズの適合度が高いほど、広告とブランドに対する態度は好ましくなる点を示している。同様に、Adiwijaya and Fauzanは、ブランドとコーズの適合度を促し、RMキャンペーンにおける企業の動機を促すような社会的責任活動を伝達することが必要であることを明らかにし、その根拠として消費者の信頼、コミットメント、そしてロイヤルティをあげている。しかしながら、企業の社会的責任に関する知覚とCRMキャンペーンとの先行条件間の利他的な価値が効果を緩和することについては、発見されなかった旨を言及している。Robinsonらは、コーズを支援する個人的な役割に関する知覚が増大するようなコーズを選択する限り、有用であることを示している。特に、Collectivismと呼ばれる集産主義度が高い消費者であれば、コーズを支援する個人的な役割に関する知覚が増大することを明らかにした。一方で、企業とコーズの適合度が知覚的に低いほど、コーズを支援する個人的な役割に関する知覚が増大することも明らかにした。企業あるいはブランドとコーズの適合度に関しては、適合が好ましいことが明らかにされつつ、その理論的構造は、まだ深遠に検討する余地があるようである。

　以上、セールス・プロモーションと社会的マーケティングに関してレビューしてきたが、メーカーと小売業者に互恵的となるセールス・プロモーションへの有効な枠組みを明確にすることはできなかった。そこで、セールス・プロモーションと社会的マーケティングを個別に検討するのではなく、より大局的見地として、マーケティング戦略全体の視点から、社会的マーケティングを行いつつ、セールス・プロモーションを明示的には行わないにも関わらずセールス・プロモーションがもたらす成果を達成したケースを検討することにする。おそらくメーカーと小売業者にとって互恵的であろうと思われる事例を井上（2009）から、次節で紹介することにする。

2.3 メーカーと小売業者に互恵的なセールス・プロモーション戦略の事例

2.3.1 王子製紙グループと王子ネピア

　井上（2009）は、王子ネピア株式会社（以下、王子ネピア）が2008年7月に行った「千のトイレ・プロジェクト」を紹介している。王子ネピアは、王子製紙グループの消費財部門の会社と言える。1873年（明治6）2月12日、渋沢栄一により設立された「抄紙会社（財閥解体後の設立1949年8月1日）」を創業とする王子製紙株式会社は、東京都中央区銀座4丁目に本社をおき、2012年3月末現在、1038.8億円の資本金を保有し、連結就業人員約2万4700人の従業員を雇用している。

　王子製紙株式会社は、王子製紙グループを構成しており、グループ全体での事業内容は、大きく4つの分野からなる。第1の事業内容は、各種パルプからの一貫した一般洋紙、包装用紙、雑種紙、ノーカーボン紙、衛生用紙、段ボール原紙及び白板紙などの製造、加工並びに売買、第2の事業内容は、段ボール（段ボールシート・段ボールケース）、紙器、プラスチックフィルム、感熱記録紙、粘着紙及び紙おむつなどの加工品の製造並びに売買、第3の事業内容は、社有地の活用による土地及び建物の賃貸など、そして最後の事業内容は、国内外での植林事業と社有林の維持管理である。王子製紙グループ全体での2011年度連結業績（2011年4月1日〜2012年3月31日）は、売上高は約1兆2200億円（前年1兆1890億円）、営業利益は約537億円（前年約654億円）、経常利益は約483億円（前年602億円）、そして当期純利益は221億円（前年246億円）となっている。2008年度のセグメント別業績は、次のようになっている。まず紙パルプ製品事業に関して、売上高が約5400億円（44.3％、前年約5600億円）、営業利益が約330億円（61％。前年約470億円）である。次に紙加工製品事業に関して、売上高が約4650億円（38.1％、前年約4500億円）、営業利益が約130億円（25.2％前年約140億円）、そしてその他の事業に関して、売上高が約2100億円（17.6％、前年約1700億円）、営業利益が約75億円（13.8％、前年約40億円）となっている。

　この王子製紙グループにおいて、消費者が日常使用しているティッシュ

ペーパーやトイレットペーパーなどの製造や販売を担っているのが王子ネピアである。2012年3月末現在、約3億5000万円の資本金（王子製紙が100％出資）を保有し、年間約800億円の売り上げを、ティシュおよび紙パルプ加工品、ならびに紙おむつの製造、加工ならびに売買という事業から達成している。主要製品は、大きく4つからなる。それらは、家庭紙、赤ちゃん用品、介護用品、そして軽尿失禁ケア用品である。

まず家庭紙には、ティシュペーパー、トイレットロール、キッチンペーパー、そしてウエットティシュの製品ラインがある。ティシュペーパーのラインアップには、「ネピアティシュ」「ネピネピティシュ」「鼻セレブ ティシュ」「JAPAN premium」などがあり、トイレットロールのラインアップには、「デラックストイレットロール」「ネピネピトイレットロール」「JAPAN premium」「ウォシュレット®用トイレットロール」などがある。これらのブランドは、高級ブランドの「ネピア」「Japan Premium」「鼻セレブ」などと、普及ブランドの「ネピネピ」などに大別することができる。キッチンペーパーのラインアップには「激吸収キッチンタオル」「キッチンタオルボックス」などが、そしてウエットティシュのラインアップには、「ウエットティシュボックス」などがある。

王子ネピアの主要製品の2つ目は、赤ちゃん用品である。「ネピアGENKI!」ブランドで市場に提供されている赤ちゃん用品は、赤ちゃん用の紙おむつとおしりふきから構成される。主要製品の3つ目は、介護用品である。これは介護おむつであり、「ネピアテンダーうららか日和」というブランドで、生活状態に合わせて使用できるように、パンツタイプ、テープタイプ、そしてフラットタイプ、パッドタイプなど様々な形状で提供されている。最後の主要製品は、軽尿失禁ケア用品である。この製品は、軽尿失禁用インナーシートであり、失禁量に応じて、「30（微量用）」「60（少量用）」「120（中量用）」「170（多量用）」が提供されている。

以上のティッシュボックスやトイレットペーパーなどの家庭紙、ネピアGENKI!ブランドの赤ちゃん用品、介護おむつや、そして軽尿失禁ケア用品を製品ラインとする王子ネピアの商品全てに横断するブランドに、「やわらかハート」がある。『やわらか』は、商品素材のやわらかさに加えて、お客

様へのやわらかさ＝優しさでもあり、社員のやわらかさ・しなやかさ＝柔軟性を表し、そして『ハート』は、気持ちをこめた＝おもいやり、心配り、気配り、真摯さなどを意味している。

　この「やわらかハート」は、ネピア全商品全ての基本ベネフィットとして、ネピア商品であるならば最低限備えるべき特徴であると考えられている。たとえば、ティッシュの場合、「やわらか」として「紙質のやわらかさ」、「ハート」として「鼻を拭く痛みの軽減」、キッチンタオルの場合、「やわらか」として「ふく対象が傷つかないキメ細やかさ」、「ハート」として「（家庭紙メーカーとしての）"家庭"に対するこだわり」などである。

　この「やわらかハート」をベースとした王子ネピアのマーケティング活動は、マス媒体を活用した通常のマーケティング・コミュニケーション戦略、そして対流通刺激を目的とした通常の販売促進に加えて、いくつか興味深い活動を行っている。その1つが、王子製紙のアイスホッケーチーム「王子イーグルス」である。1925年（大正14）にチームが結成されて以来、何度も全日本選手権で優勝し、日本そして世界レベルで数多くの業績を残してきた素晴らしいチームである。もう1つの興味深い活動が「うんち教室」であり、王子ネピアはこの「うんち教室」を、広報活動というよりマーケティング活動として展開している。日本トイレ協会を主催とし、王子ネピアが協賛する運営方法で、応募があった学校から数校を選択し、当該校の生徒が参加して「うんち教室」は開催されている。各校での実施フローは、学校で子供たちに基本講座が実施され、トイレとうんちの大切さを伝え、排泄と健康のかかわりを伝えることで、興味そして関心を持ってもらい、学校で子供たちに「うんちえんぴつ作り」を体験してもらい、うんちへの関心を高め、印象に残る授業を目指し、家庭で「うんち日記」を記入してもらい、毎日の食事内容とうんちの状態を把握し、そしてトイレとうんちをテーマに親子で対話を試みてもらい、うんちと健康の関係を理解してもらおうとし、一旦これらのステップが終了した後、保護者にもそして先生にもアンケートを実施し、「うんち教室」の成果を検討する、というものになっている。

2.3.2 製紙市場

1990年前半に日本経済のバブルが崩壊し、国内の製紙業界の再編が急速に進んだ。そしてそれから10年経過し、2000年前後に再々編とも呼べる業界変動が起こり、現在では、国内は主要6社が製紙業界にて活動している。1873年（明治6）に設立された王子製紙も、1979年の日本パルプ工業合併、1989年の東洋パルプ合併、1993年の神崎製紙合併、1996年の本州製紙合併と、再編により規模を拡大してきた。このような製紙市場企業の内、ここでは日本製紙グループと大王製紙グループを紹介することにする。なお、世界市場においては、北米では、インターナショナル・ペーパー社が、ジョージア・パシフィック、プロクター・アンド・ギャンブル、キンバリー・クラークなど2位以下の倍の売上高を達成しており、ヨーロッパでは、ストラ・エンソ、スベンス・カセルローサなどにより寡占状態となっている。

日本製紙グループの直近の変遷は、2001年3月30日、日本製紙株式会社および大昭和製紙株式会社が事業統合を図るため、日本製紙グループとして経営統合された。旧日本製紙株式会社は、1993年に十条製紙と山陽国策パルプ（1972年に山陽パルプと国策パルプが合併）が合併し設立された企業である。日本製紙グループの事業内容は、大きく4つの分野からなる。第1の事業分野は、紙・パルプ事業であり、紙やパルプ、板紙、家庭用・業務用衛生紙製品などの製造・販売である。最後の家庭用・業務用衛生紙製品などの製造・販売を行っているのが、日本製紙クレシア株式会社（以下、日本製紙クレシア）である。第2の事業分野は、紙関連事業であり、飲料・食品・家庭用品用紙容器の製造、加工、販売 や化成品製造販売ならびに輸出、利用技術開発などである。第3の事業分野は、木材・建材・土木関連事業であり、外材・製建材・パルプ材・チップ材の販売、古紙の集荷販売、断熱材の製造販売 、そして製紙業を支える企画、電気、制御システム、建築・土木工事などである。また第4の事業分野として、スポーツ・レジャー事業、緑化事業、保険代理業および不動産事業、清涼飲料水の製造なども行っている。

家庭用・業務用衛生紙製品などの製造・販売を行っているのが、日本製紙クレシアである。フェイシャルティシュー、トイレットティシュー、ペーパータオル、ウエットティシュ、失禁介護製品、その他関連商品という事業から

構成されており、主要製品は、大きく4つからなる。フェイシャルティシューには、「クレシア」「クリネックス」「スコッティー」などのブランドがあり、トイレットティシューも同様に「クレシア」「クリネックス」「スコッティー」などのブランドがある。ペーパータオルには「クリネックス」ブランドのペーパータオルや「スコッティー」ブランドのキッチンタオルなどがあり、ウエットティシュには「クレシア」「スコッティー」「ディズニー」などのブランドがある。そして失禁介護製品には、「ポイズライナー」「ポイズパッド」「アクティ」などのブランドが市場に提供されている。

1943年（昭和18）5月5日に、四国紙業株式会社以下14企業の合同合併により設立された大王製紙株式会社（以下、大王製紙）は、1983年に名古屋パルプを買収し、現在に至っている。大王製紙グループの事業内容は、大きく3つの分野からなる。第1の事業分野には、紙・板紙の製造加工ならびに販売、第2の事業分野には、パルプの製造ならびに販売、そして第3の事業分野には、山林及び木材の売買、造林、製材、木材加工などがある。大王製紙の家庭紙の構成に関して、ティシュには「エリエール」ブランドが、トイレットティシューには「エリエール」「エルフォーレ」などのブランドがある。キッチンタオルにもウエットティシュにも、そしてお掃除用品トイレクリーナーにも「エリエール」ブランドが採用されている。フェミニンケア製品は「エリス」ブランドが、ベビーケア製品は「GOO.N」ブランドが、そしてシルバーケア製品には「アテント」ブランドがある。この「アテント」は、大王製紙がプロクター・アンド・ギャンブル社と「アテント」の日本での事業を取得そして承継する資産売買契約を締結し、2007年9月から大王製紙が販売しているブランドである。

2.3.3 「nepia 千のトイレ」プロジェクト

王子ネピア株式会社の営業本部マーケティング部長である今敏之氏をリーダーとし、マーケティング部のメンバーと、外部のスタッフにより「nepia 千のトイレ・プロジェクト（以下、千のトイレPJ）」は、構成された。メンバーは、まず千のトイレ寄付などを行うためのパートナーとして、ユニセフを検討した。ユニセフは、「子どもの権利」を守る国連機関であり、1946年、

第2次世界大戦後の「緊急支援」のために設置された。ユニセフは、目標として「子どもの権利条約」に定められた「子どもの権利 – 生存・保護・発達・参加 – 」の実現を掲げ、職員スタッフの大多数が活動の現場である開発途上国の現地事務所に勤務している。その活動資金であるが、国連本体の財源からの資金提供は一切なく、民間からの募金と政府からの任意の拠出金で活動を行っている。これらの民間からの募金と政府拠出金は、ニューヨークにあるユニセフ本部に一旦集められ、その後、現地事務所に配分され、現地の支援活動に充当される。2012年度の日本ユニセフ協会に寄せられた募金額は約170億で、その内の約80％の約130億円を拠出している。個人からの募金が約87％を占め、企業からの募金は約8％で、その他団体や学校からの募金で構成されている。企業からの支援には様々な方法があり、毎月定額の募金や緊急募金、周年行事などの際の募金などが第1の方法である。第2の方法にはタイアップがあり、これには商品の売上を通じた寄付、チャリティコンサートなどの催しや店頭での募金箱を通じての寄付、ポイントなどのサービスを通じての寄付などがある。その他の方法に、ユニセフカード・ギフトや、広報や各種スポンサーシップでの協力などがある。

　日本ユニセフが、企業からの支援を受け入れる際に、考慮していることがいくつかある。1つは、子どもの権利を守っているか、子どもにとってやさしいか、子どもの心身や発達に好ましくない、ふさわしくない影響を与えないか、ユニセフの価値観を認め、受容するかなどのユニセフの理念や価値観との相応性である。もう1つは、ユニセフへの支援行為や名義やロゴが、企業や商品サービスを推奨したり、その質を保証したりするような印象を与えていないか、ユニセフが、営利活動を行っているかの印象や誤解を与えないか、といったバランスに関する側面である。

　千のトイレPJメンバーは、財団法人日本ユニセフ協会の個人・企業事業部とコンタクトを取り、本プロジェクトへのユニセフ支援を依頼し、そして承認された。千のトイレPJは、東ティモール民主共和国（以下、東ティモール）にて行われることになった。東ティモールの面積は、約1万4000 km^{2}で、首都圏4県（東京、千葉、埼玉、神奈川）の合計面積とほぼ同じ大きさである。ディリに首都があり、テトゥン族など大半がメラネシア系種族で、その

第2章 メーカーと小売業者に互恵的なセールス・プロモーション戦略 75

他マレー系、中華系の人々が生活している。2006年4月以降、社会不安が続き、人口の約20％が家を追われ、首都ディリでは約2000世帯が破壊され、生活環境は悪化し、開発指標も低下した。東ティモールの人間開発指標は、世界の後発開発途上国の中でも最も低いところに位置しており、1人あたりのGDP（国内総生産）は430ドルで、人口の40％以上が貧困ライン（1日1人あたり1ドル～2ドル以下での生活を示す）を下回っている。人口は2006年時点で約100万人、その内18歳未満人口が約50％を占め、人口成長率は3.2％である。人口動態に関して、5歳未満児死亡率は、出生1000人あたり130人に至り、そして5歳未満児の50％は低体重で、49％が発育不良となっている。

　1999年の暴力行為により、東ティモールでは、都市部、農村部ともに、既存の学校にある清潔な給水施設や衛生施設を含め、広い範囲で水と衛生システムが破壊されたため、安全な水やトイレを利用できる人口の割合は低く、都市部と農村部で大きな格差が生じている。清潔で安全な水へアクセスできる割合は、都市部において77％、農村部では56％、全体では58％にすぎない。そしてトイレにアクセスできる割合は、都市部において66％、農村部では33％、全体では36％のみである。

　以上のような東ティモールにおいて、ネピア商品の売上の一部で、ユニセフの東ティモールにおける「水と衛生に関する支援活動」をサポートする千のトイレPJがスタートした。具体的には、第1に「1000の家庭におけるトイレの建設」を行い、農村部で住民が持続的に使用できるようにし、これらトイレの設置により、衛生的な環境を保ち、個人のプライバシーを守ることを目指す。第2に、学校にトイレがあると、就学率が上がり、そしてまた中途退学率が下がることが明らかになっていることから、「15の学校におけるトイレの建設または修復」を行うことである。そして第3に「衛生習慣の普及と定着」であり、具体的には1) テレビやラジオを通じた衛生概念の啓発、2) 衛生習慣の促進と定着を行うための人材育成として、保健センターのスタッフ、NGOや地域の水と衛生の担当者のトレーニングを行う、そして3) 住民を対象としたトイレ建設のためのトレーニングである。

　千のトイレPJの対象商品には、「ネピア」そして「ネピネピ」ブランド

のティシュペーパーとトイレットロールが主として選ばれた（図2-2）。千のトイレPJの仕組みは、「ネピア」そして「ネピネピ」ブランドのティシュペーパーとトイレットロールなどの売上の一部を、王子ネピアがユニセフにまず寄付をする。そしてユニセフが、東ティモールで、トイレを作り、水と衛生を教育し、1000の家庭と15の学校で、1万3000人以上の子供と家庭が守られる、というものであり、この仕組みは千のトイレPJのホームページはもちろん、その他様々な状況においても明示された。

また千のトイレPJの公式サイト（http://1000toilets.com）も立ち上げられた。このホームページは、プロジェクトの説明、世界の水と衛生の問題の説明、プロジェクトに対するQ&Aに加えて、活動レポートから構成された。活動レポートには、様々なコンテンツが準備された。千のトイレPJの対象国の東ティモールに関する情報、そして具体的に活動が行われる、エルメラ、リキサ、オエクシ地域の説明が包含された。さらにプロジェクトが公になる2008年7月1日に先駆け、2008年4月にプロジェクトリーダーである今部長をはじめとする王子ネピア社員そして外部のスタッフが東ティモールを訪問した。その際の現地の状況とユニセフによる支援活動の様子がコンテンツで用意された。また「うんち教室」も、この訪問中に行い、その様子もコンテンツに包含された。

そして2008年7月1日、千のトイレPJがスタートした。このプロジェクトの媒体での告知は、主として新聞、インターネット、そして雑誌で展開された。またテレビのキー局の朝の番組でも、このプロジェクトは取り上げ

図2-2　千のトイレPJの対象商品の例

第2章　メーカーと小売業者に互恵的なセールス・プロモーション戦略　77

られ、10月中旬に2回、7時40分から約10分間、報道された。

　このプロジェクトの進行途中に、4月にプロジェクト・メンバーが東ティモールを訪問した際に同行した、写真家の小林紀晴氏の展覧会『nepia 千のトイレ・プロジェクト東ティモール写真展「うんちをする。僕らは生きている。」』が、2008年8月15日（金）から8月25日（月）の間、東京の渋谷にある東急文化村のBunkamura Galleryで開催された。小林氏は、1968年に長野県で生まれ、アジアの旅先で出会った日本人の若者の姿を写真と文章で綴った「ASIAN JAPANESE」でデビューし、多くの若者の絶大な共感を呼び、「DAYS ASIA」で1997年度日本写真協会新人賞受賞された日本で最も注目される写真家の1人である。

　また千のトイレPJに賛同した流通企業も、この写真展やその他の機会において、公表された。賛同企業は、全国規模の企業から地域企業まで、業態もGMS、スーパーマーケット、コンビニエンスストア、ドラッグストア、ディスカウントストアなど、多様な流通企業からの賛同を得ることができた。また同サイトにて9月中旬から10月末まで、消費者からの声を収集すべくサイトが構築された。この消費者情報収集サイトは、ネット上にて無料の告知しか行っていないにも関わらず、7週間で約1万2000件（約80％が女性、約40％が30代で約20％が40代）の声が寄せられ、99％が、千のトイレPJに対する共感・賛同などの激励の声であった。そして現地での千のトイレPJの活動は、適宜、千のトイレPJの公式サイトで報告された。

　千のトイレPJは、10月31日、2008年度プロジェクトとしては一旦、終了した。そして、2008年11月19日に、環境やCSR（Corporate Social Responsibility：企業の社会的責任）を取り扱うビジネス情報誌『オルタナ』を発行している株式会社オルタナが主催し、「ソサイアタル・コミュニケーションとCSRの新しいパラダイム」と銘打ったCSRシンポジュウムが、大学教授がコーディネーターとなり、日本ユニセフ協会、日本フィランソロピー協会、『オルタナ』編集長、そして千のトイレPJリーダーの今氏をパネラーとし開催された。このCSRシンポジュウムでは、千のトイレPJの成果報告や効果の検証が紹介され、また今後の継続的で有効な社会貢献のあり方などが議論された。そしてこのシンポジュウムは、記事として『オルタナ』2009

年1月号や日経ビジネスオンラインに掲載された。

2.3.4 成　果

　家庭紙の市場は、価格競争が激しい業界である。その理由にはさまざまなものがある。第1に、製品が同質的である。製品特性による差別化には、保湿性の有無、芳香の有無、柄印刷の有無、シングルかダブルかなど多くの属性で行われてきた。しかしながら、模倣が容易であり、差別的優位性が持続する差別化はあまりなかった。同質的であるため顧客は違いを知覚することができず、価格の安いものを購買する傾向が強くなり、価格競争が激しくなっている。

　第2に、ロス・リーダー商品として、ティシュペーパーやトイレットロールが選択される傾向がある。ロス・リーダーは、損失であるロスが生じることを容認し、そのお買い得感から来店客を増加させることを目的とする小売マーケティングの一手段である。ティシュペーパーやトイレットロールはかさが大きいため、特売のティシュペーパーやトイレットロールを購買するためには、車などの交通手段で来店することが促進され、その結果、ティシュペーパーやトイレットロールに加えて他の商品も当該小売店で購買されることを狙っている。小売業者が損失を容認しているため、価格が下落することは必須であろう。

　第3に、供給統制があまり柔軟性を持たない点である。上述のように製紙業界は、吸収合併が繰り返されてきた。規模の経済を効く業界であると同時に、規模の経済を効かさなければコスト縮減が達成しにくい業界であるともいえる。なぜなら装置産業的な性質を保有しており、製鉄などと同様に装置を稼働し続ける必要があるからである。吸収合併などにより規模の経済が機能する資産を保有すれば、資産回転を高めるため、需要の状態にかかわらず一定量を供給することになる。したがって、需給バランスがくずれ過剰供給傾向にあれば、価格が低下することは必須である。

　以上3点以外にも、家庭紙市場の激しい価格競争の状態を説明する理由や構造はあるが、総じて、価格競争が激しく、消費者の価格感度を下げることがマーケティング戦略の主たる課題の1つであった。千のトイレPJの価格

感度に与える効果を検討すべく、まず下記の時系列モデルを検討した：

$$Share_t = \beta_{価格} \cdot 価格_t + \beta_{POP} \cdot POP_t$$
$$+ \beta_{広告} \cdot 広告_t + \beta_{競合価格} \cdot 競合価格_t + \cdots \quad (1)$$

ここで、$Share_t$ は千のトイレ PJ の対象となったブランドの t 期のマーケット・シェア、$価格_t$ は千のトイレ PJ の対象となったブランドの t 期の価格、POP_t は千のトイレ PJ の対象となったブランドの t 期の陳列、$広告_t$ は千のトイレ PJ の対象となったブランドの t 期の広告、以降は競合に関する t 期のマーケティング活動、そして $\beta_.$ はマーケティング・ミックスの効果パラメータである。

本来、価格以外のマーケティング活動の効果をモデルに包含するべきであるが、広告よりは値引きが頻繁に行われる業界であることから広告変数をモデルから割愛することにする。また値引きが行われる際には陳列も行われることが多いため、多重共線性を避けるため陳列変数もモデルから割愛することにする。したがって、式(1)を当該ブランドの価格と複数の競合の価格から特定化されるモデルとして、以下のように考える：

$$Share_t = \beta_{価格} \cdot 価格_t + \beta_{競合価格} \cdot 競合価格_t + \cdots \quad (2)$$

そして第2項を X_t としてまとめると、以下を得る：

$$Share_t = \beta_{価格} \cdot 価格_t + \beta_{競合} \cdot X_t \quad (3)$$

1期ずらすと、

$$Share_{t-1} = \beta_{価格} \cdot 価格_{t-1} + \beta_{競合} \cdot \cdot X_t \quad (4)$$

となり、競合のマーケティング戦略の効果は1期前のシェアで特定化されると考え、下記の外生変数を伴った時系列モデル AR_1X で、千のトイレPJの

価格弾力性に与える効果を検討することにした:

$$Share_t = \mu + a \cdot Share_{t-1} + \beta_{価格} \cdot 価格_t + \varepsilon_t \qquad (5)$$

ここで、μ は切片項、ε_t は正規分布に従う誤差である。

2007年4月から2008年10月までの小売パネルでの実販売金額データに、式(5)を適用した。その結果、競合ブランドの価格弾力性は、-.524から-.675であったが、ネピアの価格弾力性は-.227そしてネピネピの価格弾力性は-.296であり統計的に5％水準で有意でなかった。すなわち、千のトイレPJの両ブランドに関して、価格が非弾力化し、価格感度が下がったことが明らかになった（井上 2012）。

　価格弾力性の低下は、メーカーにとっても、小売業者にとっても、収益性の側面に関して有用な含意を有する。価格弾力性が高い状況下では、消費者は小売店頭で最も安いトイレットペーパーやティッシュなどの家庭紙製品を購入する傾向にあり、家庭紙カテゴリにおける小売マージンは高くない傾向にある。このことは、メーカーから小売業者への卸値の下落を導くことになり、したがって、メーカーのマージンも低くなる傾向となる。これに対して、価格弾力性が低くなれば、消費者は価格以外の側面も考慮し、小売店頭で最安値とは限らない家庭紙製品を購入するようにあり、家庭紙カテゴリにおける小売マージンは改善し、メーカーのマージンも高くなる傾向となる。千のトイレPJにより、マーケティング戦略の主たる課題であった消費者の価格感度を下げることに成功し、価格が非弾力化し、メーカーにとっても小売業者にとっても互恵的なマーケティング戦略成果を算出することになった。

2.4　顧客愛顧追求型対マージン追求型マーケティング戦略の収益性シミュレーション

　より大局的見地として社会的マーケティング戦略全体の視点から、セールス・プロモーションを明示的には行わないにも関わらずセールス・プロモーションがもたらす成果を達成し、メーカーと小売業者の両者にとって互恵的な結果を産出した千のトイレPJの結果と含意をより一般化すべく、本節で

第2章 メーカーと小売業者に互恵的なセールス・プロモーション戦略　81

は、メーカーと小売業者が CRM などに基づき顧客愛顧追求型マーケティング戦略を採用した場合の収益性と、マージン追求型戦略を採用した場合の収益性を比較検討するシミュレーションの結果を述べる。

シミュレーション・スキームは以下の通りである。共通の設定として、以下を特定化した。

- 5つの機会（家庭紙製品の平均購買間隔が約 1.2 か月であるので、通常のカレンダー上では半年）での累積マージン（メーカー、小売業者、合計）により評価する。
- 各週5万回のシミュレーションを行い評価する。

【第1機会】に関しては、顧客愛顧追求型もマージン追求型も同じ設定として、以下を特定化した。

- 第1機会での潜在顧客数は 1000、選択確率は平均 0.2、標準偏差 0.05 の正規分布 $N(0.2, 0.05)$ に従うとする。
- 1000 の潜在顧客の購買意図は 0〜1 間の一様分布 $U(0,1)$ で独立に発生され、$N(0.2, 0.05)$ に従って発生された選択確率より購買意図が大きければ購入（N_1）、小さければ非購入とする。
- 小売店頭での売価（P_1）は、正規分布のような首尾よく行動された意思決定よりやや粗野な意思決定がされると想定し、最頻値 300 円、最小値 200 円、最大値 350 円の三角分布 triangular$(200, 300, 350)$ に従うとする。
- メーカーのマージン率（M_1）は、平均 0.1、標準偏差 0.05 の正規分布 $N(0.1, 0.05)$ に従うとする。
- 小売業者のマージン率（R_1）は、平均 0.15、標準偏差 0.05 の正規分布 $N(0.15, 0.05)$ に従うとする。
- メーカーのマージン額は、購入者数 N_1 と、小売店頭売価 P_1 と、メーカーのマージン率 M_1 の積で産出する。
- 同様に小売業者のマージン額は、購入者数 N_1 と、小売店頭売価 P_1 と、小売業者のマージン率 R_1 の積で産出する。
- 第1機会のメーカーと小売業者のマージン額を合計したものを、当該流通システムにおける合計福利である合計マージンとして産出する。

【第2機会】以降に関しては、顧客愛顧追求型戦略とマージン追求型戦略で、異なるシナリオを設定した。顧客愛顧追求型に関して、以下を特定化した。

- 顧客愛顧追求型マーケティング戦略を採用した場合、家庭紙の低い知覚差異そして低い関与度特性から、市場規模は縮小することが予想されるため、第2機会以降の顧客愛顧追求型戦略下での潜在顧客数は毎週10％減少し、第2機会は900、第3機会は810、第4機会は729、第5機会は656になるとする。
- 顧客愛顧追求型マーケティング戦略下では、機会毎に顧客愛顧追求型マーケティング戦略を採用したブランドへの愛顧が高まるため、選択確率は10％増加すると予想し、第2機会は $N(0.220, 0.05)$、第3機会は $N(0.242, 0.05)$、第4機会は $N(0.266, 0.05)$、第5機会は $N(0.292, 0.05)$ にそれぞれ従うとする。ただし、標準偏差は不変と想定する。
- 各機会の潜在顧客の購買意図は、第1機会と同様に、0～1間の一様分布 $U(0,1)$ で独立に発生され、各機会の $N(0.220; 0.242; 0.266; 0.292, 0.05)$ に従って発生された選択確率より購買意図が大きければ購入、小さければ非購入とされ、その購入者数はそれぞれ N_2, N_3, N_4, N_5 とする。
- 顧客愛顧追求型マーケティング戦略下では価格競争は緩和されると想定されるため、小売店頭での売価は機会毎に上昇し、店頭売価の最高価格と最低価格の価格幅も縮減すると予想され、第2機会の価格 P_2 は triangular (270, 310, 330)、第3機会の価格 P_3 は triangular (285, 315, 330)、第4機会の価格 P_4 は triangular (295, 320, 330)、第5機会の価格 P_5 は triangular (305, 325, 330) にそれぞれ従うとする。
- 顧客愛顧追求型マーケティング戦略下では価格競争は緩和されると想定されるため、メーカーのマージン率も改善され、機会毎に3％増加すると予想し、第2機会のマージン率 M_2 は $N(0.103, 0.05)$、第3機会のマージン率 M_3 は $N(0.106, 0.05)$、第4機会のマージン率 M_4 は $N(0.109, 0.05)$、第5機会のマージン率 M_5 は $N(0.113, 0.05)$ にそれぞれ従うとする。ただし、標準偏差は不変と想定する。
- 同様に小売業者のマージン率も改善され、機会毎に3％増加すると予想

し、第2機会のマージン率 R_2 は N (0.155, 0.05)、第3機会のマージン率 R_3 は N (0.159, 0.05)、第4機会のマージン率 R_4 は N (0.164, 0.05)、第5機会のマージン率 R_5 は N (0.169, 0.05) にそれぞれ従うとする。ただし、標準偏差は不変と想定する。

- 第 n 機会（n=2,3,4,5）のメーカーのマージン額は、第1機会同様に、購入者数 N_n と、小売店頭売価 P_n と、メーカーのマージン率 M_n の積で産出する。
- 同様に、第 n 機会（n=2,3,4,5）の小売業者のマージン額は、第1機会同様に、購入者数 N_n と、小売店頭売価 P_n と、メーカーのマージン率 R_n の積で産出する。
- 第 n 機会（n=2,3,4,5）のメーカーと小売業者のマージン額を合計したものを、当該流通システムにおける合計福利である第 n 機会の合計マージンとして産出する。

【第2機会】以降のマージン追求型戦略に関して、以下を特定化した。
- マージン追求型マーケティング戦略を採用した場合、潜在顧客数は特に増減せず、1000 た維持されるとする。
- マージン追求型マーケティング戦略下では、選択確率も特に増減せず、N (0.20, 0.05) に従うとする。
- 各機会の潜在顧客の購買意図は、第1機会と同様に、0〜1間の一様分布 U (0,1) で独立に発生され、N (0.2, 0.05) に従って発生された選択確率より購買意図が大きければ購入、小さければ非購入とされ、その購入者数はそれぞれ N_2、N_3、N_4、N_5 とする。
- マージン追求型マーケティング戦略下では価格競争がさらに刺激されると想定されるため、小売店頭での売価は機会毎に下落し、店頭売価の最高価格と最低価格の価格幅も増加すると予想され、第2機会の価格 P_2 は triangular (180, 290, 340)、第3機会の価格 P_3 は triangular (160, 280, 330)、第4機会の価格 P_4 は triangular (140, 270, 320)、第5機会の価格 P_5 は triangular (120, 260, 310) にそれぞれ従うとする。
- マージン追求型マーケティング戦略下では価格競争はさらに刺激されると想定されるため、メーカーのマージン率は悪化し、機会毎に1%減少

すると予想し、第2機会のマージン率 M_2 は N (0.099, 0.05)、第3機会のマージン率 M_3 は N (0.098, 0.05)、第4機会のマージン率 M_4 は N (0.097, 0.05)、第5機会のマージン率 M_5 は N (0.096, 0.05) にそれぞれ従うとする。ただし、標準偏差は不変と想定する。

・同様に小売業者のマージン率も悪化し、機会毎に1%減少すると予想し、第2機会のマージン率 R_2 は N (0.149, 0.05)、第3機会のマージン率 R_3 は N (0.147, 0.05)、第4機会のマージン率 R_4 は N (0.146, 0.05)、第5機会のマージン率 R_5 は N (0.144, 0.05) にそれぞれ従うとする。ただし、標準偏差は不変と想定する。

・第 n 機会（$n=2,3,4,5$）のメーカーのマージン額は、第1機会同様に、購入者数 N_n と、小売店頭売価 P_n と、メーカーのマージン率 M_n の積で産出する。

・同様に、第 n 機会（$n=2,3,4,5$）の小売業者のマージン額は、第1機会同様に、購入者数 N_n と、小売店頭売価 P_n と、メーカーのマージン率 R_n の積で産出する。

・第 n 機会（$n=2,3,4,5$）のメーカーと小売業者のマージン額を合計したものを、当該流通システムにおける合計福利である第 n 機会の合計マージンとして産出する。

上記のシミュレーション・スキームをまとめたのが表2-2である。

このシミュレーションの結果、各機会において5万試行した5つの機会毎の分布は、次のようになった。まず、顧客愛顧追求型マーケティング戦略下において、メーカーのマージンは、平均値が13億1907万8701円、最小値が758万1586円、そして最大値は35億9501万5380円となり、中央値は12億8569万7738円、標準偏差を平均値で割った変動係数は0.3354となった。次に、小売業者のマージンは、平均値が19億7516万5155円、最小値が1346万0151円、そして最大値は52億2146万0498円となり、中央値は19億4307万2740円、変動係数は0.2944となった。これらを合算した流通システム合計福利である合計マージンは、平均値が32億9424万3856円、最小値が2104万1737円、そして最大値は83億5837万0566円となり、中央値は32億5358万0716円、変動係数は0.2834となった。

表 2-2　シミュレーション・スキーム

	顧客愛顧型				
	第1機会	第2機会	第3機会	第4機会	第5機会
潜在顧客数	1000	900	810	729	656
選択確率：平均	0.200	0.220	0.242	0.266	0.292
店頭価格：最低	200	270	285	295	305
店頭価格：最頻	300	310	315	320	325
店頭価格：最高	350	330	330	330	330
メーカーマージン：平均	0.100	0.103	0.106	0.109	0.113
小売業者マージン：平均	0.150	0.155	0.159	0.164	0.169
	マージン追求型				
潜在顧客数	1000	1000	1000	1000	1000
選択確率：平均	0.200	0.200	0.200	0.200	0.200
店頭価格：最低	200	180	160	140	120
店頭価格：最頻	300	290	280	270	260
店頭価格：最高	350	340	330	320	310
メーカーマージン：平均	0.100	0.099	0.098	0.097	0.096
小売業者マージン：平均	0.150	0.149	0.147	0.146	0.144

　次に、マージン追求型マーケティング戦略下において、メーカーのマージンは、平均値が12億5852万4197円、最小値が－8230万0949円、そして最大値は37億5407万8314円となり、中央値は12億1733万1958円、変動係数は0.3543となった。次に、小売業者のマージンは、平均値が18億8397万9848円、最小値が0円、そして最大値は45億3278万9497円となり、中央値は18億4755万3663円、変動係数は0.3063となった。これらを合算した流通システム合計福利である合計マージンは、平均値が31億4250万4046円、最小値が0円、そして最大値は77億2387万8235円となり、中央値は30億8858万6600円、変動係数は0.2942となった。以上の分布をまとめたのが図2-3、各戦略のシミュレーション結果の統計量そして顧客愛顧追求型とマージン追求型の差まとめたのが表2-3である。

　表2-2からの発見事項で強調したい点は、2点ある。第1に、顧客愛顧追求型マーケティング戦略下の方が、メーカーのマージンも小売業者のマージンも平均して大きくなり、互恵的である点である。すなわち、約半年間と考

えることができる5回の機会中、顧客愛顧追求型マーケティング戦略下では、メーカーのマージンは合計約65億円（=約13億円×5）、小売業者のマージンは合計約98.5億円（=約19.7億×5）となり、マージン追求型マーケティング戦略下での合計約62.5億円（=約12.5億円×5）と合計約94億円（=約18.8億×5）より、それぞれ約3億円と約4.5億円、互恵的に収益が高くなっ

図2-3 シミュレーション結果の分布

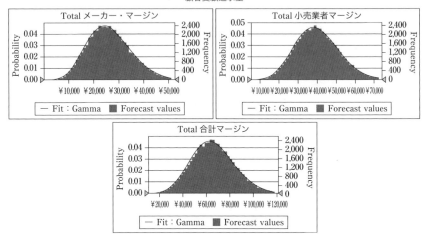

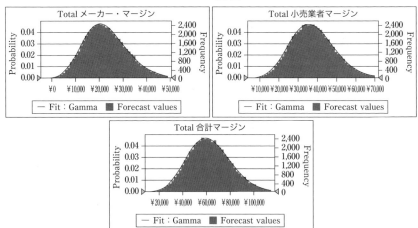

第2章 メーカーと小売業者に互恵的なセールス・プロモーション戦略

表 2-3 シミュレーション結果の統計量

(単位：円)	顧客愛顧型		
	メーカーのマージン	小売業者のマージン	合計マージン
平均	¥1,319,078,701	¥1,975,165,155	¥3,294,243,856
最小値	¥7,581,586	¥13,460,151	¥21,041,737
最大値	¥3,595,015,380	¥5,221,460,498	¥8,358,370,566
中央値	¥1,285,697,738	¥1,943,072,740	¥3,253,580,716
変動係数	0.335	0.294	0.283
	マージン追求型		
	メーカーのマージン	小売業者のマージン	合計マージン
平均	¥1,258,524,197	¥1,883,979,848	¥3,142,504,046
最小値	¥-82,300,949	¥0	¥0
最大値	¥3,754,078,314	¥4,532,789,497	¥7,723,878,235
中央値	¥1,217,331,958	¥1,847,553,663	¥3,088,586,600
変動係数	0.354	0.306	0.294
	顧客愛顧型－マージン追求型		
	メーカーのマージン	小売業者のマージン	合計マージン
平均	¥60,554,504	¥91,185,307	¥151,739,810
最小値	¥89,882,535	¥13,460,151	¥21,041,737
最大値	¥-159,062,934	¥688,671,001	¥634,492,331
中央値	¥68,365,780	¥95,519,077	¥164,994,116
変動係数	-0.019	-0.012	-0.011

ている。変動係数はマージン追求型の方が大きく、成功すればマージン追求型マーケティング戦略の方が大きなマージンを得ることができる。実際に、メーカーのマージンの最大値は、マージン追求型マーケティング戦略において実現している。しかしながら、概して平均的には、顧客愛顧追求型マーケティング戦略の方が互恵的に大きなマージンをメーカーにも小売業者にも提供することがわかる。

第2に、流通システム全体における福利である合計マージンに関しても、顧客愛顧追求型マーケティング戦略下の方が大きな産出をしていることがわかる。同様に約半年間と考えることができる5回の機会中、顧客愛顧追求型マーケティング戦略下では、合計マージンは合計約165億円（＝約33億円

×5）となり、マージン追求型マーケティング戦略下での合計約157億円（＝約31.4億円×5）と比べて、合計約8億円の流通システム全体における福利を多く産出している。すなわち、マージン追求型を継続すれば、メーカーと小売業者のマージンを圧迫するだけでなく、流通システム全体の福利を圧迫することになり、最終的には消費者負担が増加する可能性が含意されている。すなわち、マージン追求型は、社会全体において不利益を産出する可能性が暗示されている。顧客愛顧追求型マーケティング戦略が、メーカーと小売業者にとって互恵的であり好ましいだけでなく、社会全体においても好ましいことが示唆されている。

2.5　総　括

　巨額のマーケティング予算を含むマーケティング・コミュニケーション戦略の内、最大と考えられるセールス・プロモーションに関して、メーカーにとっても小売業者にとっても互恵的なセールス・プロモーション戦略のあり方を、本稿では検討した。顧客愛顧型のマーケティング・コミュニケーション戦略が、非顧客愛顧型、運転資本型、マージン型といったマージン追求型のマーケティング・コミュニケーション戦略より互恵的であろうことをレビューから示唆を得つつ、より大局的視点からのコーズ・リレーティッド・マーケティングを参照しつつ、顧客愛顧追求型マーケティング・コミュニケーション戦略の有効性を検討した。具体的には、王子ネピア社が行った千のトイレ・プロジェクトのケースに基づき、従来、熾烈な価格競争が行われた家庭紙市場において、顧客愛顧追求型マーケティングにより価格弾力性が低下し非価格競争の程度が軽減されたことが明らかになった。そして、約半年間と考えることができる5回の機会を想定したシミュレーションを行い、その結果、顧客愛顧追求型マーケティング戦略下の方が、メーカーのマージンも小売業者のマージンも平均して大きくなり、互恵的である点、そして流通システム全体における福利である合計マージンに関しても、顧客愛顧追求型マーケティング戦略下の方が大きな産出をしている点を、明らかにした。

　本稿の限界が、もちろん無いわけではない。第1に、千のトイレ・プロジェ

クトに加えて,他のケースも検討することは必須である。第2に,より一般的なシミュレーションを広範に行うことも必要である。しかしながら,多大な予算が投資されてきたセールス・プロモーション戦略の分野において,これまで明らかにされてこなかったメーカーと小売業者の両者にとって互恵的である戦略を具体的に示したことができたことは貢献であろう。本稿が,メーカーのマーケティング資源,小売業者のマーケティング資源,これら両者が有効に投資され活用され,社会全体としての流通システム産出の増大に関わる今後の研究への1つのステップとなれば幸いである。

(井上 哲浩)

参考文献

Adiwijaya, K., and R. Fauzan (2012), "Cause-Related Marketing: The Influence of Cause-Brand Fit, Firm Motives and Attribute Altruistic to Consumer Inferences and Loyalty and Moderation Effects of Consumer Values," *2012 International Conference on Economics Marketing and Management*, IPEDR, 28, 49-54.

Ailawadi, K. L. (2001), "The Retail Power-Performance Conundrum: What Have We Learned?" *Journal of Retailing*, 77, 299-318.

Barone, M. J., A. D. Miyazaki, and K. A. Taylor (2000), "The Influence of Cause-Related Marketing on Consumer Choice: Does One Good Turn Deserve Another?" *Journal of the Academy of Marketing Science*, 28 (2), 248-262.

Blattberg, R. C., and S. A. Neslin (1990), *Sales Promotion: Concepts, Methods, and Strategies*. Englewood Cliffs, NJ: Prentice Hall.

Basil, D. Z., and P. M. Herr (2006), "Attitudinal Balance and Cause-Related Marketing: An Empirical Application of Balance Theory," *Journal of Consumer Psychology*, 16 (4), 391-403.

Corstjens, M., and R. Steele (2008), "An International Empirical Analysis of the Performance of Manufacturers and Retailers," *Journal of Retailing and Consumer Services*, 15, 224-236.

Dawar, N., and J. Stornelli (2012), "Rebuilding the Relationship between Manufacturers and Retailers," *MIT Sloan Management Review*, 54, 2 (Winter), 83-90.

Folse, J. A. G., R. W. Niedrich, and S. L. Grau (2010), "Cause-Relating Marketing: The Effects of Purchase Quantity and Firm Donation Amount on Consumer Infer-

ences and Participation Intentions," *Journal of Retailing*, 86 (4), 295-309.
Hyllegard, K. H., R. N. Yan, J. P. Ogle, and J. Attmann (2011), "The Influence of Gender, Social Cause, Charitable Support, and Message Appeal on Gen Y's responses to Cause-Related Marketing," *Journal of Marketing Management*, 27 (1-2), 100-123.
井上哲浩 (2009)「王子ネピア株式会社：nepia 千のトイレ・プロジェクト」慶應義塾大学ビジネススクール・ケース。
井上哲浩 (2012)「サービス視点からのマーケティング情報と意思決定」本村陽一・竹中毅・石垣司編著『サービス工学の技術：ビッグデータの活用と実践』東京電機大学出版局。
Kotler, P., and K.L. Keller (2006), *Marketing Management*, 12th edition. Upper Saddle River, NJ: Pearson Prentice Hall.
Kotler, P., and K.L. Keller (2009), *Marketing Management*, 13th edition. Upper Saddle River, NJ: Pearson Prentice Hall.
Kumar, N. (1996), "The Power of Trust in Manufacturer-Retailer Relationships," *Harvard Business Review*, 74 (November-December), 92-106.
Moosmayer, D. C., and A. Fuljahn (2010), "Consumer Perceptions of Cause Related Marketing Campaigns," *Journal of Consumer Marketing*, 27 (6), 543-49.
Nan, X., and K. Heo (2007), "Consumer Responses to Corporate Social Responsibility (CSR) Initiatives," *Journal of Advertising*, 46 (2), 64-74.
Prentice, R.M. (1977), "How to Split Your Marketing Funds between Advertising and Promotion Dollars," *Advertising Age, January*, 41-44.
Robinson, S. R., C. Irmak, and S. Jayachandran (2012), "Choice of Cause in Cause-Related Marketing," *Journal of Marketing*, 76 (July), 126-39.
Rossiter, J.R. and L. Percy (1997), *Advertising Communications and Promotions Management*. New York, NY: McGraw-Hill.
Sina, Z., S. Hasan, and M. Ali (2012), "A Survey on the Impact of Cause Importance and Gender on Consumers' Purchasing Intention in Cause-Related Marketing," *Interdisciplinary Journal of Contemporary Research in Business*, 4 (8), 299-307.
Srinivasan, S., K. Pauwels, D. M. Hanssens, and M. G. Dekimpe (2004), "Do Promotions Benefit Manufacturers, Retailers, or Both?" *Management Science*, 50 (5), 617-629.
Stewart, D., and B. Gallen (1998), "The Promotional Planning Process and Its Impact on Consumer Franchise Building: the Case of Fast-Moving Goods Companies in

New Zealand," *Journal of Product and Brand Management*, 7 (6), 557-567.
Varadarajan, P. R., and A. Menon (1988), "Cause-Related Marketing: A Coalignment of Marketing Strategy and Corporate Philanthropy," *Journal of Marketing*, 52 (July), 58-74.
渡辺隆之・守口剛 (2011)『セールス・プロモーションの実際 (第2版)』日本経済新聞出版社。

第3章

消費者の業態認識
業態を認識させる認知構造と認知分布

3.1 問題意識

　小売企業の経営努力によって、様々な小売店舗が日々誕生している。低価格訴求の店舗をインショップ化する百貨店、コンビニエンスストア型の百貨店コンビニ、都市部で集中展開するコンビニサイズの小型スーパー、24時間営業のスーパーマーケット、ディスカウントストアのような100円コンビニ、日用雑貨品や食料品を取り扱う家電量販店など、今日では特定業態の枠組みでは捉えられない様々な店舗が数多く出現している。

　このような多様な店舗形態をもって出現してくる様々な業態について、消費者はどのような認識をしているのであろうか。消費者はこうした店舗形態について、一般的に業態と呼ばれる、百貨店、スーパーマーケット、コンビニエンスストア、ホームセンターといった名称に基づく認識の枠組みをもって理解していると考えられている。しかしながら、今日出現している数多くの店舗は、冒頭で示したように、その認識の枠組みには収まりきれないものも少なくない。

　消費者が認識している業態とは、一体いかなるものなのであろうか。本稿の目的は、これまでの主要な業態研究を振り返りながら、消費者行動研究における主要なパラダイムである消費者情報処理アプローチに依拠して、業態に対する消費者の認知的な情報処理メカニズムを解明することである。また、消費者に業態を認識させる認知構造と、それから派生的に捉えられる業

態に対する認知分布に基づき、業態の動態性についての説明を試みることである。

3.2 業態概念をめぐって

3.2.1 小売業態研究と小売流通革新研究

　ここしばらくの間、マーケティング分野では業態をめぐる議論が活発に行われているようである。業態は、小売企業の戦略発想とその展開においてきわめて重要な役割を果たすために、マーケティング分野の中心的な課題でもある。ここではまず、業態概念をめぐるこれまでの議論を整理することから始めていく。

　業態概念については、大きく2つの研究領域が認識されている（高嶋 2007；近藤 2011；坂川 2011）。1つは小売業態研究であり、もう1つは小売流通革新研究である。小売業態研究では、「小売流通における歴史的な出来事のなかから、業態に関する一般理論を見いだそう」（坂川 2011）とするものであり、これまでに数多くの論者が様々な仮説を提唱してきた。McNairの小売の輪仮説、Hollanderの小売アコーディオン仮説、Nielsenの真空地帯仮説、Izaeliの小売の3つの輪仮説、Davidsonらの小売ライフサイクル仮説などが、その代表的な研究である（これらの仮説の詳細については、向山（1985；1986）、高嶋（2003）、石井（2009）等を参照されたい）。こうした小売業態研究では、「マーケティングついての集団的な行動をとる企業グループ」を識別するための概念として業態を捉えているのがその特徴である。あくまでもマーケティングに関する集団行為をとる企業グループという認識が業態を規定しているのである。

　一方の小売流通革新研究は、「新しい業態の出現にともなう技術革新に着目した研究」（坂川 2011）である。ここでいう技術革新とは、ビジネス・システムや鮮度管理技術、情報システム技術やフランチャイズ・システムであり、これらの革新により新業態が確立されるという視点である。この小売流通革新研究では、革新的な技術をもつ企業がその分析対象となっており、この革新的技術に関する革新者と模倣者との関係から企業グループを捉え、こ

れを業態として捉えているのが特徴である。ここでは、小売業態研究のように マーケティングに限定されずに、フランチャイズ・システムや情報システムの構築など、「マーケティング以外の集団的な行動をとる企業グループ」を識別するための概念として業態を捉えている。小売業態研究とは異なり、マーケティング以外の集団行為をとる企業グループを業態として認識しているのである。

3.2.2 実体／差異としての業態概念

石井（2009；2012）は、こうした業態概念を「実体としての業態概念」と「差異としての業態概念」の2つに識別している。この識別は、ある意味で小売業態研究と小売流通革新研究との識別を別の視点から捉えたものとしても理解することができる。

実体としての業態概念とは、小売業態研究に含まれる様々な仮説群にみられた伝統的な小売業態論のことであり、これらの特徴を以下の3つに整理している。

- 第1に、伝統的小売業態論では、小売業態は、百貨店、スーパーマーケット、コンビニといった形で、すでにある「実体」として把握されている。コラムに、代表的な仮説を素描しているが、いずれも小売業態を明確な属性をもった実体として業態を捉えている。
- 第2に、実体としての業態は、歴史的に見ると、それらのあいだでの入れ替わりが観察できるとする。その認識を前提として、ある業態から他の業態への支配的業態の入れ替わりの原因を、あるいはより一般的には業態のライフサイクルの拠って来たる原因を解明しようとしてきた。
- 第3に、そのために、実体の内包（属性）と、その属性に影響を与える外部諸要因を識別し変数化し、属性と外部要因とのあいだの諸関係を把握することに努める。できれば次なる業態の出現を予測するために、標本数を増やして統計的に処理することができればいっそう望ましいということになる。

（石井 2012、272-273頁より抜粋）

こうした主張を要約すると、業態という実体を属性によって規定して、その認識を前提にして、支配的業態の実体を外部変数との関係から把握しようという研究姿勢が見えてくる。この研究姿勢が、これまでの国内外の小売業態研究ほとんどの底流に流れていると指摘している。
　一方の差異としての業態概念とは、「業態を、実体として把握せず、業種からの偏差、つまり差異や変化として定義している」ものであり、石原（1999）と矢作（1981）の研究における業態の捉え方がそれであるとしている。石原（1999）は、「業種」を支える技術基盤の臨界点を超えるいくつかの革新的技術と新しいコンセプトの総体を業態として捉えている。矢作（1981）は、「メーカーや問屋のつごうではなく、消費者の望む品揃えを実現するのが小売業態の革新なのである。取扱商品別の業種という概念は、メーカーや中間流通業者の扱い商品から強い影響を受けて形成された。これに対して、百貨店やスーパーマーケット、コンビニエンスストアなどの業態は業種の壁を超えて確立されてきた」（86頁）と論じている。両研究者は共に、「業種からの差異的な変異態」として業態を捉えているのが特徴的である。
　こうした差異としての業態概念に基づいて、石井（2009）は、図3-1のような業態論研究の視点に関する1つの考え方を示したうえで、業態の成立過程を明らかにしている。ここでは、企業家が創造的適応をはかるべく、「消費者の購買習慣」と「商品取扱い技術」の臨界を超える小売の「ビジネスモデル」を創造し、これを展開するのである。そして、このビジネスモデルに、取引相手との取引条件に関わる「バリューネットワーク」が形成され、その普及プロセスを経て「業態」が生成されていくというものである。ここで興味深いのは、ビジネスモデルと業態との違いを明確にしている点である。「ビジネスモデル」は、企業家による偶然の産物でしかなく、あくまでも「私的」な「デファクト（事後的）」でしかありえないという。これに対して「業態」は、ビジネスモデルの普及ならびにバリューネットワークの形成に依存しているという意味で、「公的」な「デファクトスタンダード（事後的基準）」になると指摘する。このような識別を踏まえ、ビジネスモデルの確立を前提として、さらにそこにバリューネットワークが確立されて、はじめて業態が成立するというそのプロセスの重要性が主張されるのである。

図3-1 業態論研究の視点

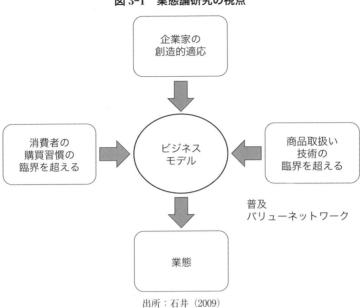

出所：石井（2009）

3.2.3 フォーマットとフォーミュラ

　石井が識別した「業種」からの差異としての業態概念と、ビジネスモデルと業態との関係を理解しておくことは、きわめて重要なことである。なぜならば、業態とは、「この差異や偏差を内在する動態性をもつもの」と考えられるからである。

　これまでの業態研究のなかで取り上げられてきた興味深い概念の1つにフォーマット（format）がある。同一業態内における企業間での多様性（例えば、百貨店でも都市型百貨店、女性ファッション特化型百貨店など、多様な形態をもつということ）を捉える際に、重要な意味をもつ概念として捉えられているのがフォーマットである。

　フォーマット概念に着目した田村（2008）は、「フォーマットとは、業態の分化した種々なかたちのことであり、企業の戦略行動を反映している。フォーマットは分化レベルで捉えられた業態である」（25頁）と定義しており、また「フォーマットは活動レベルで見た業態の姿であり、業態の多様

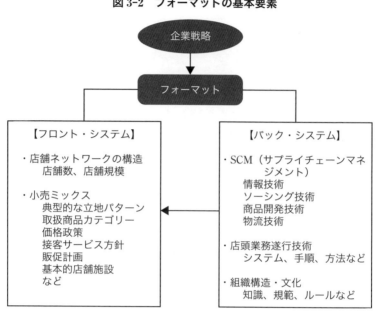

図 3-2 フォーマットの基本要素

出所：田村（2008）より修正

変種を生み出す源泉である」(28頁)という示唆を与えている。図3-2には、企業戦略を反映したフォーマットとそのフォーマットを構成する基本要素が示されている。

さらに、フォーマットは、「個別企業の独自戦略」と「グループ概念としての業態」の両側面を持ち合わせているという。企業戦略を反映した小売ミックス要素の組み合わせパターンによってその独自性が主張されるが、業態内の企業間競争を通じた模倣により、そのフォーマットが同質化していく可能性がある。すなわち、「現実のフォーマットは企業の独自戦略と業態標準フォーマットの両極の間を揺れ動いている」(28頁)のである。そして、これらの側面の出方は小売ライフサイクルに依存するとされ、ある業態の生成・導入期では新しい市場機会を捉えるために独自戦略を反映する多様なフォーマットが出現し、成長期になると、競争力をもつ優性フォーマットへの模倣により、同質的な標準型のフォーマットに収束していくと考えられて

いる。

　分化レベルで業態を捉えたものをフォーマットとするならば、石井が識別したビジネスモデルとほぼ同じ意味をもつと考えられる。ビジネスモデルによる説明からは、ビジネスモデルが、その社会要因となるバリューネットワークによる普及プロセスを経て、業態へと昇華していくと説明される。フォーマットによる説明からは、多様なフォーマット群の中から優性フォーマットが出現して、グループ内の他のフォーマットを収束させていく過程のなかで業態が捉えられる。業態を認識させる成立プロセスにこそ違いはあるが、業態を成り立たせている「原型なるもの」を仮定している点では、同じ主張であると理解できる。したがって、このような「原型なるもの」との関係から、動態的な業態を捉えることが可能になると考えられる。

　向山（2009）は、認識レベルの業態として、フォーマットとフォーミュラ（formula）とを識別している。向山がいうところのフォーマットとは、田村の定義したフォーマットとはいく分異なっている。「それは『百貨店というもの』『スーパーマーケットというもの』『コンビニエンスストアというもの』といった認識レベルでの業態であり——以下ではそれをFormat（フォーマット）と呼ぶことにする——、非常に一般的かつ抽象的、そして操作性の低い概念である」(21頁)としている。

　これに加えて、小売国際化研究という文脈の中では、もう1つの認識レベルでの業態として、企業特定的あるいは本国特定的（さらには進出先特定的）な業態が必要とされるようである。「それは、『フランスを本拠地とする』カルフールが展開するハイパーマーケットであり、『アメリカを本拠地とする』ウォルマートのディスカウントストアという認識である。以下では、この意味での業態をFormula（フォーミュラ）と呼ぶことにする。Formatが基本的にはかなり一般的・抽象的な概念として理解されるのに対して、Formulaは具体的な実在として観察可能な概念として認識されるものである」(21頁)としている。

　向山の識別するフォーマットは、これまでの伝統的な小売業態論で一般的に使われてきた業態のことであり、消費者が通常理解している「業態」と考えられるものであろう。「一般的に共通してイメージできる抽象的存在とし

ての業態」(22頁)である。これに対してフォーミュラは、具体的な姿としての個別店舗形態を伴っているものであり、「具体的に観察可能な企業特定的概念」(22頁)なのである。ここでは、小売国際化研究という文脈の中でフォーマットとフォーミュラとの関係を捉えているために、本国特定的あるいは進出先特定的となる具体的な実在としてのフォーミュラが特定化されている。しかしながら、消費者行動研究という文脈では、本国や進出先だけではなく、消費者の生活空間に関わる身近な至る所にある具体的な実在として観察可能なフォーミュラに該当する店舗を想定しておく必要があると考えられる。

ともあれ、これらの識別からは、実体を伴うか否かという意味での具体と抽象との関係から業態を捉えることの重要性が示唆される。「原型なるもの」として捉えられる具体的なフォーミュラと、抽象的にイメージされるフォーマットという2つの概念から、業態を捉えることが可能になると考えられる。

3.2.4 消費者の認知空間と業態変動

図3-2に示したように、フォーマットはその基本要素を構成する「フロント・システム」と「バック・システム」から構成される(田村 2008)。フォーマットのフロント・システムは主に、店舗数や店舗規模などの「店舗ネットワーク構造」と、典型的な立地パターン、取扱商品カテゴリー、価格政策、接客サービス方針、販促計画、基本的店舗施設などの最適な組み合わせから構成される「小売ミックス」から構成される。これに対してバック・システムは、SCM（サプライ・チェーン・マネジメント）、店舗業務遂行技術、さらには組織構造や文化を反映して構成される。このバック・システムによる下支えがあって、はじめてフロント・システムが成り立つと考えるのが妥当であろう。

フォーマットをこうした2つのサブシステムから捉えると、先に述べた小売業態研究は、主にフロント・システムをめぐる議論であったことに気づく。また、小売流通革新研究で焦点となっていたのはバック・システムの革新性であり、その革新性がフロント・システムにどう反映するかを議論していたものとして理解できる。

図 3-3a　消費者の認知空間

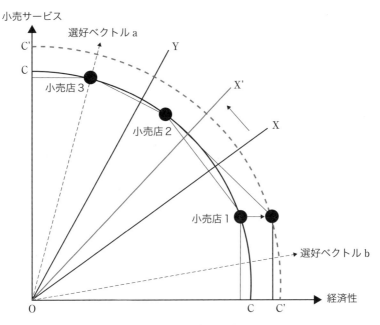

出所：池尾（2005）より修正

　このような理解を基にすると、フロント・システムがいかにして消費者に反映されているかに着目する必要性が出てくるであろう。これに応えるべく、消費者の認知空間を想定した業態の展開を試みる研究がある。ここでは、実体としての業態を捉えながらも、差異としての業態を組み込んでいく努力もなされている。

　池尾（2005）は、小売業態の動態について、消費者の認知空間を仮定した説明枠組みを提示している。図3-3aに示される枠組みである。ここでは消費者選択モデル（より厳密には、消費者の店舗間選択モデル）を仮定して、その選択対象となる店舗が、「経済性」と小売ミックスと他の要素を含めた「小売サービス」からなる、それぞれの店舗イメージをもつことを前提に展開される。図に示されるように、小売店1、2、3は、2次元に要約される経済性と小売サービスをそれぞれ一定の比率で有する店舗イメージをもつと想定さ

れ、消費者の認知空間に見立てられる認知マップ（知覚マップ）に位置づけられる。

　また、個々の消費者はそれぞれの好みに応じて、これら経済性と小売サービスの重視度の比率をもつと想定して、原点Oからの右上がり直線である選好ベクトルをもつと仮定される。図には、消費者aと消費者bのもつ選好ベクトルaとbが示されている。各小売店舗のイメージから構成される魅力度は、それぞれの店舗の位置から選好ベクトルに垂直に交わる直線を引くことによって得られるそれぞれの交点によって示され、これが消費者の選好を示すものとなる。消費者aにとっては小売店3、2、1の順で、消費者bにとっては小売店1、2、3の順で、それぞれの店舗に対する選好順位が導き出される。そして、消費者はこの選好順位に基づいて店舗選択をすると考えるのである。消費者の店舗属性に対する「認知」に基づく「選好」を捉えながら、店舗選択という「行動」を説明しようとする枠組みなのである。

　横軸、小売店1、2、3および縦軸を結ぶ直線と直角に交わる原点から右上がりの直線OXとOYは、その性格から「境界ベクトル」と呼ばれる。「境界ベクトルOXよりも（右側の）緩やかな傾きの選好ベクトルをもつ消費者は小売店1を選好し、境界ベクトルOXとOYの間の傾きの選好ベクトルをもつ消費者は小売店2を選好する。また、境界ベクトルOYよりも（左側の）急な傾きの選好ベクトルをもつ消費者は小売店3を選好する」（79頁）と仮定される。

　また、小売店1、2、3が位置づけられるCC線は「流通技術フロンティア」と呼ばれる。これは、現在の流通技術のもとで、経済性と小売サービスの合理的な組み合わせをせざるを得ないという小売店舗への制約条件であり、現時点における精一杯の限界という意味でのフロンティアなのである。そして、消費者に反映される店舗イメージは、この流通技術フロンティアであるCC線上に制限されるが、このCC線上であれば、いかなるイメージの展開も可能であると考えられる[1]。

　このような説明枠組みを使用することによって、CC線上で展開される小売店舗イメージに基づく小売業態の変動が説明可能になる。例えば、CC線上において、小売店1が左上方に移動すれば「格上げ」、小売店3が右下方

に移動すれば「格下げ」となり、CC線上の両端に「真空地帯」が発生するという説明の仕方である。但し、CC線上に限定されるこの説明は、伝統的な小売業態研究が想定していた範囲内での業態の変動に限られる。それは、現在の流通技術における制約を前提としているからであり、CC線上に制約された経済性と小売サービスの「新結合としてのイノベーション」という意味での革新の台頭と既存業態との関係による説明しか認められないからである。

これに対して、図ではCC線をさらに超える外側にC'C'線も示されている。これは、流通技術の革新を伴った既存店舗の移動や、新規参入の可能性を示すものである。図では、小売店1のC'C'線上への移動が示されており、これによって境界ベクトルであるOXがOX'に移動して、小売店2のシェアを侵食している様子が理解できる。C'C'線の位置取り次第で、「場合によっては、小売店2が小売店1と小売店3を結ぶ直線の内側に入ってしまうことさえあり得る。横軸、小売店1、2、3および縦軸を結ぶ直線は、経済学でいう有効性フロンティアにあたるものであるから（Lancaster 1972）、その内側の小売店は競争上有効ではない」(90頁)のである。こうした説明枠組みでは、このようなC'C'線の可能性を仮定することによって、小売流通革新研究が焦点を当てていた流通の革新性をも取り込んで、消費者の認知空間に反映される業態変動の説明が可能にもなる。[2]

さらに、この説明枠組みにおいてもうひとつ重要となるのは、経済性と小売サービスの組み合わせに対する消費者の選好分布である。図3-3aでは、消費者aとbという2人の選好ベクトルがそれぞれ示されているに過ぎなかった。そこで、図3-3bのようにCC線を流通技術フロンティアとして固定してみると、そのCC線上に消費者の選好に関する比率の分布が想定できる。この分布の形状が単峰形（釣り鐘型）をとるのは、経済性と小売サービスの組み合わせから得られる「値打ち（value）」というものが存在するからである（中西1996）。図の原点Oを通って流通技術フロンティアに選好ベクトルを引くことによって得られる接点Aは、その値打ちを最大にすると仮定される点である。消費者の最大数が、この組み合わせを支持していると考えられるので、選好ベクトルMaxと呼ぶことができる。この接点Aを離

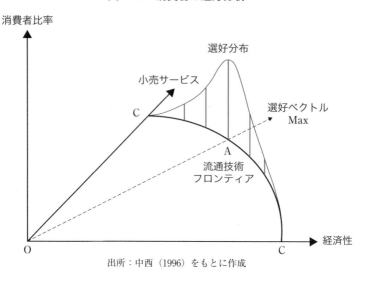

図3-3b　消費者の選好分析

出所：中西（1996）をもとに作成

れるほど、経済性と小売サービスの「組み合わせの値打ちは低下し、そんな組み合わせを選択する消費者比率は少なくなるであろう」（28頁）と考えられる。

　また、先の説明と同様に、流通技術フロンティアを右上方へシフトさせる業態は、消費者にとってより魅力的な存在となり、これによって従来の値打ち感が崩れていくであろう。そして、この技術革新業態に対して、より多くの選択がなされていくはずである。したがって、業態の変動は、消費者の「値打ち」を基にした選好ベクトルMaxを仮定し、その推移として理解することができるのである。

3.2.5　既存研究からの示唆

　これまでの主要な既存研究を踏まえると、そこからはいくつかの重要な示唆が得られる。第1に、「実体」と「差異」に識別されるように、業態を実在として捉えるのか、それとも業種などからの差異として捉えるのかといった研究姿勢に関する示唆である。本研究の依拠する消費者情報処理アプロー

チは、対象を実体として捉え、それを属性分解して捉える代表的な研究姿勢であると考えられている。しかしながら、1990年代以降に展開されている第2世代の消費者情報処理研究では、消費者の主観的知識の重要性が認識され、対象の捉え方も実在としての「絶対的存在」だけではなく、主観的に表象される「相対的存在」をも対象としている（新倉 2011）。したがって、本稿では、業態を実在として捉えながらも、消費者の主観に映し出される業態像として捉える姿勢を意識していく。

　第2には、「ビジネスモデル」や「フォーマット」として捉えられたように、あるいは「フォーマット」と「フォーミュラ」の識別に表されたように、「原型なるもの」との関係から捉える業態の動態性に関する示唆である。対象となる業態を、「原型なるもの」との関係に組み込んだ動態的な視点をもって解明していく必要がある。

　第3には、「流通技術フロンティア」の移動や、「値打ち」から導出される選好ベクトル Max の移動によって説明されるような業態の変動を説明する道具立てに関する示唆である。これは、第1と第2の示唆とも関係している業態研究における肝要な部分である。「実体」としての業態の認識を明らかにするだけではなく、「差異」としての業態のあり方や、その「差異」を生み出す推移のプロセスを説明する道具立ても示されて、はじめて消費者が認識する業態というものが明らかになると考えられるからである。

　既存研究からの以上の示唆を踏まえて、次節では、消費者の認識する業態について、消費者情報処理アプローチに依拠しながら説明していくことにする。

3.3　業態認識

3.3.1　業態認識の情報処理

　消費者の業態認識に関する情報処理メカニズムは、2つの側面から考察する必要がある。1つは、一般的な意味での業態に対する認識を捉える側面である。ここでは、消費者が既に保有している知識である「百貨店」「食品スーパー」「コンビニエンスストア」という各業態概念が主導的にはたらき、対

象となる店舗をある特定の業態として認識させる情報処理である。もう1つは、個別具体的な意味での業態に対する認識を捉える側面である。ここでは、消費者の生活空間において実在する個々の具体的な店舗が主導的にはたらいて、その対象となる店舗をある特定の業態として認識させるものである。

消費者のもつ既存概念が主導的にはたらいて対象の認識に影響を与える場合、トップダウン型あるいは概念駆動型の情報処理と呼ばれる。逆に、個々の具体的な外部情報となるデータが先導して対象の認識を構成する場合、ボトムアップ型あるいはデータ駆動型の情報処理と呼ばれる（Norman 1982；新倉 2005）。前者は、百貨店や食品スーパーという既存の業態概念が業態を認識させる枠組みとなり、その対象となる店舗に対して、トップダウン型処理によってある特定の業態を認識させる方略である。後者は、消費者が想定する範囲内に実在する個別店舗と、その店舗が提供する個々の具体的特性（価格政策や小売ミックスを反映するサービス要素）の1つ1つが組み合わさり、その対象となる店舗に対して、ボトムアップ型処理によってある特定の業態を認識させる方略である。

3.3.2 業態の認知構造

図3-4a に示されているのは、業態認識の情報処理である。ある特定の店舗に対して業態が認識されるとき、図に示されるように、上方からのトップダウン型処理と下方からのボトムアップ型処理が考えられる。既に述べたように、トップダウン型処理は消費者がもつ既存の概念により枠組みが構成され、ボトムアップ型処理は個々の具体的な店舗やその店舗の提供するサービス要素によってその枠が組み上げられる。これらの処理が行われるときに、その土台になるのが、プロトタイプ（prototype）とエグゼンプラー（exemplar）である（Mao and Krishnan 2006）。

プロトタイプとエグゼンプラー

これら2つの概念は、消費者が対象を認識する際に機能していると考えられる「原型なるもの」に相当し、消費者の認知構造を捉える1つの考え方であるカテゴリー構造の議論の中で展開される。特に典型性に基づくカテゴ

第3章 消費者の業態認識　107

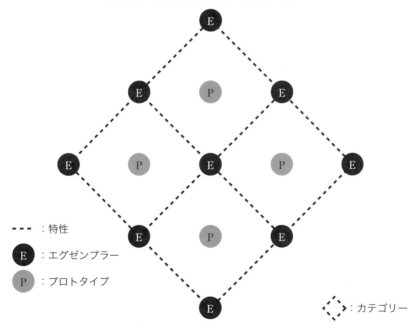

図3-4a　業態認識の情報処理

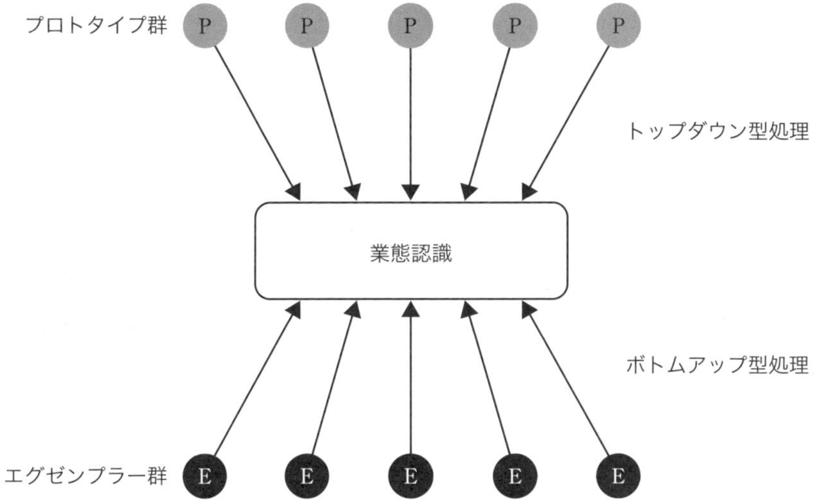

図3-4b　プロトタイプとエグゼンプラー

リー構造の議論で中心的な位置を占める（Loken et al. 2008；新倉 2005）。典型性に基づくカテゴリー構造とは、カテゴリーの中心となる典型事例を基準にして、カテゴリー内のメンバーである各事例がランクづけられて認識されるという典型性（typicality）を仮定することにより、カテゴリーの構造を捉えようとするものである。一般に「～らしい」や「～っぽい」という表現で認識される構造である。例えば、「このお店は百貨店らしい」や「あの店はコンビニっぽくない」という形で認識されるものである。これらの「～らしい」や「～っぽい」と認識される背後には、そのカテゴリーの代表となる典型事例を中心にした心的な距離に基づく典型性の構造が仮定されているのである。

　カテゴリーの典型事例には、高度な認知構成体であるプロトタイプとエグゼンプラーが考えられている。プロトタイプとは、消費者にとっての抽象的なイメージをもつ典型像である。例えば、百貨店であれば「懇切丁寧な接客、高級な雰囲気、地下の賑わい」、食品スーパーであれば「セルフサービス、日常感、パッケージ食品の豊富さ」、コンビニエンスストアであれば「利便性、迅速性、清潔感」といったように、抽象的に把握される典型的な店舗像である。これに対してエグゼンプラーとは、消費者にとっての具体的なイメージをもつ典型像であり、百貨店であれば「三越」や「大丸」、食品スーパーであれば「ヤオコー」や「関西スーパー」、コンビニエンスストアであれば「セブンイレブン」や「ローソン」といったように、具体的に把握される典型的な店舗像である。

　図 3-4b には、プロトタイプとエグゼンプラーの関係が示されている。図において点線で示されているのは、消費者に反映されるフロント・システムを構成する特性（characteristics）である[3]。特性とは、経済性を規定する店頭での表示価格、小売サービスを規定する小売ミックスの具体的なミックス要素などである。これらの具体的特性が、個別具体的な店舗像であるエグゼンプラーを規定する。図では点線で示される具体的特性が、エグゼンプラーを構成している様子が示されている。そして、ここでは、これらの具体的特性と具体的エグゼンプラーに基づいて、あるカテゴリーが形成されると仮定されている。

これらの具体的特性は、消費者の知覚符号化により主観的に判断され、属性（attribute）に変換される（中西 1984）。例えば、百貨店の具体的特性である「店員数の多さ」と「接客時間の長さ」から、「接客における丁寧さ」という主観的な属性が認識される。したがって、具体的特性によって直接的には構成されないが、これらに基づく抽象的で主観的な属性により規定されるという意味で、点線で囲まれた中心部にプロトタイプが布置される。

エグゼタイプ

プロトタイプもエグゼンプラーも、共にカテゴリーの中心的な位置を占めていると考えられているが、その認識像は、抽象的であるか具体的であるかという抽象の水準と、考慮されるカテゴリーの範囲により異なってくる。

図3-4aに示されたように、消費者の業態認識には、プロトタイプ主導的なトップダウン型処理とエグゼンプラー主導のボトムアップ型処理が想定される。これと同様なことが、カテゴリーの中心となるプロトタイプとエグゼンプラーに対する認識にも考えられる。カテゴリーの典型像を考える際には、実際にはその当該カテゴリーと、そのカテゴリーの周りに位置する周辺カテゴリーとの関係も考慮に入れなければならない。なぜならば、図3-4bに示されるように、カテゴリーは他のカテゴリーとの連続性をもって成り立っているためである（Alba and Hutchinson 1987）。こう考えると、カテゴリーの典型像は、二重の意味をもつ可能性があると認識した方がよいかも知れない。そこで、両典型像であるプロトタイプとエグゼンプラーの性質を合わせもつ特異な典型像を、仮に「エグゼタイプ（exetype）」と呼ぶことにする。以下の図3-5aと図3-5bには、それぞれエグゼタイプが示されている。

図3-5aの中心部に示されているのは、プロトタイプをベースにして形成されるエグゼタイプであり、これを「エグゼタイプⅠ」とする。これは、具体的特性を反映した抽象的な主観的属性に規定されたカテゴリーの中心に位置するプロトタイプがその基礎となり、尚且つ、カテゴリーの具体的特性により規定される周辺のエグゼンプラー群からの影響を受ける。さらに、周辺カテゴリーの中心にある他のプロトタイプ群からも、さらなる影響を受ける。そして、基礎にプロトタイプを置いている分、その認識における抽象性

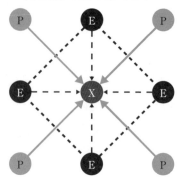

図3-5a　エグゼタイプⅠ

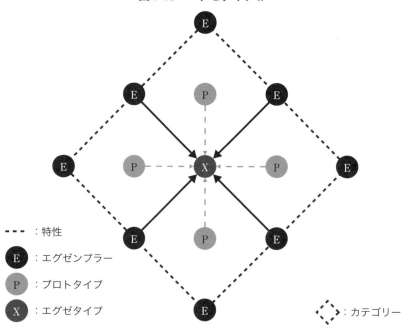

図3-5b　エグゼタイプⅡ

は高くなるであろう。

　図3-5bの中心部に描かれているのは、エグゼンプラーをベースにして形成されるエグゼタイプであり、これを「エグゼタイプⅡ」と呼ぶことにする。これは、エグゼタイプⅠとはいく分異なり、具体的なエグゼンプラーを基にして形成されるものである。具体的特性から構成されるエグゼンプラーを基礎にしており、それと共通する具体的特性をもつ他のエグゼンプラー群からの影響を受ける。さらに、基礎となるエグゼンプラーの具体的特性を共有する隣接した周辺カテゴリーの中心にあるプロトタイプ群からも影響を受ける。そして、ある特定の具体的エグゼンプラーを基礎にしているのに加え、これを構成する具体的特性とそれらを共有する他のエグゼンプラー群の影響が強くなる分、その認識における具体性は高くなるであろう。

　実際には、エグゼタイプⅠとⅡは、それぞれの基礎的土台となるプロトタイプとエグゼンプラーの抽象度合いと、周辺に位置するプロトタイプ群とエグゼンプラー群からの影響度合い、さらには周辺カテゴリーをどの範囲まで捉えるかという周辺カテゴリーの度合いによるバランスを反映して認識されるものであろう。

3.3.3　業態の認知分布

　以上のように、カテゴリーとその典型性に基づくカテゴリー構造を前提として、そこから導き出されるプロトタイプ、エグゼンプラー、さらにはエグゼタイプというカテゴリーの典型像に関するモデルを基礎にした認知構造を捉えることにより、業態認識のメカニズムに迫ることが可能になる。

業態の特定化

　既に述べたように、業態を認識させるのは、プロトタイプ群からのトップダウン型処理とエグゼンプラー群からのボトムアップ型処理である。図3-6aには、これらの処理の結果、消費者が認識するであろうと仮定される業態の姿が示されている。太線で囲まれる四角い枠が、プロトタイプ群とエグゼンプラー群から構成される業態である。また、その背後には、いくつかの固定化された既存のカテゴリーが想定される。カテゴリー構造から業態を

論じる場合、これらの固定化された既存のカテゴリーを「業種」として捉えると、「業態」のもつ特異な性質が浮き彫りになる。業態をめぐる議論の中で石井が識別した「差異としての業態概念」にある「差異」という性質である。すなわち、「差異や偏差を内在する動態性」を組み込んだ業態の捉え方が、ここでは可能になるのである。業態とは、いくつかの固定化された既存のカテゴリーから形成され、既存のカテゴリーそれぞれにおける抽象的なプロトタイプ群と具体的なエグゼンプラー群から規定される、動態性をもつ新たなカテゴリーとして消費者に認識されていると考えることができるのである。

業態間の連続性と業態間変動

　このようにして業態を捉えておくと、ある特定業態について議論できるだけではなく、業態の動態性についても議論することが可能になる。図3-6bには、業態の連続性と業態間変動が示されている。図3-6aでは、太線の枠によってある業態が特定化される構造が示されたが、ここでは、これをさらにクローズアウトした業態の認知分布として認識できるであろう。ある特定業態は、他の業態と隣り合わせた状態にあり、さらにその隣にも隣接する業態が存在する可能性が示されている。それらの業態間の連続性には、その背後に業種である既存のカテゴリーが共有化されていると共に、業態間で共有化されるプロトタイプとエグゼンプラーも存在している。これらが業態間を接合する粘着剤のような機能を果たし、その連続性を創り出していくと考えられる。

　カテゴリーとその典型像であるプロトタイプとエグゼンプラーのもつ、このような粘着機能に着目すると、業態間の変動についても理解することができる。ある特定カテゴリーが消費者によって注目を集めると、このカテゴリーのプロトタイプを参考にして、ある変異体としてのエグゼンプラーが出現する。そして、このエグゼンプラーが、その特定カテゴリーを基にした独自の展開を目論み、その周辺カテゴリー群を集結させながら、他のエグゼンプラー群をも巻き込んで、また別の業態が生成されていくのである。したがって、こうしたカテゴリーの変異体とその周辺カテゴリー群、さらにはエグゼンプラー群を巻き込んだ「カテゴリーと典型像の運動」として、業態間変動が説

第3章 消費者の業態認識 113

図3-6a 業態の特定化

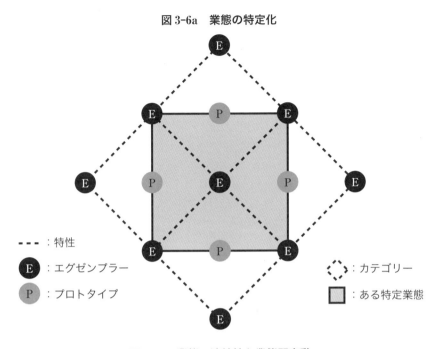

図3-6b 業態の連続性と業態間変動

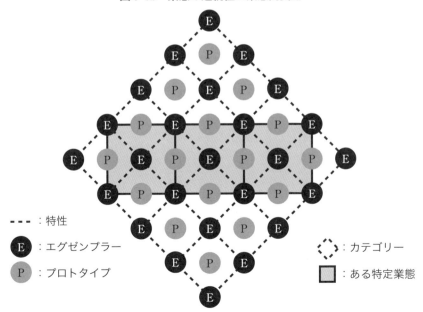

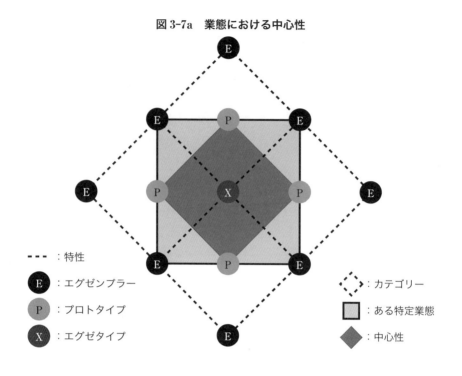

図 3-7a　業態における中心性

明可能になるであろう。

業態における中心性

　こうした業態の認知分布を仮定することによって、「Big Middle（覇権市場）」（Levy et al. 2005；田村 2008）をめぐる業態における中心性についても考察することができる。図 3-7a には、図 3-6a で示された業態の枠と、その枠の中に支配的な覇権市場となる業態の中心領域が示されている。この中心領域の核となる位置に布置されるのがエグゼタイプである（図では、具体的なエグゼンプラーをベースにしたエグゼタイプⅡが示されている）。

　消費者の認識からすると、このエグゼタイプⅡは、例えば百貨店という業態のなかで最も百貨店らしさをもつ、実在する具体的な百貨店の店舗である。この店舗は、抽象的にイメージされるプロトタイプ群に基づく多様な百貨店形態のなかでも、特に百貨店形態として中心的な形態に位置づけられる

ものである。さらに、百貨店形態の具体的なバリエーションである他のエグゼンプラー群のなかでも、最も百貨店らしさをもつ存在なのである。

業態内変動と業態間変動

業態内では、百貨店の形態にみられるように、その形態における中心性の構造が想定されるであろう。業態内には、中心的な形態とその周りに周辺的な形態が存在している。業態内での変動は、中心的な形態の移り変わりとして捉えられる。すなわち、中心的な形態から、他の周辺的な形態へのシフトである。図3-7bには、中心性の推移に基づく、業態内の変動と業態間の変動が示されている。

例えば、図の左側に位置する業態の中心的形態の中核にエグゼタイプⅡが位置されているとしよう。このとき、消費者の捉える認識枠組みが右側に推移したとすると、その業態の中心性も推移することになる。ここでは、その

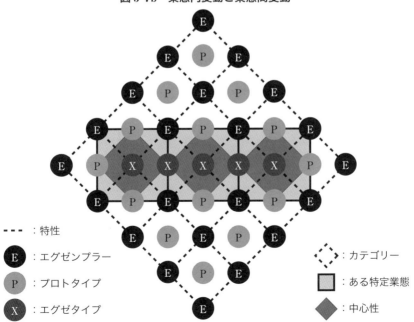

図 3-7b　業態内変動と業態間変動

中核に位置づけられた具体性を強く帯びるエグゼタイプⅡの中心としての認識は弱まる。そして、中心性の推移と共に台頭してくる抽象性を強く帯びるエグゼタイプⅠの中心としての認識が強まっていく。この業態内での中心性の推移とエグゼタイプⅡからⅠへの推移が、業態内変動として理解できるのである。

また、推移した中心性を土台にして、消費者の認識枠組みがさらに右側に推移したとするならば、従来の業態の枠組みを超えた別の新たな業態が認識されることになる。ここでは、その新たな業態における中心性を反映する新しいエグゼタイプⅡがその中核となり、その具体性を強く認識させていくのである。業態間の変動は、先に述べたように、カテゴリーの変異体とその周辺を巻き込む「カテゴリーと典型像の運動」として、さらに業態内の変動は、抽象と具体の連続性を帯びる「エグゼタイプⅠとⅡの推移プロセス」としても捉えることができると考えられる。

3.4 残された課題

本稿では、これまでの業態概念に関する議論から得られた示唆を基にして、「原型なるもの」との関係から捉える業態の認識とその動態性について考察した。ここでは、プロトタイプとエグゼンプラーの両側面を併せもつ「エグゼタイプ」という概念モデルを導入することにより、その認知構造と認知分布という視点から、業態の特定化と業態の変動についての説明を試みた。

しかしながら、消費者の認識する業態をさらに詳細に解明するには、残された課題も少なくない。第1に、「プロトタイプ－エグゼタイプ－エグゼンプラー」という抽象から具体までの抽象性（あるいは逆に具体性）の度合いとして、カテゴリーの典型事例を捉えたが、これらは実際には、消費者により異なるものである。また、同一消費者であっても、その状況における動機づけやそのときの能力、さらには利用されるコンテクストによっても大きく異なると考えられる。これらの要因との関係を踏まえた抽象性の度合いを特定化する必要があるだろう。

第2に、具体的特性とカテゴリーあるいはエグゼンプラーとの関係、主観

的属性とプロトタイプとの関係である。カテゴリーやエグゼンプラーを規定する特性とは、いかなるものであるかを特定化しなければならず、そしてプロトタイプを特定化する主観的属性とは何なのかを明らかにする作業が必要となる。また、具体的特性から主観的属性の変換を経てプロトタイプが規定されると想定しているために、その変換過程にある知覚符号化の機能についても特定化しておく必要がある。さらには、主観的な属性における性質として、感情的要素と理性的要素のいずれが強く反映したものであるのかといった、属性の性質についても考慮しておく必要があると考えられる。

第3に、認識される業態の柔軟性と安定性である。本稿で試みた説明では、ある時点で特定化される業態とその変動のプロセスについて記述してきたが、矢作の指摘するように「消費者の望む品揃えを実現するのが小売業態の革新」であるならば、消費者の望みに応じた柔軟性をもてるような仕組み、また革新した業態で支配的位置を占めるならば、その安定性を確保できるような仕組みを組み込んだ説明が必要になるであろう。

以上のような課題を克服することによって、より洗練された消費者の業態認識に関する概念枠組みを確立させたうえで、データに基づく実証的調査によって、消費者の業態認識モデルを完成させていかなければならない。

(新倉 貴士)

謝辞

本研究を進めるにあたり、小川孔輔先生（法政大学）からは業態研究の重要性を教えて頂いた。また、石原武政先生（流通科学大学）と矢作敏行先生（法政大学）からは、流通研究における業態概念に関する貴重なコメントとアドバイスを頂いた。さらに、日本マーケティング・サイエンス学会・市場に関する研究部会のメンバーならびに中西正雄先生(関西学院大学名誉教授)と井上哲浩先生（慶應義塾大学）からは、消費者研究とマーケティング研究における業態の捉え方についての示唆を頂いた。ここに記して感謝の意を申し上げたい。

付記

本章は、拙著「消費者の業態認識：業態を認識させる認知構造と認知分布」（『経営志林』第 49 巻第 1 号）に加筆・修正したものである。

注釈

1) 実際には、消費者の知覚粘着性による識別制約と小売店側の運営システム制約による移動制約と新規参入上の制約を受ける。
2) 新業態による流通技術フロンティアのシフトに関する詳細については、中西（1996）を参照されたい。
3) こうした特性は、カテゴリーを定義する定義的特性でもあり、これらが分類学的なカテゴリーを規定しているのである。

参考文献

阿部周造（2010）「BOOK REVIEW 63：『業態の盛衰』」『季刊マーケティングジャーナル』29（4）、113-114。

池尾恭一（1989）「消費者行動と小売競争」石原武政・池尾恭一・佐藤善信共著『商業学』有斐閣。

池尾恭一（2005）「小売業態の動態における真空地帯と流通技術革新」『商学論究』52（4）、71-95。

石井淳蔵（2009）「小売業態研究の理論的新地平を求めて」石井淳蔵・向山雅夫編著『小売業の業態革新』中央経済社。

石井淳蔵（2012）『マーケティング思考の可能性』岩波書店。

石原武政（1998）「新業態としての食品スーパーの確立：関西スーパーマーケットのこだわり」嶋口充輝・竹内弘高・片平秀貴・石井淳蔵編著『マーケティング革新の時代 4：営業・流通の革新』有斐閣。

石原武政（1999）「小売業における業種と業態」『流通研究』2（2）、1-14。

近藤公彦（2011）「業態研究のフロンティア：革新の組織能力の視点から」『日本商業学会・第 61 回全国研究大会報告論集』36-44。

Levy, M., D. Grewal, R. A. Peterson, and B. Connolly (2005), "The Concept of the "Big Middle,"" *Journal of Retailing*, 88 (2), 83-88.

Loken, B., L. W. Barsalou, and C. Joiner (2008), "Categorization Theory and Research in Consumer Psychology: Category Representation and Category-Based Inference," in C. P. Haugtvedt, P. M. Herr, and F. R. Kardes (eds.), *Handbook of Consumer Psychology*. New York, NY: LEA/Psychology Press.
Mao, H. and H. S. Krishnan (2006), "Effects of Prototype and Exemplar Fit on Brand Extension Evaluations: A Two-Process Contingency Model," *Journal of Consumer Research*, 33 (June), 41-49.
向山雅夫 (1985)「小売商業形態展開論の分析枠組(Ⅰ):諸仮説の展望」『武蔵大学論集』33 (2・3)、127-144。
向山雅夫 (1986)「小売商業形態展開論の分析枠組(Ⅱ):分析次元とその問題点」『武蔵大学論集』33 (4)、17-45。
向山雅夫 (2009)「小売国際化の進展と新たな分析視角:業態ベースの小売国際化研究に向けて」向山雅夫・崔相鐵編著『小売企業の国際展開』中央経済社。
中西正雄編著 (1984)『消費者行動分析のニュー・フロンティア』誠文堂新光社。
中西正雄 (1996)「小売りの輪は本当に回るのか」『商学論究』43 (2・3・4)、21-41。
新倉貴士 (2005)『消費者の認知世界:ブランドマーケティング・パースペクティブ』千倉書房。
新倉貴士 (2011)「第二世代の消費者情報処理研究」『商学論究』58 (4)、91-110。
Norman, D. A. (1982), *Learning and Memory*. San Francisco, CA: W. H. Freeman and Company. (D. A. ノーマン (1984)『認知心理学入門:学習と記憶』誠信書房)。
坂川裕司 (2009)「小売フォーマット概念の再検討」『経済学研究』58 (4)、271-287。
坂川裕司 (2011)「小売フォーマット開発の分析枠組」『経済学研究』60 (4)、61-76。
鈴木安昭・田村正紀 (1980)『商業論』有斐閣。
髙嶋克義 (2003)「小売業態革新の分析枠組み」『国民経濟雑誌』187 (2)、66-83。
髙嶋克義 (2007)「小売業態革新に関する再検討」『流通研究』9 (3)、33-51。
髙橋広行・新倉貴士 (2012)「業態の芽の方向性:消費者視点の革新的小売企業事例研究」『流通科学大学論集:流通・経営編』24 (2)、125-149。
田村正紀 (2005)、「消費者の専門店認知基準」『流通科学大学 流通科学研究所 モノグラフ』74。
田村正紀 (2005)「専門店の分化」『流通科学大学 流通科学研究所 モノグラフ』75。
田村正紀 (2008)『業態の盛衰』千倉書房。
矢作敏行 (1981)『現代小売商業の革新:流通革命以降』日本経済新聞社。

第4章

自己目的志向の小売業者としてのキルトショップ
品揃えと顧客関係の考察

4.1 問題意識

　筆者が手芸研究に興味を持ったのは、手芸店に飾られた手芸品がきっかけだった。顧客の中には、店主と親しくなると、商品を買うためではなく、店主に会いに店を訪れるようになり、何らかの品物を持参して来店することがある。作品を店主に見せに来たり、店主にプレゼントしたりする顧客の姿があった。店主が大事に保管するのは、手芸品や写真など、オリジナルの作品である。展示された作品を通じて、手芸店やメガネ店では、来店客と店主の会話、また来店客同士の会話が弾むこともあった。顧客から贈られる手芸品は、地域に密着した小売店の顧客関係を象徴していた（坂田 2006a）。

　次に、顧客にとって手芸をする意味を探ることにした。「快楽消費」の対象として「手芸」を取り上げ、和紙人形およびパッチワークキルト（以下、「キルト」と略）をめぐる快楽消費を明らかにしようとした（坂田 2006b；2007；2011）。

　手芸はジャンルが数多くある中で、研究が進んでいるジャンルもあれば、そうでないジャンルもある。人形・レース・刺繍などは、研究が進んでいる。手芸は時代によって流行があり、近年日本で一番人気があると思われるのがキルトである。しかし、残念ながら、日本のキルト研究（鮎川他 2011；伊藤 2005）は、アメリカンキルトの紹介にすぎない。アメリカでは、アンティークキルトや現代のアメリカンキルトの研究がなされているが、現代の

図 4-1　パッチワークキルトの集計水準

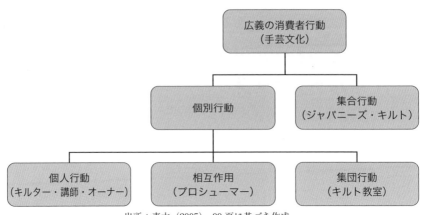

出所：青木（2005）、99頁に基づき作成。

　日本のキルトについて学術的な考察は少ない。従って、日本では、キルトに対する学術的な注目度は極めて低いと言わざるを得ない（坂田 2013b、9頁）。

　キルトの研究資料として利用できる2次データは、出版社が発行する専門誌やキルト展示会の図録だけである。そのため、手芸の展示会や手芸店、手芸教室での参与観察を中心としたフィールドワークによって、2次データおよび1次データを収集することにした。手芸の研究領域は広く、図4-1のように、「パッチワークキルトの集計水準」を整理してみた。本研究では、キルトの愛好家であるキルター、キルトショップ・オーナーおよびキルト教室講師の個人行動を記述してみたい。

　フィールドワークでわかってきたのは、キルトの専門店である「キルトショップ」の多さである。2004年に発表された「全国のキルトショップおよびキルト教室の数」は、264店舗である（図4-2）。掲載されていないショップもあるため、実際にはもっと多くのキルトショップがある。キルトショップの存在しない都道府県はなく、あらゆる手芸（例えば、編物、刺繍、ビーズ、レースなど）の中で、全国各地に専門店（キルトショップ）があるのはキルトだけである。

　そこで、地域に密着した小売店として取り上げた手芸店を始め、キルトショップを事例に、マーケティングと顧客関係を明らかにしようと考えた

図 4-2　全国のキルトショップおよびキルト教室の数（2004 年）

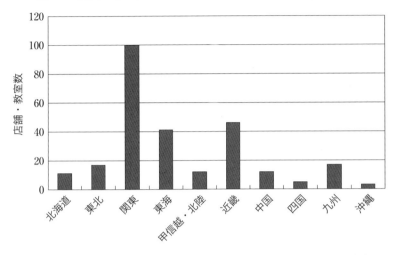

出所：『キルトジャパン 2004 年 11 月号別冊付録ショップ＆教室ガイド』に基づき作成。

(坂田 2013a)。しかし、キルトショップのマーケティングおよび顧客関係を記述すると、地域密着型の小売店とは異なる特徴も見い出された。

そのため、新たな概念として、小宮（2003；2007）で提示された「自己目的志向」概念を用いて、「自己目的志向の経営目的を持つ小規模小売業者」としてのキルトショップの事例研究を行うことにした。キルトショップについての 2 次データおよび 1 次データに基づき、キルトショップのマーケティング、とくに品揃えに着目し、顧客関係と合わせて考察してみたい。

本章の構成は、次の通りである。4.2 節で、日本における手芸とパッチワークキルトに関する既存研究を紹介し、日本におけるパッチワークキルトの発展と普及を考察する。4.3 節では、小規模小売業者への新たな分析視角として、「自己目的志向概念」を紹介し、自己目的志向の小売業者として、キルトショップを取り上げる意義を述べておきたい。4.4 節では、キルトショップの概要を説明し、キルトショップにおける品揃えと顧客関係を記述する。最後に、本章のまとめと今後の研究課題を 4.5 節で言及する。

4.2　日本における手芸とパッチワークキルトに関する既存研究

　では、これまで手芸を取り上げた研究で、手芸がどのように論じられてきたのか、簡単に見てみよう。坂田（2013b）において、手芸の既存研究をレビューしたところ、手芸は、学術的に取り上げられてこなかったのではなく、現代において、学術的に取り上げられなくなったということが分かった（10-11頁）。

4.2.1　日本における手芸の既存研究

　これまで手芸は、女子教育、中でも、裁縫教育や洋裁教育において裁縫や家庭洋裁として手芸が取り上げられてきた。手芸の捉え方は時代ごとに変わっており、実際には、今日の手芸とは違う形で、学術的に取り上げられてきたようである。これまで手芸は、裁縫やお細工物、洋裁など、さまざまな呼称で扱われているようだ。

　具体的には、裁縫や家庭洋裁は、女子教育や家庭科教育、例えば、裁縫教育や洋裁教育の中で、取り上げられていた。関口（1980）を始め、裁縫は女子教育の中で考察され、家庭科教育の中で裁縫教育がどのように行われたのかが検討されている。

　被服製作および手芸における教育的意義について取り上げたのが、堀内他（1988）の研究である。衣生活に関する知識や技術は、かつては日常生活の中で習得されていたが、主として家庭科教育において教育されるようになった（堀内他　1990）。被服製作を通して、自分で作り上げたものを使う喜びを体得させるところに、被服製作学習の意義があると述べている（37-38頁）。

　既製服が拡がったのは1970年代であるが、それ以前は洋裁の時代であった。キルトショップ・オーナーやキルト講師には和裁・洋裁経験者も多く、和裁・洋裁経験は、現在の手芸をする人々に大きな影響を与えていると思われる。しかし、洋裁については、洋裁技術および洋裁教育（田中 2004；吉本 2004a）を取り上げた研究が中心で、家庭洋裁の実態（吉本 2004b）や、家庭洋裁の今日の手芸への影響に言及した研究はそれほど多くない。

　このように、多くの論者がこれまで裁縫教育の中で手芸を取り上げてきた

第4章　自己目的志向の小売業者としてのキルトショップ　　125

ものの、家庭科教育の中で、被服教育がされなくなるにつれ、手芸は研究されなくなった。現代日本の手芸をテーマとした研究は少ないものの、民俗伝承として、人形やお細工物などの研究もされてきている。

　坂元・グリジャナティ（2011）は、福岡県柳川市のひな祭り行事とそれに伴う手芸知識・技術の伝承過程を明らかにしている。具体的には、地元女性による行事活動（ひな飾り）や手芸活動（さげもん作り）の実態を取り上げている。初節句家庭でのさげもん飾りや、婦人会・シルバー人材センター等でのさげもん作製や技術習得の場面を紹介しつつ、地元女性たちの行事や手芸実践を描いている。中高年女性を中心に構成されるさげもん作りの場は、子育てや職業生活を終えた女性たちの第２の人生（アイデンティティ）の再構築の場でもあった。

　この地域のひな祭りでは、一般的な雛人形と共に華麗な「まり（毬）」と手芸小物「ちりめん（縮緬）細工」からなる「さげもん」と呼ばれる吊るし飾りが添えられる。さげもんは、柳川に古くから伝わる民俗工芸であり、日本女性の手芸文化の中に位置づけられる。柳川のひな祭り行事を特徴づけているのは、こうした地元の伝統工芸である「柳川まり」や縁起物の動植物や人形をかたどった「ちりめん細工」とその製作（手工芸）活動である（61-62頁）。

　近年では、脱・家庭行事化として、観光化の文脈の中で、地域や観光客を巻き込んだ地域行事（イベント）的側面を持つようになっている。これが、「観光さげもん」の誕生である。さらに、脱・地域行事化の動きも見られ、九州各地のひな祭り行事とのネットワーク化や「吊るし飾り」習俗にもとづく全国的ネットワーク化など、ひな祭りの再構築が見られる。

　この地域では、各種団体や文化サークルを中心に、趣味や生涯学習の一環として行われるさげもん作りが盛んである。これは、女性の個人的趣味活動のための「趣味のさげもん（作り）」である。地域に生活する中高年女性のエンパワーや自己実現を目的とする生涯学習や趣味の教材として位置づけられているのが、「教材さげもん」である。その一方で、副業さげもん作り、あるいは「商品さげもん」の登場がある。地域に広く張り巡らされた手芸活動の多様な場は、家庭内継承を補う形で、地域全体として地域女性たちに知

識・技術の習得や伝承の機会を提供している（64-66頁）。

　柳川地域の民俗的知識が、地域振興の観光戦略や生涯発達観の普及の中で再文脈化され、中高年女性の生涯学習やエンパワーのローカルな知識資源となっていくプロセスと仕組みを考察している（59頁）。

　柳川の手芸活動においては、手芸をする女性たちの楽しげで熱心な技術・知識習得の様子が見られ、女性たちは、個人的で自由な趣味的活動としての手芸に取り組んでいる。柳川の手芸活動は、単なる個人的な趣味ではなく、近隣住民との親密な関係性の中で、習俗との強い結びつきにおいて行われる集団的、地域的、民俗的趣味活動である。もうひとつは、手芸技術・知識における学習資源としての側面である。したがって、柳川の手芸活動あるいは手芸技術・知識を特徴づけているのは、趣味的、地域的、民俗的側面と、女性とくに中高年女性の「学習資源」としての側面である。

　今日、女性の手芸活動は、ひとつの趣味活動として、あるいは趣味の技術・知識として、女性たちの間に拡がり、社会教育政策による生涯学習観の普及とともに、生涯学習活動の一環として位置づけられている（坂元 2012、66-68頁）。

　このように、1つの手芸実践において、さまざまな側面からアプローチすることができる。そのため、手芸のジャンルごとに、どのような活動がされているか、見ていく必要があるだろう。

4.2.2　日本におけるパッチワークキルトの発展と普及

　日本のキルトの特徴は、短期間に日本中に普及したことである。なぜ日本でキルトが短期間に普及したのだろうか。

　『パッチワーク通信』第2号（婦人生活社）の編集後記には、創刊号に対して、次のような反響があったことが書かれていた。「このような専門誌の発売を待っていた」「内容は専門家に偏らない楽しいものにして欲しい」「年に4回くらいのペースで出版を希望する」などである。不定期刊行の予定が、年4回出版されることになった（104頁）。明治以降多くの外国手芸が紹介され定着しているが、わずか10年足らずでここまで普及したのはキルト以外にないと言われている（29、104頁）。

第 4 章 自己目的志向の小売業者としてのキルトショップ 127

　読者は、キルトが他の手芸とは一味変わった魅力を感じているとのことだった。手芸愛好家はいろいろな手芸に取り組んでみたが、最後に落ち着いたのがキルトで、「キルトこそが私の生涯のもの」という意見がある。キルトには底知れない魅力と、布への愛着の深さがあることを物語るエピソードである。布を使うこと、手を使うこと、想像力を使うことも挙げられている。ひとつの単純な図形や絵が、作る人の工夫によって生活用品にもなり、アートにもなる。いわゆる手芸とは違う楽しみが、多くの人を惹き付け、さまざまな表現方法を生み出している（『パッチワーク通信』第 6 号、婦人生活社、104 頁）。

　日本でキルトをする女性が増えるきっかけとなったのは、1975 年に日本で初めて開催されたキルト展である。それ以前から、日本でもキルトをしている人たちがいたが、このキルト展をきっかけに、キルトの人気は急速に日本中に広まっていった。

　キルトの普及について、Nomura（2010）の見解を解釈すると、次のように分類される。

①導入期（1970 年代）
②普及期（1980 年代）
③多様化期（1990 年代）

　現在の日本人が作ったキルトの研究として、キルト教室を家元制度として分析した考察がある（Nii and Kuroha 1993 ; Nomura 2008）。Nomura（2008）は、この伝統的な教育システムがどのように受け入れられたのかを調べるために、財団法人（当時）日本手芸普及協会の創設者や講師、生徒にインタビューを行ったり、教室での観察を行ったりした。そこで、日本ではキルトを作るに当たって、効果的に家元制度を当てはめていること、主要なキルト教室によって提供される修了証プログラムによって、日本でキルトが普及したことを論じている。

　アメリカにおいてキルトショップは、キルトの復活と、1970 年代と 1980年代の成長の結果である。19 世紀と 20 世紀を通じて、キルトの材料は、通

信販売のカタログか、百貨店、織物や一般の布を扱う店で買われていた。その頃は、キルターに役立つアイテムは少量で、経済的に独立した店舗を構えるだけの需要がなかった。キルトが人気になり、キルターは、木綿100％の布を欲しがるにつれ、キルト市場向けに布や小物、本やキルトパターンが生産され始めた。

1970年代から1980年代にかけて、女性は仕事への志向を強く持っていた。子供たちが小さかった間にキャリアを保留にしていた人たちは、職場に復帰し、多くが経営者になることに興味を持っていた。クリエイティブでビジネスに精通した女性にとって、キルトショップはニッチ市場のように見えたのである。

キルトショップは、単に布を売っているだけではない。初心者から熟練者まで幅広い教室を提供している。また、ミシンでのキルティングや顧客同士の社会的ネットワークを提供している。そして、従業員も、知識があって、献身的であることが望まれる。何千と布が市場にある中で、すべてを提供できるキルトショップはなく、目的を持ったキルターとの顧客関係を構築している。顧客との目的を共有していると認識できれば、できるだけ多くのキルターにアピールすることができる（Roberts 2007、184-185頁）。

1980年代にキルト材料が増加することでキルトの市場ができた。キルトの展示会は、キルトの技術を披露するだけでなく、来場者に教室の受講や買い物の機会を提供し、大きなビジネスの機会となっている。最も人気なのが、「キルトマーケット」である。マーケットには、地元あるいは全国規模のキルトショップ、ミシンのディーラー、出版社や小物の店が出店している。展示会での収益は1年間の売上の中でも、大きな部分を占めている（187頁）。こうした動向は、日本でも同様に見られた。

加えて、キルトの発展には、繊維産業が大きく関わっていると思われる。1970年代にキルトを始めた講師によると、「縫いにくい布を使っていた」「少しの布しかいらないのに、たくさん布を買わないといけなかった」という不便さがあった。当時は、布が縮んだり、色落ちしたりするので、使う前に布を洗濯することも推奨されていた。その後、キルト用に縫いやすい布や「カットクロス」「ミニカット」という販売形態が登場し、1990年代からは、キル

ト講師がデザインする布さえ見られるようになった。このように、キルターが使える布が製造・流通しなければ、今日のキルトの発展はなかったはずである。

4.3 小規模小売業者への新たな分析視角としての自己目的志向概念

　坂田（2013a）では、地域密着型小売店の事例として、キルトショップのマーケティングと顧客関係を記述した。顧客の中でも「ファン」が重要で、店を支えているのは店主の家族や従業員だけでなく、ファンも店主たちを支える存在であった。そこで、ファンとして顧客のキルターとキルトショップ・オーナー（以下、「オーナー」と略」）との顧客関係を描いてみた。
　しかし、「ファン」という概念だけではキルトショップの顧客関係を捉えきれず、新たな概念として「自己目的志向」を用いて、小規模小売業者のキルトショップを考察することにした。

4.3.1　経営意識としての自己目的志向概念

　小宮（2003）は、小売業者の経営意識の1つとして、「自己目的志向概念」を提示した。自己目的志向とは、「小売業が店舗経営に関わる様々な行動に個人的な関心・嗜好を反映させ、その行動自体から喜びや楽しみを得ようとする経営意識」（81頁）を指す。
　例えば、アンティークの玩具を好む人が自分の収集品を販売する店を開いたり、趣味のサーフィンが高じてサーフショップを経営したりする人がいる。これらの人々にとって、店舗経営は単なる仕事ではなく、趣味的な要素を含み、楽しみを感じる行為となっている。取り扱う商品に個人的な関心を持ち、商品を提供すること自体に目的を見出している。すなわち、経営目的は、自分の関心・嗜好を反映させた商品を取り扱うという行動自体にある。必ずしも経済的報酬の獲得に特化せず、店舗経営に関わる行為を楽しむことを目的とした小売業者は、その典型的な例である（81-83頁）。
　自己目的的な行動とは、個人が内的報酬の獲得を目指して行うものである。商品自体への個人的な関心・嗜好が基点となって、自己目的的な行動が

発生している。自己目的志向の小売業者は、快楽消費や体験的消費を行う消費者と類似したメカニズムで行動している。小売業者が商品を調達する際に、自分たちの関心・嗜好を介入させる余地がある。そこで、小売業者においても、商品から得られる内的報酬、とくに好きなものを取り扱う喜び・楽しみの感覚を得ることを目的とした行動が存在する。

こうした経営意識には、小売ミックスのさまざまな側面にまで及ぶ。例えば、店舗の内装や従業員の服装に自分の関心・嗜好を反映させたり、店舗の立地場所を経済的な観点ではなく、個人的な嗜好によって決定したりすることである。キルトショップにおいても、品揃えだけでなく、店舗の内装・外観はオーナーの嗜好が反映され、従業員の服装にも、店独自の手作り品を身に着ける例が見受けられる。商品や内装など店舗経営に関わるさまざまな要素に対する個人的な関心・嗜好を基点として発生する内的報酬のために、店舗経営行為自体に目的を持つ経営意識を意味する（83-85頁）。

このように、自己目的志向の小売業者は、一般的な小売業者と異なる経営目的を持つために、さまざまな側面において独特の性質を持つ。とくに、品揃え形成において独特の性質を持つ。

それは、需要量が極端に少ない「特殊商品」が継続的に含まれる可能性がある点である。自己目的志向による品揃え形成では、小売業者の関心・嗜好に一致していれば、売上が芳しくない商品でも店頭に並べ続けられる可能性がある。この点が一般的に想定される小売業者と異なっている。

特殊商品が品揃え物に含まれることは、消費者や社会全体にとって2つの意味がある。1つは、消費者がより多くの選択肢の中から購買する商品を選択することができる。もう1つは、商品取り扱いの継続性を高めることができる。それによって、消費者に一定のメリットをもたらすと言う。それは、需要の少ない商品を必要とする消費者にとって、商品を継続して購買できるメリットがある。また、それが歴史的・文化的価値を持つような場合には、商品の取り扱い継続自体、社会にとって一定の役割を果たすこともある（88-89頁）。例えば、アンティークの布は、「特殊商品」として流通していたが、そうした商品を価値ある物として提供することは、消費者にとって何らかの便益を提供する。

こうして、自己目的志向の小売業者が取り扱う特殊商品は、消費者や社会全体にとってある一定の役割を担っていると言える。このことは、自己目的志向の小売業者自身も、社会的に一定の役割を担っていることを意味する。また、商品の社会的な認知の向上に貢献する可能性を持つ。つまり、自己目的志向の小売業者が、流行や革新のゲートウェイとしての役割を果たすことを意味している。

 これらの自己目的志向の小売業者の議論には、いくつかの理論的な貢献がある。1つは、現実に存在する小売業者の多様な姿を捉える1つの視座となることである。キルトショップのように、珍しい、魅力的な商品を取り揃える小売業者の姿を理論的に捉える視座は、これまで存在していなかった。ここでの議論を出発点として、その性質や社会的な役割についてさらに検討することができよう（89-90頁）。

4.3.2 自己目的志向の小売業者を取り上げる意義

 さらに、小宮（2007）は、「生業志向」について文献レビューを踏まえて再検討し、2つの生業志向概念を提示した。

 生業志向とは、「利益の蓄積や成長への志向といった経済的な側面における志向が相対的に希薄で、少なくとも店舗の維持ができるような利益を確保することを目指す経営意識」（71頁）を意味する。生業志向の小売業者は、店舗経営における情報処理能力が未熟で、さまざまな経営戦略の遂行に消極的な姿勢を示すと考えられている。しかし、生業志向の小売業者の中には、さまざまな戦略の遂行に積極的な小売業者と消極的な小売業者が存在する。

 生業志向という経営意識は、少なくとも2つのメカニズムで発生する。1つは、店舗経営への意欲を失わせるような要因が存在することによって、利益や売上向上への努力が放棄されるケースである。もう1つは、さらなる成長が見込める時期があったにもかかわらず、一定の店舗規模を維持し、生業志向の経営意識を維持しているケースである。この場合、増床したり、多店舗展開したりして、成長に向けた行動を取る必要がありながら、小売業者が利益や売上の拡大を自ら制約している。このような経営意識を持つ小売業者を「能動的生業志向の小売業者」と呼んでいる（73-76頁）。

表 4-1　能動的生業志向の小売業者の目的

小売業者の経営目的	第1の目的	第2の目的
家族・家業志向	家族のまとまりや安定性	利益の獲得・成長の達成／第1の目的を阻害しない範囲
老舗志向	伝統的な事業内容の継続	利益の獲得・成長の達成／第1の目的を阻害しない範囲
自己目的志向	経営者自身の関心・嗜好の反映	利益の獲得・成長の達成／第1の目的を阻害しない範囲

出所：小宮（2007）、84頁に基づき、一部修正・加筆して作成。

「能動的生業志向」とは、「成長を抑制し、小さな規模を維持しながら積極的な店舗経営をおこなう小売業者の経営意識」（70頁）を指す（表4-1）。小規模ならではの小売サービスを提供し、標準化された大規模小売業者の店舗とは異なる買い物の選択肢を消費者に提供することが期待できる。そのため、これらの小売業者がどのような意識で経営に取り組んでいるかを知ることは、一定の意義がある。自己目的志向の小売業者は、経営者個人の関心や嗜好に沿った店舗経営を目指している。

これらの議論の貢献は、次の通りである。従来の商業理論には、小規模ながら柔軟なサービスを提供し、消費者に貢献するような小売業者を捉える枠組みがなかった。小規模小売業者の提供する異質なサービスが消費者に与える恩恵の重要性はもっと認識されてよい。能動的生業志向概念によって、小規模小売業者に対する新たな視角を提供すると主張する。

今後の大きな課題は、能動的生業志向の小売業者の行動側面、とくにマーケティングの側面における性質を明らかにすることである。また、成長を抑制する小売業者であっても、異なる経営目的を持つため、能動的生業志向内部の異質性を考察する必要がある（86頁）。

そこで、本研究では、能動的生業志向の中でも、自己目的志向の経営目的を持つ小売業者として、キルトショップを取り上げる。オーナーのプロフィール、品揃え形成での特性やキルターとの顧客関係を記述しながら、キルトショップの特徴を明らかにしていきたい。

4.4 キルトショップにおける品揃えと顧客関係

本研究では、キルトに関するフィールドワークとして、日本・アメリカ・イギリスでのキルト展示会（個展や教室作品展、1日講習会などを含む）にて、データ収集を行ってきた。本章は、2002年12月から2013年2月までに行った調査（坂田 2007；2011；2013a）に基づいている。

4.4.1 キルトショップの概要

キルトショップの概要を掴むために、キルト専門誌『パッチワーク通信』（第1-181号、パッチワーク通信社、1983-2014年）と『キルトジャパン』（第1-158号、日本ヴォーグ社、1986-2014年）に掲載されている、キルトショップを取り上げた記事やキルトショップの広告から、キルトショップに関する2次データを収集することにした。これらの中には、手芸店やミシン専門店、アンティークショップなども含んでいる。

主に、キルトショップの「所在地」「創業年」「オーナーのプロフィール」「ショップを始めたきっかけ」「改装・移転の経緯」「手芸教室の有無」「スタッフ数」「商品構成・サービス」を調べてみた。しかし、2つの雑誌に掲載されているキルトショップについて、これらの情報がすべて記載されているわけではない。創業年が記載されていない店舗も数多く、創業年が分からない店は、1984年以前に創業した店が多い。正確な創業年でない可能性もあり、このグラフについては、途中経過に留めておく。また、キルトショップの閉店データはほとんど手に入らないため、現在も継続しているかどうかは不明である。

創業年が分かるキルトショップ474店舗について、いつ創業したのかをグラフにしてみたのが、図4-3である。キルトショップの動向は、3つの時期に分けられると思われた。すなわち、キルトショップがまだ少なかった「創成期」、キルトショップが多く創業する「成長期」、キルトショップの創業が徐々に少なくなってきた「成熟期」である。

①創成期（1975年前後～1984年）
②成長期（1985年～1996年）

③成熟期（1997 年以降）

日本ではキルトを作るための材料を扱う専門店「キルトショップ」が、1970 年代後半より毎年、創業し始めるようになった。恐らく「創成期」では、まだキルトやキルトショップ自体知られておらず、「コットンショップ」や手芸店が多く存在していたと思われる。専門誌が定期的に刊行されるのが、1983 年以降である。

1985 年に創業した店舗は 30 店舗で、一気にキルトショップが増加し始める。成長期においては、10 年に渡って、創業が増え続けているのが見て取れる。1997 年の 16 店舗をピークに、徐々に創業する数が減っていくのが「成熟期」である。しかし、Nomura（2010）が提示したキルトの時代区分と比較すると、キルトショップの時代区分は、5 年前後のズレがあるようだ。キルトとキルトショップの普及には、時間差が生じるのかもしれない。

キルトショップの普及に当たって、大きな影響を及ぼしたのが、1984 年までに創業したキルトショップであると思われる。日本で最初に「キルト」

図 4-3　キルトショップの創業年（途中経過）

出所：『パッチワーク通信』（第 1-181 号、パッチワーク通信社、1983 年〜 2014 年）と『キルトジャパン』（第 1-158 号、日本ヴォーグ社、1986 年〜 2014 年）に掲載された中から、創業年が分かる 474 店舗に基づき作成。

という名前が付いたショップは、1976年に創業した「キルトハウス耶馬」である。残念ながら、2007年に閉店し、オーナーも2011年に亡くなっており、調査ができない状況であった。「キルトハウス耶馬」のオーナーは、キルトの草分け的な存在と言われ（『キルトジャパン』第140号、日本ヴォーグ社、124頁）、キルトショップを経営したいキルターからの相談も多かったようだ（『パッチワーク通信』第22号、パッチワーク通信社、30-31頁）。尚、この店舗は、キルト教室を主宰するキルトショップであり、移転および複数の店舗を展開するキルトショップであった。

　次の記述は、坂田（2013b、13-15頁）に加筆・修正を加えて掲載したものである。店を始めたきっかけとして、オーナーに共通しているのは、「布が好き」「手作りが好き」、とくに「キルトが大好き」という点である。「店を持つのが憧れ」で、その夢を叶えたキルターであったことが伺える。また、「近くに布を買う店がない」「生徒さんからの要望」など、講師が必要に迫られてキルトショップを始めるケースもあった。

　まず、オーナーのプロフィールを見てみよう。オーナーは、個人、しかも圧倒的に女性が多い。そのため、商売には素人だが、キルトが大好きな主婦が店を始めたように思われるが、いろいろなケースが挙げられた。夫婦・親子・夫婦と子供といった家族経営も見受けられるが、姉妹・従姉妹・親戚、友人・仕事仲間といった間柄でショップを立ち上げたケースもある。オーナーが他の仕事に就いていてキルトショップを始めたケースや、他の業種の小売店からキルトショップに替わったケースも見受けられる。また、いくつかのキルトショップは他の業種（例えば、喫茶）を併設していた。

　そこで、次のように、掲載されているショップを分類してみた。

①キルト教室から、キルトショップを創業させる。
②他の業種から、キルトショップに転換させる。
③キルト関連商品を販売する。
④他の商品以外に、キルト関連商品を扱う。
⑤通信販売またはネットショップで、キルト関連商品を扱う。
⑥キルト教室で布を販売する。

図4-4 キルト教室を主宰するオーナーのキルトショップ

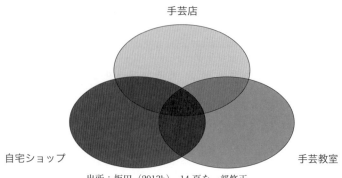

出所：坂田（2013b）、14頁を一部修正。

　そもそも、「キルトショップ」の定義はなく、現在「キルトショップ」と呼ぶ場合、「①キルト教室から、キルトショップを創業させる」店舗を指すことが多い。そのため、本章では、自己目的志向の小売業者として、「キルト教室を主宰するオーナーのキルトショップ」（図4-4）を取り上げ、そのキルトショップに共通して見られるマーケティングと顧客関係を紹介しよう（坂田 2013a、93-97頁）。

4.4.2　キルトショップの品揃え

　自己目的志向の小売業者は、品揃え形成において独特の性質を持つ（小宮 2003、86頁）。共通点は、主に、国内外で仕入れたキルトの材料（布・道具）、あらかじめデザイン（作り方を含む）と材料が準備されている「オリジナルキット」の販売である。こうした材料を求め、キルターはキルトショップに来店する。

　他の手芸は、ほぼ半製品で販売し、指導をする。中には全国展開する手芸教室が存在するジャンルもあるが、ショップが全国展開することはない。それは、他の手芸と違って、キルト独自の消費のあり方が影響しているためである。

　キルトとは、布を接ぎ合わせた表布と裏布の間に綿をはさんで、キルティング、すなわち、縫い合わせたものを言う。作品展に展示されるキルトは、

第4章　自己目的志向の小売業者としてのキルトショップ

ベッドカバーサイズの大きなタペストリーが中心である。制作には少なくても1か月以上、長くて2、3年を要する。キルトは、布以外に、さまざまな材料（レースやビーズ、スパンコール、刺繍糸などを含む）を消費して、制作する。

　キルトは1つの作品を作るのに、編み物、レース、ビーズなどと比べると、材料の量も多く必要とする。キルターが目標とするのは、バッグやポーチではなく、$1m^2$以上のベッドカバーを作ることである。他の手芸と比べると、かなり大きな作品であり、そのため、完成したときの達成感は格別である。

　また、小さな作品であっても、同じデザインにもかかわらず、全く印象が異なる作品になるのもキルトの面白さである。つまり、布をどのようにカットし、どのように配置するかによって、人とは違う作品を楽しむことができる。

　そして、出来上がった布をキルティングすると、また微妙に雰囲気が変わる。同じ縫う行為でも、ピースワークとキルティングでは楽しさの種類が異なってくるのだ。キルティングには、ハンドキルティングとミシンキルティングがあり、それぞれの面白さがある。優しい風合いが感じられ、独特の陰影により深みを与えるハンドキルティングと、シャープなラインを描くことができるミシンキルティングは、全く違う印象をもたらす。

　しかも、どんな種類の糸を使うかによって、さらに印象が変わってくる。そのため、素材や色にもこだわってキルティングをする。その上、使うのは布や糸だけでなく、レース、毛糸、ビーズ、リボンなどをキルトに付けるキルターもいる。そのため、キルトの材料の購買量は、圧倒的に多くなる。

　キルトショップでは、商品の品揃え、とくに布の種類は、オーナーの嗜好が色濃く反映されている。キルトショップごとにカラーがある。あらゆる布というより、**それぞれのオーナーの嗜好に合った布のみがセレクトされている**。

　近年はオーナー自ら、需要（マーケット）を作り出すマーケターとなっている。1990年代になって、手芸用品メーカーと共同で、オリジナルの布をデザインしているオーナーが多くなってきた。例えば、あるオーナーは、メーカーに作ってもらう以上、その布が売れないといけないため、キルターが求

める色、喜ぶ色に悩むと言う。見本を用意して、生徒の意見を聞きながら、最終的に色を選ぶようだ。

4.4.3 キルトショップの顧客関係

キルトショップの来店客は、手芸愛好家、キルター、生徒となっている（図4-5）。そのため、キルトショップでは、オーナーと顧客の関係は、講師と生徒という関係が加わるのが特徴的である。

キルターは、独学でデザインができるようになるキルターもいれば、作るのは好きだけど自分でキルトのデザインができないキルターもいる。自分でデザインができないキルターは、キルト教室に通って、キルト教室講師（以下、「講師」と略）からキルトの作り方を始め、デザインや配色の仕方などさまざまなことを教わる。

生徒には教室に、一定期間だけ通う人もいれば、10年以上通い続ける人もいる。キルターが追求する作品のレベルはさまざまで、キルトコンテストでの受賞を目指す人や、オーナーや講師を目指す人もいる。そのため、キルト教室では、教えた生徒が、オーナーや講師となる場合もある（図4-6）。

キルトショップの経営は、生地やキルト用品、小物を売るだけでは成り立たない。「教室を持って、定期的に収入を得て、この生徒たちにお客さんになっ

図4-5　キルトショップの来店客

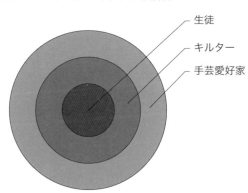

出所：坂田（2013a）、98頁。

第 4 章 自己目的志向の小売業者としてのキルトショップ 139

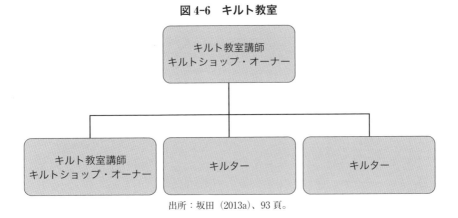

図 4-6 キルト教室

出所：坂田（2013a）、93 頁。

てもらい、口コミで、「おもしろい店」として宣伝してもらう必要がある」(『パッチワーク通信』第 8 号、婦人生活社、30 頁)。

　キルターは、「ファン」であるオーナーまたは講師が提案あるいはプロデュースした材料・道具を取り入れる傾向にある。すなわち、**オーナーの嗜好を愛顧するキルターが買いに来る**。そのため、オーナーは、すべてのキルターが必要とする布を揃えるのではなく、自分の好きなカラーの布のみを仕入れることができる。

　キルトショップの中には、大きなキルト展示会、例えば、毎年開かれている「東京国際キルトフェスティバル」や「インターナショナル・キルトウィーク」などに出店する店舗もある。そうしたショップに、オーナー（講師）のファンは遠方にもかかわらず、買いにやって来るのである。

　しかし、オーナーにとって何より、キルト教室の生徒が大事であるようだ。中には、ショップ以外の他の地域で教室を持つオーナーもいる。キルト教室の生徒はヘビーユーザーであり、クチコミをしてくれる固定客である。キルト教室に通ってもらうこと、通い続けてもらうことが必要なのだ。

　キルトは、1 人 1 人の講師からの影響が大きいとも言われている。ある手芸用品メーカー社員 2 名から、この意見を聞いた。キルトにはいくつかの種類があり、スタンダードなパターンを使った「トラディショナルキルト」を作る場合も、カリキュラム、縫い方（手縫いなのか、ミシンも使うのか、ミ

シンだけを使うのか）、デザインの仕方、配色の仕方、使う布など、講師によって全く違っている。

　キルトは、「自由に作る物」「こうしなければならないという決まり事はない」にもかかわらず、教室に所属すると、講師のやり方に従うようだ。道具やミシンなどを取り入れる場合、生徒は講師のアドバイスを重視する傾向にある。生徒も、講師個人やその作品を信奉する場合が多い。オーナーの中には、作品が雑誌に掲載されたり、自分の作品の本を出版したりする人もいる。それ以外に、展示会での作品鑑賞を始め、オーナーや講師のトークショー・ギャラリートーク、キルトショップでの接客あるいはデモンストレーションなどを通じてである。そうした機会にオーナーの「ファン」となり、その嗜好を受け入れやすいのだ。

　オーナーは経営者であるものの、顧客と同様に、キルターでもある。キルターゆえに、オーナーは顧客であるキルターと経験や知識を共有している度合いが高い。キルトショップにおける顧客とオーナー（講師）との共有度を表したのが、図4-7である。とくに、「キルトが大好き」「布が好き」という、オーナーの思いは、キルターとの大きな共通点となっている。このように、オーナー（講師）と生徒の関係は共有度が高いゆえに、通常の店主と顧客の関係よりも親密度が高くなっている。

　さらに、オーナーは、生徒だけでなく、自身の嗜好に合うスタッフにも支えられている。やはり、キルターをスタッフにすることが多いようだ。生徒の中から、スタッフとして貢献してくれる人が出てくるのだ。また、創業してから何年か経って、生徒であったスタッフに経営を任せるようになったオーナーもいる。そうした顧客を生徒やスタッフとして掴んでいるのが、現

図4-7　キルトショップにおける顧客とオーナー（講師）の共有度

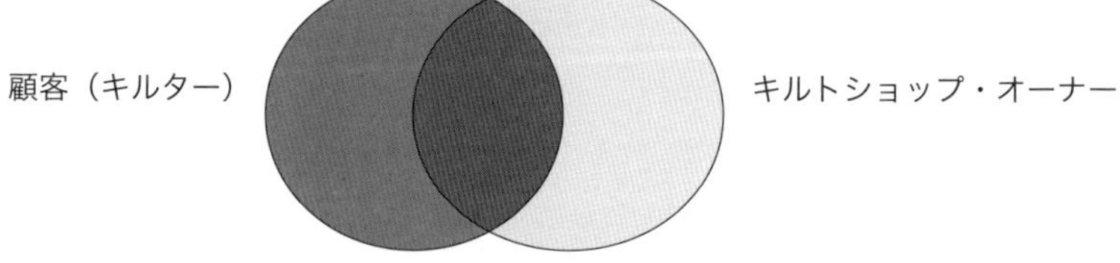

顧客（キルター）　　　　　　　　　　　キルトショップ・オーナー

出所：坂田（2013a）、97頁。

在まで続いているキルトショップなのであろう。

4.5 まとめと残された課題

　自己目的志向の小規模小売業者として、キルトショップを取り上げ、「①キルト教室から、キルトショップを創業」した場合、どのような特徴が見られるのかを考察してきた。

　そうしたキルトショップは、手芸（とくにキルト）教室を主宰しているため、生徒はヘビーユーザーであり、固定客であることが分かった。また、オーナーとキルターの関係を見ると、顧客であるキルターとは共有度が高いのが特徴である。キルトショップは、オーナーの趣向に合った、品揃えだけでなく、生徒やスタッフに支えられながら営まれていた。

　今後も、引き続き、キルトショップのマーケティングおよび顧客関係に関するデータ収集を進めていきたい。キルト専門誌として他にも、パッチワーク通信社が発行している『パッチワーク倶楽部』、キルト展の図録にも、オーナーのプロフィールが掲載されていることがある。それらの記事から、さらにキルトショップをリストアップして、キルトショップの特徴を明らかにしたい。

　しかし、あらゆる雑誌を検索したとしても、すべてのキルトショップが掲載されているわけではない。間違ったデータが掲載されていることもある。とくに、ショップの閉店についての情報はほとんどないことが問題である。今後は、1次データ収集として、キルトショップのオーナーやスタッフ、顧客にインタビューをしながら、2次データで得られなかったデータを補っていきたい。

　キルトショップを事例として、自己目的志向の小売業者の行動を考察するには、まだ準備が必要であるようだ。2次データ分析で分かったのは、キルトショップにはさまざまなタイプの店があることだ。そのため、キルトショップのタイプごとに調査を進めていく必要がある。

　まず、どこまでキルトショップに含めるのか、つまり、キルトショップの定義の問題が残されている。「⑤通信販売またはネットショップで、キルト関連商品を扱う」場合であっても、後に実店舗を開設することもある。また、

「⑥キルト教室で布を販売する」場合でも、布を大量に仕入れて販売されており、生徒が頻繁に購入する場合もある。それに、「③キルト関連商品を販売する」場合や、「④他の商品以外に、キルト関連商品を扱う」場合、キルト関連商品とはどういった商品に当たるのか、他の商品との割合をどうするのかという問題も残ったままである。

　取り扱う布も、現在製造されている布もあれば、現在は製造されていないアンティークの布（例えば、アメリカの「フィードサック」や日本の古布）もある。どんな布の品揃えをするかによって、顧客層が変わる場合もある。商品の品揃え、例えば、現代布とアンティークの布ごとに事例研究をする必要もあるかもしれない。

　最大の課題は、自己目的志向の小売業者が存続するメカニズムを解明することである。キルトショップが、継続的に存続しているとすれば、何らかの方法で経済的な課題を克服しているはずである。

　1つの可能性として、キルトショップで主宰されている手芸教室によって何らかのメリットが生み出されているのかもしれない。キルトショップ経営において、手芸教室を主宰することがどのような意味を持つのか、さらに検討していきたい。

　また、移転・改装してリニューアルオープンするキルトショップも多い。複数店舗を展開するキルトショップも現れていた。そうしたキルトショップは、存続している可能性が高い。そのため、キルトショップがリニューアルオープンする理由を1次データによって見い出していきたい。

　重要なのは、キルトショップの普及に大きな影響を及ぼした、1984年までに創業したキルトショップの1次データ収集であろう。創成期に創業し、現在も続いているキルトショップが、キルトの発展やキルトショップの普及に重要な役割を果たしたと思われる。つまり、キルトの普及に貢献しただけでなく、キルトショップの普及にも貢献しているはずである。この時期に確立されたビジネスモデルが、その後のキルトショップに影響したと考えられる。創成期に創業したキルトショップを中心にフィールドワークを行って、キルトショップのビジネスモデルを描いてみたい。

（坂田　博美）

謝辞

　本研究は、平成20〜22年度文部科学省科学研究費補助金基盤研究（C）（課題番号20530383）をいただいた研究成果の一部である。フィールドワークにおいては、たくさんのキルトショップ・オーナーおよびキルト教室講師、キルター、手芸用品メーカーの方々にご協力いただいた。厚く感謝申し上げたい。

参考文献

青木幸弘（2005）「消費者行動分析枠組みの再構築：その射幅と射程の拡大を目指して」『商学論究』52（4）、97-126。

鮎川昌代・阪本惠子・内山久美・久木原博子・田村美子・岩本由美・古米照惠（2011）「アメリカ社会文化的観点からのキルトの歴史：女性の役割とケアリング効果」『看護・保健科学研究誌』11（1）、247-254。

堀内かおる・武井洋子・田部井恵美子（1988）「被服製作及び手芸の教育的意義：学習要求からの考察」『東京学芸大学紀要　第6部門　産業技術・家政』40、127-140。

堀内かおる・武井洋子・田部井恵美子（1990）「衣生活教育内容に対する成人の意識」『日本家庭科教育学会誌』33（1）、31-38。

伊藤紀之（2005）「パッチワークキルト：開拓時代の心」藤原康晴・伊藤紀之・中川早苗『服飾と心理』財団法人放送大学教育振興会。

『キルトジャパン』第1-158号、日本ヴォーグ社、1986-2014年。

『キルトジャパン2004年11月号別冊付録　ショップ＆教室ガイド』日本ヴォーグ社、2004年。

『キルトジャパン』第140号、日本ヴォーグ社、2011年。

小宮一高（2003）「自己目的志向の小売業者と品揃え形成」『流通研究』6（1）、81-93。

小宮一高（2007）「成長を抑制する小売業者の経営意識：生業志向概念の再検討を通じて」『香川大学経済論叢』80（1）、69-88。

Nii, P. and S. Kuroha (1993), "A Glimpse of the Japanese Quilting Community: The Influence of Quilting Schools," *The Quilt Journal*, 2 (2), 1-5.

Nomura, N. (2008), "The Iemoto System and the Development of Contemporary Quiltmaking in Japan," *Textile Society of America Symposium Proceedings*, Textile Society of America.

Nomura, N. (2010), "The Development of Quiltmaking in Japan since the 1970s," *Uncov-

erings 2010, 31, 105-130.

『パッチワーク通信』第 1 〜 181 号、パッチワーク通信社（婦人生活社）、1983-2014 年。

『パッチワーク通信』第 2 号、婦人生活社、1984 年。

『パッチワーク通信』第 6 号、婦人生活社、1985 年。

『パッチワーク通信』第 8 号、婦人生活社、1985 年。

『パッチワーク通信』第 22 号、パッチワーク通信社、1988 年。

Roberts, E. S. (2007), The Quilts: *A History and Celebration of an American Art Form*. Minneapolis, MN: Voyageur Press.

坂元一光 (2012)「地域女性の学習資源としての手芸伝統：柳川のローカルな知をめぐって」『大学院教育学研究紀要（九州大学大学院人間環境学研究院教育学部門）』14、59-73。

坂元一光、アナトラ・グリジャナティ (2011)「ひな祭り行事の再構築と女性の手工芸活動：柳川さげもん調査予報」『大学院教育学研究紀要（九州大学大学院人間環境学研究院教育学部門）』13、61-75。

坂田博美 (2006a)『商人家族のエスノグラフィー：零細小売商における顧客関係と家族従業』関西学院大学出版会。

坂田博美 (2006b)「和紙人形をめぐる快楽消費：和紙人形教室の参与観察に基づく消費者行動分析」『富大経済論集』52 (2)、239-260。

坂田博美 (2007)「パッチワークキルトをめぐる快楽消費 (1)：パッチワークキルトに関する調査課題」『富大経済論集』52 (3)、1-20。

坂田博美 (2011)「パッチワークキルトをめぐる快楽消費 (2)：手芸研究のための分析枠組み」『富大経済論集』56 (3)、131-152。

坂田博美 (2013a)「地域に密着した小売店の顧客関係：キルトショップの事例に基づいて」『中小商工業研究』（全商連付属・中小商工業研究所）115、90-99。

坂田博美 (2013b)「手芸研究の魅力：学術的意義の再検討」『ホビー白書　2013 年版』（一般社団法人日本ホビー協会）、9-15。

関口富左 (1980)『女子教育における裁縫の教育史的研究：江戸・明治両時代における裁縫教育を中心として』家政教育社。

田中陽子 (2004)「小学校裁縫科における洋裁教育推進の背景：大正後半期および昭和戦前期を中心にして」『日本家庭科教育学会誌』47 (1)、38-47。

吉本洋子 (2004a)「花開く洋裁学校」小泉和子編『洋裁の時代：日本人の衣服革命』OM 出版。

吉本洋子 (2004b)「女の自立を支えた洋裁」小泉和子編『洋裁の時代：日本人の衣服革命』OM 出版。

第5章

どのような条件下で都市施設は商業集積の魅力を高めるのか
小売吸引力モデルによる選択行動レベルの分析

5.1 はじめに

　我々は買物に行く際、純粋に商業施設の魅力だけを比較して、買物に行く場所を決めているだろうか。例えば、中心商業地に次の季節に着る服を買いに行く際、ついでに映画を見ることや、近くの美術館、市役所に立ち寄ることもあるだろう。買物の合間に、飲食施設を利用することや、ベンチで休憩をとることもあるだろう。主目的が買物か買物以外かに関わらず、商業施設と都市施設を併用することは日常よくあることである。我々は買物出向の際に、商業施設の魅力だけでなく、それに近接あるいは内在している都市施設の魅力も考慮して買物出向先を決めていると考えられるが（山中1986）、都市施設は常に商業施設及び商業集積[1]の魅力を高めるのであろうか。

　商業者や地方自治体にとって、上述した都市施設と商業施設・集積の関係を明確に理解することは重要である。「街づくり」が真剣に議論される時、商業と都市施設が俎上に載せられることが多い。それらの相互作用をどのように高めるかは、「街づくり」の成否を左右しかねない重大な課題であり、商業者、地方自治体にとって大きな関心事であろう。

　政策立案者にとっても、上述の関係を明確に理解することは重要である。コミュニティ・マート構想、特定商業集積整備法[2]（以下特集法）などの政策は、まさに商業集積と都市施設・都市の関係を重視した政策であると考えられる。特に、特集法は、その典型であろう。特集法により整備された集積は、

大型店と中小小売業者が1つの施設に入居し、更に商業基盤施設という都市施設も整備する高度型と、中小小売業者を中心とする商業地に商業基盤施設を整備する地域型があるが、どちらのタイプもホール、休憩所、研修所などの商業基盤施設の整備が必要となっている。このような商業と都市施設の関係を重視した政策は、商業集積の魅力を高めるために有効なのであろうか。政策立案、評価のために都市施設と商業集積の関係の理解は必要であろう。

しかし、こうした必要性の高まりとは裏腹に、都市施設と商業施設・集積の関係が理論的にも、実証的にも明確にされてきたとは言い難い。この点は次節で既存研究を批判的に検討し、詳しく言及する。

本研究の目的は、消費者の商業集積レベルの買物目的地選択に都市施設がどのように影響するのかについて理論的に検討し、導出した仮説を実証することである。既に、石淵（2011）は都市施設と商業集積の魅力の関係について態度レベルで実証研究を行っているが、石淵（2011）の研究と本研究は次の2点で異なる。第1に、本研究は、都市施設と商業集積の関係を行動レベル、すなわち都市施設が消費者の買物目的地選択行動にどのような影響を与えるのかを検証する点である。第2に、都市施設と商業集積の関係に影響する調整変数[3]に注目し、正の影響を及ぼす条件を特定する点である。上述2点を重視した分析により、都市施設の充実度評価が商業集積の魅力に必ずしも正の影響を及ぼさないこと、正の影響を与える場合もあるがそれには条件があることを明らかにする。

5.2節で既存研究を取り上げ、それらの成果と問題点を明らかにする[4]。5.3節で問題点の整理を通じて新たな仮説の構築を行い、仮説検証に使用するモデルとデータを紹介する。5.4節で仮説の検証結果を示し、5.5節でまとめと今後の課題を述べる。

5.2 既存研究

5.2.1 既存研究の類型

都市施設と商業施設・集積の魅力の関係を取り上げた研究は多い。学術研究として、商業集積に関する研究は山中（1986）や商業施設に関する研究と

して本藤 (2000) の研究などがある。また、自治体の調査報告書として、豊中市 (2000)、神戸市 (2012) などがあり、商工会議所の報告書として大阪商工会議所 (1992；1997) などがある。

既存研究の多くは、理論的に導出された仮説を検証する研究ではなく、都市施設の商業集積に対する正の外部性を期待して探索的分析を行った実証研究が多い。この典型的な研究は、5点尺度で測定した商業集積への好意度を従属変数、5点尺度で測定した都市施設の充実度を独立変数として回帰分析を行った研究である（例えば大阪商工会議所 1992）。このタイプの研究は、同様に測定した品揃えの幅、平均的な価格帯などのマーケティング変数も併せて独立変数として投入し、Stepwise 法でどの変数が全体的な好意度に影響しているかを検討することが多い。つまり、既存実証研究の多くは、都市施設の商業施設評価に対する影響をデータから探索的に検討している。

このような既存研究の現状を踏まえ、本研究では既存実証研究を整理するに当たり、その理論的枠組みではなく、探索的実証分析においてどのような従属変数と独立変数が用いられたかに注目する。表5-1 は、商業集積に関する従属変数の種類と都市施設に関する独立変数の種類によって、既存研究を分類したものである。タイプ1は、従属変数として商業集積への出向行動などの行動変数を用い、独立変数として都市施設に関する質的変数[5]（イメージなどの主観的変数）を用いた研究群である。タイプ2は、従属変数として商業集積への出向行動などの行動変数を用い、独立変数として都市施設に関す

表5-1 既存実証研究の分類

		都市施設に関する独立変数	
		質的変数 （イメージなど）	量的変数 （都市施設数など）
商業集積 に関する 従属変数	行動変数 （選択・頻度・滞在 時間など）	【タイプ1】 Nevin and Houston (1980)、山中 (1986)	【タイプ2】 山中 (1986)、木村他 (2008)
	心理的変数 （態度・好意度・ 賑わいなど）	【タイプ3】 Nevin and Houston (1980)、大阪商工会議所 (1997)、近藤 (1995)	【タイプ4】 内田 (2007)

出所：石淵 (2011)、254頁の表を一部修正し使用

る量的変数（施設数などの客観的変数）を用いた研究群である。タイプ3は、従属変数として商業集積に対する心理変数（好意度など）を用い、独立変数として都市施設の質的変数を用いた研究群であり、この研究群に属する研究は多い。タイプ4は、従属変数として商業集積に対する心理変数を用い、独立変数として都市施設の量的変数を用いた研究群である。以下、順に主要研究を概観し、成果を整理する。

5.2.2　都市施設が買物行動に与える影響：タイプ1,2研究

　タイプ1に属する研究として、Nevin and Houston（1980）の研究が挙げられる。彼らの研究は、商業集積への消費者の接近―回避行動に与える都市施設の影響を体系的に分析した先駆的な研究である。彼らの研究の貢献は、目的地選択モデルを用いて、都市施設と接近（頻度、意図、好意度）との関係が、都心部を対象にした分析において統計的に正の有意な関係があることを確認した点である。

　研究の詳細を説明する。彼らは、アメリカ・ウィスコンシン州で、郵送による世帯対象調査により827票の回答を得た。調査では、都心部1つとショッピング・センター（以下 SC）4つ、合計5つの目的地について、買物頻度、意図、好意度、集積イメージ（5点尺度による16項目）、愛顧店の有無が調査された。まず、集積イメージ項目を因子分析し、品揃え、設備、市場姿勢（Market posture）の3因子を抽出した。品揃え因子は、品質、商品の豊富さなどの項目と関わりが深いもの、設備因子は飲食・休憩施設の充実と関わりが深いもの、市場姿勢は一般的な価格水準、接客などと関わりが深いものである。彼らは、買物頻度、意図を従属変数、商業集積規模を旅行時間の自乗で割り5つの集積の比で表した相対吸引力、愛顧店の有無、集積イメージを独立変数として、集積別に回帰分析を行い、都心部及び1つのSCにおいて、都市施設と関係する設備因子と接近に統計的に有意な正の関係があることを示した。

　5点課題も挙げられる。第1に、分析に用いられた推定式は吸引力モデルに基づき理論的に導出されたものはなく、モデル構築と推定方法に問題がある点である（中西 1983）。第2に、接近と設備因子の正の線形の関係は、ど

第5章 どのような条件下で都市施設は商業集積の魅力を高めるのか 149

のようなメカニズムで生じているのか、理論的な説明がない点である。第3に、接近と設備因子の関係について、線形の関係の検討結果のみ示されており、非線形の関係について検討されたかどうか不明な点である。これは第2の問題点とも密接に関係しており、理論的に仮説を検討することなく、探索的に線形回帰分析を試みているため生じた課題である。第4に、分析対象商業集積の限定性である。都心部と郊外型SCのみが分析されているが、それらは都市の中心地体系の一部に過ぎない。中心地体系に含まれる商業集積全般に一般化することができるのか検討が必要であろう。第5に、設備因子に関して、SC内部の設備と、都心部の設備因子（都市施設）の両方が同列に扱われている点である。

タイプ2に属する研究として、山中（1986）の研究[7]が挙げられる。山中（1986）は消費者の商業集積選択データをMCI型固有魅力度モデル[8]（Nakanishi and Yamanaka 1980）による分析で推定した固有魅力度[9]を従属変数、都市施設[10]の数を独立変数として回帰分析を行い、金融サービス施設数などの都市施設と固有魅力度の関係を実証的に示した。以下、本研究と関係する部分に限り紹介する。山中（1986）は1979年に神戸市で行われた世帯主婦1800人対象の買物行動調査データを用いて、市内16の商業集積（うち1つは近くの店）の固有魅力度を推定した。この研究では、サンプル全体及び所得等の層別に、固有魅力度を従属変数、各商業集積に存在する都市施設数を独立変数とする重回帰分析が行われた。都市施設数は、(1) 文化宗教・集会施設、(2) 学校、(3) 福祉・保健医療施設、(4) 金融サービス業務施設、(5) 娯楽施設（映画館、ボーリング場のみ）、(6) その他施設（市役所、郵便局、電話局、警察署などの公的機関やそれに類する機関）の6つのカテゴリーで集計され、カテゴリー毎の施設数が独立変数として重回帰分析に用いられた。また山中（1986）は同時に、表5-1のタイプ1に属する研究も行った。山中（1986）は、サンプル全体及び所得等の層別に、固有魅力度を従属変数、都市施設カテゴリーの充実度を5段階評価で質問し[11]、その集積毎の項目合計の平均値を独立変数とした重回帰分析を行った。充実度の評価の際の都市施設のカテゴリーは (1) スポーツ施設、(2) 娯楽施設[12]、(3) 各種文化・趣味教室、(4) 公民館・図書館・貸しホール、(5) 銀行・ツーリストの5つである。

結論は2点に集約できる。第1に、都市施設数と固有魅力度の関係は自由度の不足もあり統計的に有意ではなかったが、固有魅力度は金融サービス施設数と正の関係、文化宗教・集会施設数と負の関係、娯楽施設数とはやや弱い負の関係があるという点である。金融サービス施設数との正の関係は、消費者が商業施設と金融機関を1回の買物出向で併用することだけが原因ではなく、集積内の商業施設の増加に伴い法人顧客を対象とした金融施設の必要性も高まるため疑似相関の可能性も考えられるが、この関係は施設の相互依存関係を考える上で大変興味深い。第2に、都市施設の充実度と固有魅力度の関係も統計的に有意ではなかったが、固有魅力度は各種文化・趣味教室、娯楽施設、休憩施設の充実度と正の関係、銀行・ツーリストの充実度と負の関係があるという点である。2つの結論には、特定施設に関して相反する点があるが、山中（1986）は、娯楽施設など施設分類基準が分析間で異なること、客観的条件（数）と主観的評価（充実度評価）は必ずしも一致しないことを理由として挙げている。

　3点課題も挙げられる。第1に、都市施設数や充実度評価を小売吸引力モデルに直接投入することによる検証の必要性である。山中（1986）は、目的地選択データ、規模、旅行時間データから商業集積の固有魅力度を推定し、その後固有魅力度と都市施設の関係を検討する2段階の分析アプローチを採用した。しかし、都市施設数や充実度評価を吸引力モデルの魅力度要因として直接投入する1段階のアプローチも可能である。多重共線性の問題が生じなければ、直接投入により、自由度の不足も解決できる上、規模、旅行時間が一定の下での偏回帰係数を確認することもできる。第2に、Nevin and Houston（1980）同様、線形の関係の分析結果のみ示されており、非線形の関係について検討されたかどうか不明な点である。第3に、メカニズムの理論的説明である。第2の点にも関係することであるが、金融サービス数が商業集積の固有魅力度と正の関係にある場合、その背景にはどのようなメカニズムがあるのか、何故線形の単調増加の関係になるのか、理論的な説明が必要であろう。

第 5 章　どのような条件下で都市施設は商業集積の魅力を高めるのか　151

5.2.3　都市施設が心理的評価に与える影響：タイプ 3, 4 研究

　タイプ 3 に属する研究として、近藤（1995）の研究が挙げられる。近藤（1995）は、商業集積の都市施設[13]イメージと全体的好意度の間に、正の線形関係があることを回帰分析により明らかにしている。分析に用いたデータは、1993 年に岡山市を中心に行われた調査データ（標本数 752）である。調査では、質問票により岡山市の主要 2 集積（表町、駅前）について都市施設充実度やその他のイメージ項目を含む 22 項目の集積イメージと全体的好意度を 5 点 Likert 尺度で測定した。分析では、最初に集積イメージのデータを因子分析し、商業施設因子と付帯施設因子（スポーツ施設の充実、休憩施設の充実、お手洗い数の充実などの項目と関係）を抽出した。後者の因子は都市施設の充実度に関する因子と考えられる。これらの因子得点を独立変数、集積に対する好意度を従属変数として、段階的回帰分析を行った。その結果、2 商業集積のどちらにおいても、付帯施設と全体的好意度が正の線形関係にあることを明らかにした。

　しかし、3 点課題も挙げられる。第 1 に、Nevin and Houston（1980）、山中（1986）同様、線形の重回帰分析の結果のみが紹介されており、非線形の関係が検討されているかどうかは不明である。第 2 に、どのようなメカニズムで正の線形関係が生じているのか、理論的な説明がない点である。第 3 に、中心地体系の最上位に位置する 2 集積のみの分析であり、都市の中心地体系全体における都市施設と商業施設の関係を分析するには不十分である点である。タイプ 3 に属する研究としては、他にも大阪商工会議所（1997）などが挙げられ、このタイプの研究は比較的多い。研究の蓄積は多いものの、上述した 3 点の課題は共通していることが多い。

　タイプ 4 に属する研究として、内田（2007）の研究が挙げられる。内田（2007）は、実証研究より、ホール、体育館・野球場などの都市施設が集積エリアの賑わい評価に影響していることを明らかにした。分析に用いたデータは、全国 51 都市の中心地（半径 1km の賑わいエリア）に関する賑わい評価、都市施設の有無のデータである。賑わい評価とは、商業集積の機能、景観、それにオフィス地区の景観の総合評価である。具体的には、各中心市街地の「買い物・食事」の 5 段階評価点に、商業地区の景観の 5 点評価を 2.5 点満点に

変換した点数、業務地区の景観の5点評価を2.5点満点に変換した点数を合計し、10点満点の合成得点を賑わい評価点としている[14]。

この賑わい評価を外的基準（従属変数）、都市施設の有無をアイテム（独立変数）として数量化II類による分析を行った。分析の結果、百貨店・モールなどの商業施設の有無以外では、ホール、体育館・野球場、JR以外の駅（私鉄・地下鉄など）、海・湖の有無の影響が大きいことを明らかにした。本研究との関係で特に重要な点は、都市施設としてのホール、体育館・野球場などの施設が賑わい評価と関係していることを示した点である。

3点課題も挙げられる。第1に、他の既存研究同様、線形関係の結果のみ示されており、非線形の関係についての検討の有無が不明な点である。第2に、メカニズムの理論的な説明がない点である。第3に、分析対象の限定性である。最高路線価をもとに同定された51集積は、中心地体系において上位に位置する集積である可能性が高い。中心地体系全体でこのような結論がでるのか不明である。

5.3 仮説とデータ概要

5.3.1 問題意識と仮説

都市施設と商業集積の関係に関する既存実証研究の成果は以下4点に要約される。

①飲食施設と休憩施設の充実度は、商業集積の魅力と正の線形関係がある［Nevin and Houston 1980；山中1986（休憩施設のみ）；近藤1995；大阪商工会議所1997］。
②文化施設や娯楽施設（映画館・ボーリング場以外も含めた広義の娯楽施設）の充実度は、商業集積の魅力と正の線形関係がある可能性が高い（山中1986）。
③金融施設については一貫した結果が得られていない。施設数を用いた場合は、商業集積の魅力と正の関係、充実度評価を用いた場合には負の関係が示されている（山中1986）。

第 5 章　どのような条件下で都市施設は商業集積の魅力を高めるのか　　153

④ホール、体育館・野球場などの集会施設に関して、一貫した結果が得られていない［山中（1986）では集会施設数、公民館・図書館・貸ホールの充実度は商業集積の魅力と負の関係（統計的に有意ではない）、内田（2007）では集会施設数と正の関係］。

　統計的に有意であり、複数の研究が支持しているのは①の飲食施設・休憩施設の充実度である。消費者は中心商業地での買回り品の買物時に、商業施設とこれらの施設を併用することが多いため、これら施設の充実度と商業集積の魅力の間に比較的安定した正の関係が生じると考えられる。また、山中（1986）の研究では自由度の不足で統計的に有意ではなかったが、②の文化施設や娯楽施設の充実度も、買回り品の買物時における併用の結果、商業集積の魅力と正の関係が推測される。
　一方、既存実証研究に共通する課題は、以下 3 点に要約できる。

①既存研究では、実証分析に先立ち、なぜ特定の都市施設（娯楽施設など）と商業施設の魅力が正の線形関係を持つのか、そのメカニズムについて理論的な検討がなされておらず、理論的に仮説が導出されていない。
②既存研究では、回帰分析などにより線形関係の分析結果のみが提示されているが、非線形モデルとの適合度の比較により、線形関係の妥当性が示されていない。
③一部の研究を除き（山中 1986；大阪商工会議所 1997）、多くの既存研究は都市の中心地体系の上位に位置する商業集積のみを分析対象として取り上げ、特定の都市施設と商業集積の魅力の間に正の線形関係があることを主張している。しかしこの結果が、中心地体系に属する集積全般に一般化できるものか否か不明である。

　上記 3 点の課題が複合し偏向した特定の結論が導かれている可能性が高いと考えられるが、本質的な問題は、都市施設と商業集積の関係を理論的に検討し、仮説を導出できていないこと（課題①）である。理論的な検討を行った研究は少ないが、石原（2006）は都市施設と商業施設の関係について本来

的な矛盾を指摘している。[15] 石原（2006）によれば、都市は多様な施設を持つことによって多様な目的をもつ人々を集客することができる。中でも小売業は賑わいを作り出す中心的存在で都市に欠くことができない施設である。商業施設は元々コミュニティ施設としての側面も持つが、その側面を取り除き、効率的に買物ができる施設へと純化したスーパーや郊外型 SC が、現実の商業の中で大きな割合を占める今、商業施設が求める効率性と都市が求める多様性は矛盾する。「都市が多様性を求めるのに対して、都市の重要な構成要素としての商業施設は、買い物という目的に照らせば多様性を否定し、むしろ計画的に統一された秩序を求める。明らかにこれは１つの矛盾である」（石原 2006、125 頁）という石原（2006）の言明は、まさに都市施設と商業施設の本来的な矛盾を指摘しており、都市施設と商業集積の魅力はむしろ負の関係にある可能性を指摘していると考えられる。

　既存の実証研究の成果と石原（2006）の議論は、一見相反するように見えるが、消費者行動研究の一分野である買物動機研究の知見を用いて、統一的に整理することができる。買物動機研究において、消費者は多様な動機を持つことが分かっているが（Tauber 1972）、買物動機は大きく、効率重視の買物動機と楽しさ追求の買物動機に二分されることが分かっている（この二分法の妥当性は Westbrook and Black 1985；石淵 2002 を参照）。更に、石淵（2002；2006）は、飲食料品など最寄り品の購入時には効率的な買物動機が高いこと、衣類品などの買回り品の購入時には楽しさ追求の買物動機が高いこと[16]を明らかにしている。つまり、主たる購入品目が日常の飲食料品のような効率的な買物動機が強い買物出向においては、商業施設の中に多様な都市施設が混在することは、消費者の買物効率の低下を招き、その商業集積の魅力を押し下げるだろう。その結果、集積に対する態度が下がり、その集積を買物場所として選択する確率も低下するであろう。逆に、主たる購入品目が衣類品であるような楽しさ追求の動機をもつ買物出向においては、商業施設の中に多様な都市施設が混在することは、楽しさ追求の動機の充足に貢献し、その商業集積の魅力を増加させるだろう。その結果、集積に対する態度が高まり、その集積を買物場所として選択する確率も増大すると考えられる。以上の検討から、次の２つの仮説が導出される。

第5章　どのような条件下で都市施設は商業集積の魅力を高めるのか　155

仮説1：最寄り品の買物目的地選択において、都市施設の充実度は商業集積の選択に負の影響がある。

仮説2：買回り品の買物目的地選択において、都市施設の充実度は商業集積の選択に正の影響がある。

5.3.2　構成概念

仮説検証を行う前に、仮説に含まれる構成概念について明確にしておく。

都市施設

本研究における「都市施設」の概念を明確にしておく。第1に、都市施設はどのような施設を指しているのかについて述べておく。「都市施設」の一般的な定義はないが、本研究では、飲食施設、休憩場所、レジャー施設、イベントや文化的催しに関する施設を都市施設として考える。これらの施設は、既存研究で商業集積の魅力とのプラスの線形関係が指摘されており (Nevin and Houston 1980；中 1986；近藤 1995；大阪商工会議所1997)、前項の議論から関係の背後にあるメカニズムも理解できる。そこで既存研究との継続性、関係の論理の明確さを重視し、本研究では都市施設をこれらの施設に限定し商業集積との関係を再検討する。商業施設自体も都市に集客をもたらす都市施設であると考えられるが（石原・石井1995)、ここでは商業施設への外部性を検討することが目的であるため、商業施設は含めない。また類義語として、「非商業施設」（山中 1986)、「付帯施設」（近藤 1995)、「商業基盤施設」（通商産業省商業集積推進室1991）があるが、本研究では都市施設という用語を用いる。また本研究の「都市施設」は都市計画法でいう「都市施設」とも異なり、より狭い定義を行っている。

第2に、「都市施設」の測定に関して述べておく。都市施設を主観的な「充実度」で捉えるべきか、客観的な「数」で捉えるべきかに関して、既存研究では一致した見解はないが、本研究では質的評価である充実度で捉える。確かに、数による測定は施設カテゴリーの定義さえ明確であればある程度客観性を有しており、魅力的である。しかし、消費者は通常客観的特性を主観的

属性に変換した評価を意思決定に用いていると考えられる（中西1984）。この過程で、消費者は数が多いことを充実していると評価するとは限らない。消費者の買物出向先の意思決定における都市施設の影響をよりよく理解するため、本研究では消費者の主観的評価である「充実度」を用いる。

商業集積

本研究では「商業集積」を一定の地理的範囲に集まった商業施設群を指すものとして用いる。本稿で用いる「商業集積」という用語に都市施設は含まれない。都市施設を含めるか否かに関して明確な規定及び一致した見解はない。例えば、特定商業集積整備法では「消費者の経済活動に密接した事業者である相当数の小売業者、サービス業者等が営業活動を行っている場所」（通商産業省商業集積推進室1991、29頁）と規定されている。また、商業統計における立地環境特性の区分のうちの「商業集積地区」とは「概ね一つの商店街を一つの商業集積地区とする。一つの商店街とは、小売店、飲食店及びサービス業が近接して30店舗以上あるもの」であるとされている。これらの定義に共通していることは、地理的連続性と商業機能の集積度である。データの項で述べる商業集積の同定作業の際には、この2点を重視しメッシュデータを編集する。

5.3.3 モデル

仮説検証のために、小売吸引力モデルの吸引力（DPij）の規定が異なる3つのモデルを品目別に分析を行い、適合度を比較する。仮説1を検証するため買回り品として婦人外出着の買物出向データを下記3モデルで分析し、仮説2を検証するため最寄り品として飲食料品の買物出向データを下記3モデルで分析する。

$$\pi_{ij} = \frac{DP_{ij}}{\sum_{j=1}^{J} DP_{ij}}$$

［モデル1］　　$DP_{ij} = S_j^\mu T_{ij}^\lambda$　　　　　　$\cdots$ (1)

第5章 どのような条件下で都市施設は商業集積の魅力を高めるのか　　157

[モデル2]　　　$DP_{ij} = S_j^\mu T_{ij}^\lambda \exp(\beta I_j)$ 　　　　　　　…（2）

[モデル3]　　　$DP_{ij} = S_j^\mu T_{ij}^\lambda \exp(\beta_1 I_j + \beta_2 I_j^2)$ 　　　…（3）

$i=$ 消費者の居住地（i=1,2,…24）

$j=$ 商業集積(1991年買回り品データではj=1,2,…,13；1991年最寄り品データではj=1,2,…,14；1996年データではj=1,2,…,7)

$\pi_{ij}=$ 起点 i の消費者が目的地 j を選択する確率

$DP_{ij}=$ 起点 i の消費者が目的地 j に吸引される程度

$S_j=$ 目的地 j の売場面積

$T_{ij}=$ 起点 i から目的地 j までの旅行時間

$I_j=$ 目的地 j の都市施設充実度

$\mu=$ 規模の影響度のパラメター

$\lambda=$ 距離抵抗の影響度のパラメター

$\beta=$ モデル2における都市施設充実度の1次の項の影響度パラメター

$\beta_1=$ モデル3における都市施設充実度の1次の項の影響度パラメター

$\beta_2=$ モデル3における都市施設充実度の2次の項の影響度パラメター

　モデル1は、山中（1968）の修正ハフモデルである。このモデルは比較のためのモデルであり、このモデルの適合度が最も高いなら都市施設充実度は目的地選択行動に影響していないと考えられる。

　モデル2は、都市施設充実度を指数関数の形で[17]MCI型[18]の小売吸引力モデルに組み込んだモデルである。このモデルの適合度が最も高い場合、品目別にどのようなβの推定値かにより仮説の採否が変わる点に留意が必要である。買回り品については$\beta>0$の場合、仮説2は支持され、最寄り品の場合、$\beta<0$の場合、仮説1は支持される。$\beta>0$の場合、都市施設充実度の効果は逓増し、$\beta<0$の場合、都市施設充実度の効果は逓減する点にも注意が必要である。

　モデル3は、モデル2に都市施設充実度の2次の項を指数関数の形で組み込んだモデルである。石淵（2011）及び5.2節でも言及した通り、既存研究は探索的な研究が多く、線形の関係のみ検討されることが多かった。導出さ

れた仮説は、2次の関係を示唆していないが、比較モデルとして非線形の2次のモデルも分析に含める。

他の代替モデルについて述べておく。上記モデル以外に、都市施設充実度をべき数関数として修正ハフモデルに組み込んだ完全なMCIモデルも考えられる。確かにMCIモデルのべき数関数は指数関数型モデルよりも多様な効果を考慮できる利点がある（中西1983、122頁）。しかし、MCIモデルの独立変数の変域は正数でなければならない。後述するが、本研究では都市施設充実度の変域が負の値も含むため、都市施設充実度をべき数関数として組み込む完全なMCIモデルは代替モデルとして分析に含めない。しかし、中西（1983、196頁）はMCIモデルとMNL（多項ロジット）モデルには実証研究レベルで適合度に大きな違いがないことを明らかにしており、本研究においてもモデル2と完全なMCIモデルに大きな適合度の差はないことは容易に想像できる。[19]

パラメーターの推定には最尤推定法を用いる。尤度関数の導出についてはHaines（1972）を参照されたい。用いる尤度関数は次の式（4）である。[20]

$$\ln L = \sum_i \sum_j c_{ij} \cdot \ln DP_{ij} \qquad (4)$$

C_{ij} = 起点 i に居住する消費者目的地 j を選択した人数
DP_{ij} = 起点 i の消費者が目的地 j に吸引される程度

分析では、年度別2品目別に3つのモデルで分析を行い、情報量基準に基づきモデルの適合度比較を行う。その上で、採択モデルに基づきパラメーター推定値を解釈し、仮説の採否を検討する。

5.3.4　データ

仮説検証のため、本研究では①買物行動調査データ、②商業統計メッシュデータ、③旅行時間データを分析に用いる。以下順に説明する。

① 買物行動調査データ

買物行動調査データとして、大阪商工会議所が1996年6月中旬、及び1991年6月中旬に大阪都市圏において行った2時点の買物行動調査[21]の結果を用いる。本研究では、これらの調査で得られた品目別の買物目的地選択データと、商業集積の都市施設充実度評価データを使用する。

目的地選択データは、品目毎の「最近よく購入する商業集積」の選択データ（1品目につき1か所を選択）を起点単位で集計したデータを使用する。品目は、入手できた婦人外出着（1991年、1996年両方）、飲食料品（1991年のみ）を使用する。飲食料品は典型的な最寄り品であり、仮説1の検証のため1991年のデータを使用する。婦人外出着は典型的な買回り品であり、仮説2の検証のため2年度分を使用する。元データは大阪都市圏全域の起点調査により得られたデータであるが、本研究では大阪市内24起点（区単位）のデータを分析に用いる。これは、選択率が公表されている買物目的地が1996年は大阪市内主要7商業集積（梅田、北浜・天満橋、京橋、心斎橋、なんば、上六・鶴橋、天王寺・あべの）、1991年は13商業集積（上記7つに加え、千林・今市、駒川、九条、野田、天神橋筋、十三）に限られており、大阪市外居住者の買物目的地の把握率が低いためである。このため、買物出向先の把握率を重視し、市内起点のみ分析に用いる。また、1991年の飲食料品の分析では、13商業集積に加え「市内その他」も目的地に加える。これは、飲食料品の買物の場合、最寄りの店舗を選ぶ傾向が強く13集積だけでは把握できないためである。

都市施設充実度評価データは、「良いレストランや飲食店が揃っている」「落ち着いて休める場所が多い」「レジャー施設が充実している」「イベントや文化的催し物が充実している」の4項目の5点Likert尺度により測定したものを使用する（2年度共通）。ただし、本研究では個人の回答データが入手できなかったため、1991年については大阪都市圏の36商業集積（上述13商業集積を含む）についての回答者の平均値データ、1996年については大阪都市圏の43商業集積（上述7商業集積を含む）の平均値データを分析に用いる[22]。以下の分析では、2時点の上述4項目のデータに対し多母集団の確認的因子分析を行い、集積毎の因子得点を都市施設充実度の評価値として用

いる。

②商業統計メッシュデータ

　1991年、1997年の1km×1kmの商業統計メッシュデータ（日本測地系）から、各商業集積の品目別売場面積を計算した。商業集積の同定については、5.3.2で述べた通り地理的連続性と商業機能の集積度を考慮し、1991年の大阪市内主要13商業集積、1996年の大阪市内主要7商業集積のメッシュコードを特定した。1991年は買物行動調査と商業統計調査の両方が行われ時期が一致しているが、1996年の買物調査に対応する商業統計データはないため直近データである1997年商業統計データを用いる。1年のずれがあるが、このずれを調整するため市販の年鑑[23]から大型店の情報を収集し、出来る限り1996年の情報に近似させ、使用した。

　品目別売場面積は、買物品目に対応する産業中分類の売場面積を使用した。具体的には、婦人外出着の売場面積として「55織物・衣服・身の回り品小売業」の売場面積、飲食料品の売場面積として「56飲食料品小売業」の売場面積を用いた。しかし、この産業中分類の売場面積には、大型店の婦人服、飲食料品の売場面積は含まれていない。実態に近付けるためメッシュ内の大型店を特定し、簡便法[24]で計算された大型店の品目別売場面積を当該メッシュの産業中分類に基づく品目別売場面積と合算し、使用した。また、1991年の飲食料品の「市内その他」の売場面積は、起点の24区毎に1km^{2}の平均飲食料品売場面積を計算し使用した。更に、各商業集積の特性を掴むため、各商業集積の最寄り品業種・買回り品業種・各種商品小売業の商店数比率[25]も計算した。

③旅行時間データ

　『鉄道要覧』を基に当時の交通体系を考慮して、消費者の居住地（起点）から商業集積（目的地）までの公共交通機関を利用した最短旅行時間[26]を計算した。旅行時間には、起点から最寄り駅・バス停までの徒歩時間、乗り換え・待ち時間も含まれている。徒歩時間は、起点中心から最寄りの公共交通機関の駅・バス停までの最短の道路の距離をマップメーターで測定し、1km=15

第5章 どのような条件下で都市施設は商業集積の魅力を高めるのか　161

分で換算し使用した。公共交通機関の所要時間は、主婦サンプルであることを考慮し、平日午後を基準に計算した。

5.4 分析結果

5.4.1 都市施設充実度の測定

本研究では、消費者が調査票で回答した都市施設評価を都市施設充実度として用いる。具体的には、2時点の商業集積毎の4項目の平均値データに対して、多母集団の確認的因子分析を行い、計算された因子得点を都市施設充実度の測定値とした。

都市施設充実度の測定に多母集団の確認的因子分析を用いることは、仮説検証の正確さを高める。他の測定方法として4項目の合計尺度得点を用いる方法も考えられるが、この方法による得点は誤差（都市施設充実度以外の要因が個々の項目の回答に及ぼした影響）を含んでいる。そのため、尺度得点は選択行動や好意度との関係を分析する際に、その影響度を希薄化する可能性が高く、確認的因子分析を用いることが望ましいことが指摘されている（狩野2002、149-50頁）。また、2時点で同一の因子構造が成立しているかどうかを確かめた上で、都市施設充実度の測定ができる分析手法が望ましい。そのため、本研究では2時点のデータに対し多母集団の確認的因子分析を行い、誤差を排除した因子得点を都市施設充実度として用いる。

分析の結果、2時点で同一の因子構造が成立しており、同一の構成概念として都市施設充実度が測定できることが確認できた。表5-2は、2時点のデータに対して、2つのモデルで多母集団の確認的因子分析を行い、モデル適合度をまとめた表である。配置不変モデルは、4観測変数1因子の配置構造が2時点で同一であるが、推定する未知パラメター（測定方程式の因子負荷量3つ（4つのうち1つは1に固定）、誤差分散4つ、因子分散1つ）は2時点

表5-2　多母集団の確認的因子分析のモデル適合度

	χ^2	自由度	有意水準	GFI	AGFI	RMSEA	AIC	BCC
配置不変モデル	7.97	4	0.09	0.96	0.78	0.11	39.97	44.81
測定不変モデル	11.27	7	0.13	0.94	0.83	0.09	37.63	41.20

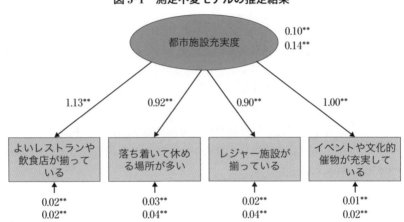

図 5-1 測定不変モデルの推定結果

**p<.01
因子の分散・誤差の分散の上段は 1991 年、下段は 1996 年を表す。
因子負荷量は 1991 年、1996 年共通であり、非標準化係数を表す。

間で異質であることを仮定するモデルである。これに対し、測定不変モデルは 4 観測変数 1 因子の配置構造が 2 時点で同一であることに加え、因子負荷量 3 つが 2 時点で同一であることを仮定するモデルである（他の未知パラメーターは異質）。2 つのモデルの尤度比検定は統計的に有意ではなかったが、GFI, AGFI, RMSEA の全てで測定不変モデルが支持され、AIC, BCC の情報量基準でも測定不変モデルが支持された。以上の結果から測定不変モデルを採択した。

測定不変モデルのパラメーター推定結果から、都市施設充実度は特定の都市施設評価項目を極端に重視したものではなく、都市施設に関する総合的な潜在変数であることが分かる。図 5-1 は、測定不変モデルのパラメーター推定値のまとめである。因子負荷量は、1.13 〜 0.90 の間にあり、推定された都市施設充実度は特定の都市施設評価に強く影響するものではなく、総合的な指標であることが伺える。本研究ではこの測定不変モデルに基づき、因子得点を計算し都市施設充実度の評価値として、使用した。

5.4.2 買物目的地選択と都市施設充実度

仮説1の検証

仮説1を検証するために、典型的な最寄り品と考えられる飲食料品データを3つのモデルで分析を行った。表5-3は1991年の最尤推定法によるモデルの適合度とパラメターの推定結果である。適合度の比較から、モデル2が最も適合度が高い。AIC, CAIC, SBICのいずれの情報量基準で比較を行っても、モデル2の都市施設充実度を指数関数型で組み込んだモデルの適合度が高いことが示された。

モデル2に基づきパラメター推定値の解釈を行う。規模のパラメター μ は 0.29 と小さい値だが、飲食料品では0に近い値が示されることが多く（中西 1983）、既存研究の結果と矛盾しない。距離抵抗のパラメター λ は -2.41 とやや小さい（絶対値は大きい）値が示されているが、飲食料品の目的地選択はで距離を重視することが多いため、衣類品などと比べ小さい値が示されることが多く、既存研究と矛盾しない。β の推定値は、-1.49と負の値であった。5.3で述べた通り、$\beta < 0$ の場合、都市施設充実度は吸引力に負の影響を及ぼし、その負の効果は逓減する。この結果は、仮説1を支持しており、都市施設の充実は、飲食料品を購入しようとしている消費者の買物効率を低下させ商業集積の吸引力を下げると考えられる。つまり、最寄り品の購入において、都市施設は商業集積の魅力に対して負の外部性を与えることが示された。

表5-3　1991年飲食料品の分析結果

	Model 1 修正ハフ MCI 型	Model2 修正ハフ＋都市施設 指数型1次	Model3 修正ハフ＋都市施設 指数型2次
品目規模（μ）	-0.29	0.29	0.27
距離抵抗（λ）	-2.13	-2.41	-2.41
都市施設因子（β in Model2, β_1 in Model3）	-	-1.49	-1.57
都市施設因子自乗（β_2）	-	-	0.52
最大対数尤度	-8136.80	-7986.28	-7985.60
AIC	16277.60	15978.56	15979.20
CAIC	16277.63	15978.63	15979.32
SBIC	16285.23	15990.01	15994.47

表 5-4　1991 年婦人服の分析結果

	Model 1 修正ハフ MCI 型	Model2 修正ハフ＋都市施設 指数型 1 次	Model3 修正ハフ＋都市施設 指数型 2 次
品目規模（μ）	0.89	0.95	0.95
距離抵抗（λ）	-2.81	-2.83	-2.83
都市施設因子（β in Model2, β_1 in Model3)	-	-0.24	-0.45
都市施設因子自乗（β_2)	-	-	0.70
最大対数尤度	-8603.03	-8598.97	-8595.94
AIC	17210.05	17203.94	17199.89
CAIC	17210.09	17204.02	17200.02
SBIC	17217.54	17215.17	17214.86

仮説 2 の検証

　仮説 2 の検証のため、典型的な買回り品と考えられる婦人服データを 3 つのモデルで分析し、適合度の比較を行う。表 5-4 は 1991 年のモデル適合度と推定結果である。3 つのモデルを比較すると、全ての情報量基準でモデル 3 の都市施設充実度の 1 次、2 次の項を指数関数型で組み込んだモデルの適合度が高く、モデル 3 を採用する。

　モデル 3 に基づきパラメーター推定値の解釈を行う。規模のパラメーター μ は 0.95 と飲食料品に比べ大きな値であるが、婦人服の購入時に、消費者は品揃えの幅や売場面積をより重視することは経験とも、既存研究とも矛盾しない。距離抵抗のパラメーター λ は-2.83 とやや小さい（絶対値は大きい）値であった。飲食料品の λ の推定値よりも小さい点は気になるが、大都市圏では買回り品においても小さな推定値が得られることが多く（石淵 2014）、大きな異常ではないと考えられる。仮説 1 の検証に関わる β_1 の推定値は -0.45、β_2 は 0.70 であった。この結果は、都市施設の充実度を横軸、吸引力を縦軸にとった場合、U 字型の関係があることを示している。極値より右側では仮説 2 は支持されたが、左側では仮説と逆の結果であり、仮説 2 は部分的に支持された。

　違う時点の分析はどうであろうか。表 5-5 は 1996 年の婦人服に関する 3 つのモデルの適合と推定結果である。やはり 1991 年と同様、AIC, CAIC,

第5章 どのような条件下で都市施設は商業集積の魅力を高めるのか　165

表5-5　1996年婦人服の分析結果

	Model 1 修正ハフMCI型	Model2 修正ハフ＋都市施設 指数型1次	Model3 修正ハフ＋都市施設 指数型2次
品目規模（μ）	0.83	1.07	1.00
距離抵抗（λ）	-2.97	-3.04	-2.86
都市施設因子（β in Model2, β_1 in Model3）	-	-0.97	-4.68
都市施設因子自乗（β_2）	-	-	9.21
最大対数尤度	-5410.87	-5396.86	-5305.09
AIC	10825.73	10799.73	10618.17
CAIC	10825.80	10799.87	10618.42
SBIC	10831.98	10809.10	10630.67

SBICのいずれの情報量基準で比較を行っても、都市施設充実度の1次、2次の項を指数関数型でモデルに組み込んだモデル3が最も適合度が高い。更に、μ、λの値も1991年とほぼ同じ値である上、β_1の推定値は負の値、β_2は正の値であり、U字型の関係があることが示された。1991年の結果とほぼ同等の結果が得られ、仮説2は部分的に支持されるに留まった。

5.4.3　買回り品購入時に、なぜ負の外部性は発生するのか

仮説2は何故一部支持されなかったのであろうか。本研究では、都市施設充実度の充実度が買物目的地の選択に影響する際に、商業集積の業種構成特性（最寄り品業種商店数比率の高低）が調整変数として働くが、先の分析ではその点を考慮していなかったためであると考える。このように考える理由は以下2つである。

第1の理由は、集積の業種特性による買物の時間的、精神的労力の差である。最寄り品業種商店数比率が高く、買回り業種商店数比率がやや低い商業集積で買回り品の買物を行う場合、買回り品業種商店数比率が高い商業集積で買回り品の買物を行う場合よりも、消費者が比較購買できる店舗数、商品数が限定されるため、買物時間は短く、精神的労力も少ないと考えられる。そのため、最寄り品業種商店数比率が高い商業集積で買回り品の買物を行う際、消費者は休憩や飲食、気分転換を図る必要が少なく、都市施設を利用す

る必要性を感じる機会は少ないと考えられる。逆に、買回り品業種商店数比率が高い商業集積で買回り品の買物を行う場合、比較購買できる店舗数、商品数が多いため、消費者は選択に時間と精神的労力を要し、都市施設の併用に魅力を感じる可能性が高いと考えられる。

第2の理由は、場とスキーマの関係である。消費者は、最寄り品業種商店数比率が高い商業集積を、主に飲食料品などの日常的な買い物を行う場として認識し、日常的に利用している可能性が高い。そのような買物空間において、消費者は常に買物効率を重視するスキーマを起動させ買物行動を行う可能性が高く、たまに買回り品である外出着の買い物をする際であっても買物効率を重視した買物行動を行うと考えられ、その場合、都市施設は買物効率性を下げるものと認識されると考えられる。

以上2つの理由から、仮説2を次のように修正する。

仮説2': 買回り品の買物目的地選択において、最寄り品業種商店数比率が低く、買回り品業種商店数比率が高い商業集積では都市施設の充実度は商業集積の選択に正の影響がある。

表5-6は、1991年の商業統計データより計算した13商業集積の業種別商

表5-6　1991年商業統計による業種別の商店数比率

集積名	小売業計商店数	最寄り品業種商店数比率	買回り品業種商店数比率	各種商品小売業商店数比率
梅田	2908	0.2562	0.7197	0.0028
北浜・天満橋	631	0.3106	0.6450	0.0048
京橋	777	0.4093	0.5521	0.0039
心斎橋	1590	0.1780	0.7881	0.0031
なんば	1973	0.2701	0.7086	0.0010
上六・鶴橋	1032	0.3643	0.6095	0.0010
天王寺・あべの	822	0.3358	0.6375	0.0049
千林・今市	719	0.4159	0.5675	0.0014
駒川	907	0.4311	0.5546	0.0011
九条	664	0.4714	0.4593	0.0000
野田	828	0.4601	0.4771	0.0000
天神橋筋	950	0.3537	0.6105	0.0000
十三	546	0.4176	0.5458	0.0055

第5章 どのような条件下で都市施設は商業集積の魅力を高めるのか　167

表5-7　1997年商業統計による業種別の商店数比率（1996年データとして代用）

集積名	小売業計商店数	最寄り品業種商店数比率	買回り品業種商店数比率	各種商品小売業商店数比率
梅田	2673	0.2649	0.7146	0.0022
北浜・天満橋	601	0.3045	0.6523	0.0083
京橋	644	0.3634	0.5885	0.0047
心斎橋	1583	0.1649	0.8111	0.0013
なんば	1733	0.2643	0.7098	0.0012
上六・鶴橋	927	0.3743	0.5944	0.0022
天王寺・あべの	892	0.2814	0.6962	0.0034

表5-8　1991年の3集積のみの分析結果

	Model 1 修正ハフMCI型	Model2 修正ハフ＋都市施設指数型1次	Model3 修正ハフ＋都市施設指数型2次
品目規模（μ）	2.14	1.97	1.75
距離抵抗（λ）	-2.70	-2.48	-2.48
都市施設因子（β in Model2, β_1 in Model3)	–	1.33	25.08
都市施設因子自乗（β_2）	–	–	-27.49
最大対数尤度	-2593.17	-2580.94	-2580.94
AIC	5190.34	5167.87	5169.87
CAIC	5190.45	5168.08	5170.22
SBIC	5195.92	5176.24	5181.02

店数比率、表5-7は、1997年の7商業集積の業種別商店数比率である。最寄り品業種比率の高低を分ける基準を何％とするか客観的に決めることは難しいが、2つの表の観察より大阪都市圏で中心商業地と目される商業地とそれ以外を区別できる基準として最寄り品業種比率30％を基準とし、最寄り品業種比率の高い群と低い群に分ける。この基準に基づけば、最寄り品業種比率の低い群は、1991年は梅田、心斎橋、なんばの3商業集積、1996年は梅田、心斎橋、なんば、天王寺・あべのの4商業集積から構成される。

表5-8は、1991年データから最寄り品業種商店数比率30％以上の10商業集積を除き、3集積のみで再分析した結果である。3つのモデルの適合度をみると、モデル2がいずれの情報量基準で比較しても適合度が高いことが分かる。AIC、CAICではモデル2,3に大きな差はないが、SBICでは自由

表 5-9　1996 年の 4 集積のみの分析結果

	Model 1 修正ハフ MCI 型	Model2 修正ハフ＋都市施設 指数型 1 次	Model3 修正ハフ＋都市施設 指数型 2 次
品目規模（μ）	1.36	1.20	-0.20
距離抵抗（λ）	-2.81	-2.66	-2.76
都市施設因子（β in Model2, β_1 in Model3）	–	1.95	-142.52
都市施設因子自乗（β_2）	–	–	176.76
最大対数尤度	-3360.46	-3347.45	-3297.44
AIC	6724.92	6700.90	6602.87
CAIC	6725.02	6701.10	6603.22
SBIC	6730.49	6709.26	6614.02

度の差もありやや大きな差がある。この結果から、都市施設充実度の1次の項を指数関数型で組み込んだモデル2が採択された。

モデル2のμとλの推定値に関して、全集積の分析結果に比べμの値がやや高くなっているが、売場面積の大きい中心商業地のみが分析対象であるため、当然の結果と言える。λの値にほとんど変化がない。しかし都市施設充実度パラメターβは1.33と正の大きな値となり、逓増効果も認められる。都市施設の充実は、買回り品の購入のために中心商業地に出向する際に、商業集積の魅力をより高めることが確認された。この結果は、買物動機に加え、商業集積の業種構成も考慮した仮説2'を支持している。

表5-9は、1996年データから最寄り品業種商店数比率30%以上の3商業集積を除き、4集積のみで再分析した結果である。3つのモデルの適合度を比較すると、全ての情報量基準でモデル3の適合度が高く、モデル3が採択された。

モデル3のλの推定値は、全商業集積のモデル3の推定値（表5-5）と比べ大きな違いはないが、μは大きな違いが生じている。買回り品においてμが-0.2というのはかなり小さな値である。都市施設充実度のパラメターβ_1は-142.52、β_2は176.76と表5-5の結果と同様にU字型の関係にあることが示され、仮説2'は一部支持されるに留まった。婦人服に関して2年度間で一貫した結果が出なかったことは今後の課題である。

第5章 どのような条件下で都市施設は商業集積の魅力を高めるのか　169

5.5 結論

5.5.1 まとめ

本研究では、都市施設と商業集積の関係を取り上げた既存の実証研究を検討し、その問題点として、①実証研究の多くが、両者の関係について理論的に仮説を導出していないこと、②その結果、線形関係の分析のみ検討してきたこと、③一部の研究を除き、多くの既存研究が中心地体系の上位に位置する商業集積のみを分析対象として取り上げ、探索的に正の関係を検証してきたことを指摘した。

そこで、石原（2006）の研究や買物動機研究を手掛かりに、最寄り品のような効率的な商品入手の動機が強い品目の買物目的地選択において、都市施設充実度は商業集積の選択に負の影響を与える（仮説1）、買回り品のような楽しさ追求の動機が強い品目の買物目的地選択において、都市施設充実度は商業集積の選択に正の影響を与える（仮説2）という2つの仮説を導出した。大阪都市圏の買物行動調査データ等を用い3つのモデルで分析を行った結果、仮説1は支持されたが、仮説2は全集積対象の分析では一部支持されるに留まった。そこで、商業集積の業種構成を考慮した修正仮説2'に基づき、買回り業種商店数比率の高い商業集積のみを分析対象とし、同様のモデル分析を行った結果、1991年のデータでは仮説2'は支持されたが、1996年のデータでは一部支持されるに留まった。

図5-2は修正された影響枠組みである。当初、調整変数として、主たる買物動機（あるいは対応する購入品目）のみを考えていたが、商業集積の業種商店数比率も考慮すべきであることが分かった。更に、都市施設充実度の商業集積選択への影響様式を、2つの調整変数の組み合わせに基づき整理したものが、表5-10である。既存の探索的実証研究は都市施設と商業集積の魅力や選択に関して正の線形関係を指摘していたが、それは表5-10の左上の条件下、すなわち消費者が楽しさ追求の動機を強く持ち、買回り品業種商店数比率の高い商業集積に出向する状況のみに当てはまるものである。これはかなり限られた状況であり、既存研究が示唆していた結果と異なり、都市施設と商業集積の関係は実際にはより複雑であることが分かった。

figure 5-2 都市施設の商業集積選択への影響枠組み

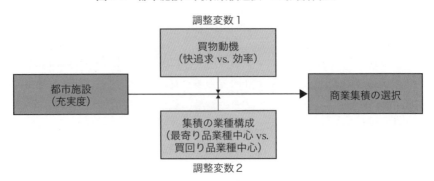

表 5-10　都市施設の商業集積選択への影響様式

		商業集積の特性	
		買回り業種比率高	最寄り業種比率高
買物動機	楽しさ追求の動機 （例）婦人服の買物	都市施設 $\xrightarrow{+}$ 商業集積	都市施設 $\xrightarrow{-}$ 商業集積
主たる	効率的な商品入手動機 （例）飲食料品の買物	都市施設 $\xrightarrow{-}$ 商業集積	

5.5.2　街づくりへの示唆

　商業集積の魅力を高めるために、都市施設を整備すべきである。この命題は、科学的な検討を待たずして、反論の余地のない言明に思われる。しかし、本研究は、都市施設の整備が商業集積の魅力を高めるのは、比較的限られた状況下のみであることを示している。具体的には、主たる買物品目として買回り品の購入を考え、楽しさ追求の動機を持っている際に、最寄り業種の店舗比率の低い商業集積（30% 未満）に出向を考える際においてのみ、都市施設は商業集積の選択を促すことを示している。限られたデータに基づく分析からではあるが、この結果はこれまで考えられてきたほど都市施設の併設が万能薬ではないことを示唆している。

　誤解を招かぬよう補足したい点が 2 点ある。第 1 に、本研究は、中心地体系内の中位・下位に位置する最寄り品業種比率の高い街に、都市施設は不必要であると言っているのではない。都市施設は商業集積の魅力を高めるため

だけに存在するものではない。街の生活基盤の充実や福祉増進のために都市施設は必要であり、それらの目的のためには有効な手段であるかもしれない。ただ、本研究が強調したい点は、中心地体系内の中位・下位に位置する最寄り品業種比率の高い街において商業集積の魅力を高めるために、多様な都市施設を充実させるよりも、消費者の買物効率を高めるという視点から施策を検討した方が魅力の向上に有効である可能性が高いという点である。

第2に、都市施設の整備と同時に、商業集積の業種構成を大きく変える変更が行われれば、中心地体系内の中位・下位に位置する商業集積においても、都市施設が商業集積の魅力向上に有効に働く可能性がある。

5.5.3　今後の課題

今後の課題が4点ある。第1に、都市施設タイプの考慮である。文化施設、休憩施設、病院、市役所（松浦・本橋 2006）、金融施設（山中 1986）などの都市施設別にその影響を検討する必要がある。

第2に、他地域・他時点での検証、結果の一般化である。本研究で取り上げた1990年代の大阪都市圏以外でも同様の結果が得られるか検討が必要である。特に、負の外部性の発生条件の一般化は大きな課題である。本研究では、楽しさ追求の動機が高い消費者が買物出向先選択時に、都市施設の商業集積に対する影響が最寄り品業種比率30%を境に正負反転することを示したが、1996年のデータでは一部支持されるに留まった。何故30%なのかも含め更に検討が必要である。

第3に、主観的な都市施設充実度と客観的な都市施設の関係の検討である。実務で有用であるために、どのような都市施設の設置が都市施設の充実度評価を高めるのか、研究が必要である。

第4に、地域・消費者の異質性を考慮した分析である。5.4.3の買回り品における負の外部性に関する結果は、地域・消費者特性の違いによっても説明できる可能性があり更なる研究が必要である。また、本研究では起点単位で集計されたデータを分析に用いたが、個人レベルでの分析も必要である。

（石淵　順也）

謝辞

　本研究では大阪流通業界の近未来予想調査研究会のプロジェクトのデータの一部を使用させて頂いている。研究会の皆様に深く感謝申し上げる。また、本研究は平成 24 〜 26 年度科学研究費助成事業基盤研究（B）（課題番号 24330136）の成果の一部である。

注釈

1) 本研究で、商業集積とは一定の地理的範囲に集まった商業施設群を指す。詳しくは5.3.2 で論じる。
2) 正式名称は「特定商業集積の整備の促進に関する特別措置法」である。特集法は1991年に施行され、2006年に廃止された。高度型、地域型以外に、中活型も追加されたが、1例しかないためここでは2タイプのみを挙げた。特集法は中心市街地活性化法の成立を受け廃止されたが、都市施設と商業の関係に焦点を当てた重要な法律である。特集法の概要、事例、商業基盤施設については渡辺（2014）、30-43頁を参照されたい。
3) 調整変数（Moderator）とは「独立変数と従属変数の関係や強さに影響を与える量的・質的変数」（Baron and Kenny 1986）を指す。
4) 5.2 は、石淵（2011）の既存研究の検討を修正、加筆したものである。
5) ここでいう質的変数とは、統計学でいう質的変数とは異なり、イメージに関する変数を指している。具体的には、休憩場所の充実度などのイメージを5点の間隔尺度などで測定したものを指している。
6) Nevin and Houston（1980）は「設備因子」という表現を用いている。
7) 固有魅力度自体は行動を直接観測した変数ではないため、山中（1986）はタイプ3に属するという見方もできる。しかし、固有魅力度は目的地選択「行動」から推定された構成概念であり、5点尺度により測定された態度の測定値とは区別すべきであると考え、本研究ではタイプ2に分類する。
8) MCIモデルとはMultiplicative Competitive Interaction Model（積乗型競合作用モデル）を指す。詳細はNakanishi and Cooper（1974）を参照されたい。
9) 固有魅力度とは、品目別規模や旅行時間では説明することができない各商業集積に固有の魅力度であり、複数商品の目的地選択行動データを同時分析し、目的地ダミー変数のパラメーターを推定することにより計測される魅力度である。詳細は、Nakanishi and Yamanaka（1980）を参照。

第 5 章　どのような条件下で都市施設は商業集積の魅力を高めるのか　　173

10) 山中（1986）は「非商業施設」という表現を用いている。
11) 詳細は明記されていないが、公表されている平均点から推測すれば、各都市施設の充実度測定に複数の質問項目を用い、その測定値を施設カテゴリー単位で合計し平均したものを独立変数として用いている。
12) 「数」による評価の際の都市施設と、「充実度」による評価の際の都市施設は、含まれる施設が異なる点に注意が必要である。「充実度」による評価の際の都市施設について具体的な例示はないが、「数」による評価の際の映画館、ボーリング場以外の施設も含むものであると記されている。
13) 近藤（1995）は「付帯施設」という表現を用いている。
14) 厳密には、内田（2007）が用いるこの従属変数は、商業集積のみの評価ではないが、評価点の中で商業集積評価が大きな割合を占めている上、幅広い都市施設を独立変数として取り上げているため、本研究に関係する既存研究として取り上げる。
15) 石原（2006）は、小売業の外部性を商業論の枠組みの中にどのように取り入れるかについて広範囲な議論を行っているが、本研究と関わる部分についてのみ紹介する。
16) 石淵（2006）では、衣類品購入の場合、楽しさ追求の動機だけでなく、効率的な商品入手の動機も高いことが示されている。
17) MCI モデルに都市施設充実度を指数関数の形で入れたモデルであり、厳密な MNL（Multinominal Logit：多項ロジット）モデルではないため、MNL モデルとは表記しない。詳しくは Domencich and McFadden（1975）、Ben-Akiva and Lerman（1985）などを参照。
18) 注8）を参照。
19) 都市施設充実度を指数関数により単調変換し、変域を正数にした都市施設充実度を計算し、本稿の Model2 と完全な MCI モデルの適合度比較を2時点の各品目別に行ったが、適合度に大きな違いはなかった。
20) (5) 式を用いて最尤推定法により小売吸引力モデルのパラメーター推定を行った研究として中西（2011）がある。
21) 買物行動調査データの詳細は後末資料を参照。
22) 回答者は、最近1～2か月の間で一番まとまった金額を支払った買物を行った商業集積についてのみ、4項目を評価している。従って、認知的不協和の解消のため肯定的な方向にやや歪んだ回答が含まれている可能性がある。そこで極端に歪んだ回答が大きく影響しないように、1996 年の元データでは大阪都市圏の 54 商業集積のデータがあったが、回答数が 10 人以下の集積は分析から除外した。京都（河原町、JR 京都駅周辺）について回答者が5名と少なかったが、京都は京阪神の中でも大きな集積である上、都市施設の魅力を検討する上で重要であるため、分析に含めた。また、大阪市

内のその他の集積、大阪市外のその他の集積という集積が特定されていない買物場所についての平均値も、中心地体系に属する幅広い階層の集積を考慮するため、分析に含めている。質問票では、52主要商業集積はプリコード選択肢として用意されていたことから、市内・市外のその他集積は地域型・近隣型の商業集積で、最寄り品の買物が主に行われる集積に関する評価と考えて差し支えないだろう。以上の手続きにより、1996年については54商業集積のうち43商業集積の4項目のデータ、1991年についても同様の手続きで41商業集積のうち36商業集積の4項目のデータを多母集団の確認的因子分析に用いた。

23) 対応する年度の百貨店調査年鑑、流通会社年鑑、全国大型小売店総覧を用いた。
24) 対応年度の市販の年鑑(注23)を用いて、当該メッシュに存在する各種小売業の総売場面積を、当該各種小売業店舗の品目別売上高で按分し、これを各メッシュの品目別売場面積に合算した。当該店舗の品目別売上が不明の場合は、その小売企業全体の品目別売上高比率を按分基準とした。
25) 最寄り品、買回り品、各種商品小売業の定義は、商業統計の「買回り品業種」「最寄り品業種」「各種商品小売業」の定義を採用した。商店数比率以外に売場面積でも捉えることもできるが、消費者の情報処理能力を考慮すれば、売場面積で商業集積全体の業種構成を認識しているとは考えにくい。商店数でおおよその業種構成を認識し集積の特性を理解していると考える方が現実的であり、本研究では商店数比率を用いる。
26) 最短経路とは別の経路が、最短経路と10分以内の差で最短経路より200円以上安いなら、現実の消費者の経路選択を近似するため、その別の経路を最短経路とした。

参考文献

Baron, R. M. and D. A. Kenny (1986), "The Moderator-Mediator Variables Distinction in Social Psychological Research: Conceptual, Strategic, and Statistical Considerations," *Journal of Personality and Social Psychology*, 51 (6), 1173-82.

Ben-Akiva, M. and S. R. Lerman (1985), *Discrete Choice Analysis: Theory and Application to Travel Demand*. Cambridge, MA: MIT Press.

Domencich, T. A. and D. McFadden (1975), Urban Travel Demand: *A Behavioral Analysis*. North-Holland, NY: American Elsevier.

Haines, G. H., L. S. Simon, and M. Alexis (1972), "Maximum Likelihood Estimation of Central-City Food Trading Areas," *Journal of Marketing Research*, 9 (2), 154-9.

本藤貴康 (2000)「中小小売業経営における機能強化の方向性に関する一考察:消費者購買行動調査に基づいて」『東経大論叢』21、117-38。

百貨店調査年鑑 1992 年度版、ストアーズ社。
百貨店調査年鑑 1997 年度版、ストアーズ社。
石淵順也 (2002)「買物動機・買物状況と買物目的地選択行動：買物日記データを用いた分析」『福岡大学商学論叢』46 (3・4)、773-804。
石淵順也 (2006)「消費者意思決定に貢献する感情体験」『季刊マーケティングジャーナル』99、14-30。
石淵順也 (2011)「都市施設は商業集積の魅力を高めるか」『商学論究』58 (4)、251-81。
石淵順也 (2014)「通り過ぎられない商業集積の魅力：フロー阻止効果を組み込んだ小売吸引力モデルの構築と実証」『流通研究』16 (2)、19-47。
石原武政 (2006)『小売業の外部性とまちづくり』有斐閣。
石原武政・石井淳蔵 (1995)『街づくりのマーケティング』日本経済新聞社。
狩野裕 (2002)「構造方程式モデリングは、因子分析、分散分析、パス解析のすべにとって代わるのか？」『行動計量学』29 (2)、138-59。
木村祥法・波床正敏・塚本直幸 (2008)「堺市における交通量調査に基づく中心市街の活性化施策に関する分析」『土木計画学研究講演集』37。
神戸市 (2012)『商業地等実態調査報告書』神戸市（産業振興局商業課）。
近藤公彦 (1995)「消費者行動と商業街区評価」『岡山商大論叢』31 (1)、29-49。
松浦寿幸・本橋一之 (2006)「大規模小売店の参入・退出と中心市街地の再生」『RIETI Discussion Paper Series』06-J-051。
中西正雄 (1983)『小売吸引力モデルの理論と測定』千倉書房。
中西正雄 (1984)「消費者行動の多局性分析」中西正雄編 (1984)『消費者行動分析のニュー・フロンティア』誠文堂新光社。
中西正雄 (2011)「小売吸引力モデルにおける『距離』概念再考：抵抗度の直接推定」『商学論究』58 (4)、1-21.
Nakanishi, M. and L. G. Cooper (1974), "Parameter estimation for a Multiplicative Competitive Interaction Model: Least Squares Approach," *Journal of Marketing Research*, 11 (August), 303-11.
Nakanishi, M.and H. Yamanaka (1980), "Measurement of Drawing Power of Retail Centers: Regression Analysis," *Kwansei Gakuin University Annual Studies*, 29, 161-174.
Nevin, J. R. and M. J. Houston (1980), "Image as a Component of Attraction to Intraurban Shopping Areas," *Journal of Retailing*, 56 (1), 77-93.
大阪商工会議所 (1992)『大阪都市圏住民の買物行動（平成 4 年版）』大阪商工会議所。
大阪商工会議所 (1997)『大阪都市圏住民の買物行動（平成 9 年版）』大阪商工会議所。

流通会社年鑑 1993 年度版、日本経済新聞社。
流通会社年鑑 1998 年度版、日本経済新聞社。
田村正紀（2008）『立地創造：イノベータ行動と商業中心地の興亡』白桃書房。
Tauber, E. M. (1972), "Why Do People Shop?" *Journal of Marketing*, 36 (October), 46-49.
通商産業省商業集積推進室（1991）『特定商業集積整備法の解説』通商産業調査会。
鉄道要覧 平成 3 年度、電気車研究会・鉄道図書刊行会。
鉄道要覧 平成 8 年度、電気車研究会・鉄道図書刊行会。
豊中市（2000）『1999 年度（平成 11 年度）消費者買物行動調査結果報告書』豊中市。
内田晃（2007）「都市の賑わいに寄与する都市施設と都市構造：全国 51 都市の賑わいエリア地区分析より」、北九州市立大学都市政策研究所編『次世代に向けた集客力のある都市づくりに関する研究』、13-32。
渡辺達朗（2014）『商業まちづくり政策』有斐閣。
Westbrook, R. A. and W. C. Black (1985), "A Motivation-based Shopper Typology," *Journal of Retailing*, 61 (1), 78-103.
山中均之（1986）『小売商業集積論』千倉書房。
全国大型小売店総覧 1992 年度版、東洋経済新報社。
全国大型小売店総覧 1997 年度版、東洋経済新報社。

後末資料：買物行動調査データの概要

	標本数	調査	回答者	起点数	目的地数 (起点別選択確率が分かるもの)	分析に用いる品目	選択確率の集計レベル
1991 年データ (1991 年 6 月調査)	3550 世帯 (回答率 100%)	訪問 留置法	世帯 主婦	大阪府、兵庫県、奈良県の 62 市区町村 (本研究では大阪市内 24 区を使用)	大阪市内 13 集積 (梅田、北浜・天満橋、京橋、心斎橋、なんば、上六・鶴橋、天王寺・あべの、千林・今市、駒川、九条、野田、十三)、市内その他	日常の飲食料品、婦人服	起点単位
1996 年データ (1996 年 6 月調査)	3600 世帯 (回答率 100%)	訪問 留置法	世帯 主婦	大阪府、兵庫県、奈良県、京都府の 63 市区町村 (本研究では 大阪市内 24 区を使用)	大阪市内主要 7 集積 (梅田、北浜・天満橋、京橋、心斎橋、なんば、上六・鶴橋、天王寺・あべの)、市内その他	婦人服	起点単位

第6章

卸と小売の共存関係
その変化[1)]

6.1　はじめに

　21世紀に入って小売企業はますます大規模化し、国内外のサプライチェーンでの勢力を増してきている。それに呼応するように、卸売をとりまく環境は大きく変わってきている。商社系を中心とした大規模な合併とこれにともなう業界の再編（Larke and Davis 2007）、帳合整理やリベートの見直し、流通経路の短縮化、そしてグローバル化（Rosenbloom and Andrasa 2008）等が挙げられる。この過程で、いわゆる「日本型流通システム」（田村1986）の中で卸売業者の存立を支えてきた条件も変化してきた。研究対象として卸売が扱われるべき問題もさらに増えている。

　卸売に関する研究蓄積は少ないと何度となく指摘される（*e.g.*, Dawson 2007；Quinn and Sparks 2007；西村 2009；Gadde 2014）。しかしこうした指摘は、小売や他の分野と比べた相対的な少なさの問題であること、卸売取引が組織間関係の一部であることから、卸売だけに止まらず、小売やメーカー、海外取引など取り扱うべき問題が多岐にわたる点に注意が必要だろう。

　卸売業者（wholesalers）または中間業者（middlemen）の存在意義を、メーカーと小売との関係から取引総数極小化の原理として整理したのはHall（1948）およびBaligh and Richardz（1967）である。これは、ある経済に卸売が存在することを説明する演繹的な理論仮説である。これに対し、流通業者としての卸売業者または卸売企業の活動を評価しようとしたのは卸売機能

の研究である (*e.g.*, Hill 1963)。卸売機能またはマーケティング機能に関わる研究は国内外でかなり多いが、メーカー・ベンダーおよび小売・顧客に対して卸売業者が遂行するタスクがチャネルをより効果的(または費用効率的)にするという Rosenbloom (1987) の枠組みで整理されていると考えられる。

　Bucklin (1966) による流通サービス概念に見られるように、卸売機能またはマーケティング機能は、チャネル・デザインおよびチャネル・マネジメントとの関わりでも議論される。チャネル・デザインに関しては、どの程度の水準で流通サービスのミックスをエンドユーザーまたは最終消費者に提供すべきかが問題になり、その発展として Coughran, Anderson, Stern, and El-Ansary (2006) による流通サービスを基礎にしたセグメンテーションが考案されている。それら流通サービスを提供するチャネルで遂行されるマーケティング機能や卸売機能は、チャネル・メンバーとの調整（Coordination）の中で決定されるべきだろう (*e.g.*, 渡辺 1996)。チャネル・メンバー間の調整については、従来のチャネル論をより深化させた取引費用論を援用するアプローチによる研究 (*e.g.*, 久保 2011) が進んでいる。個別卸売業者が遂行すべき活動や戦略をより具体的に検討し、実務に向けたインプリケーションを導出するには、マーケティング・マネジメントや経営戦略論の枠組みが現時点では適しているだろう (*e.g.*, 宮下 1992；麻田 2001；下村 2005)。

　上述の Hall (1948) 以来、指摘されてきているように、中間業者である卸売業者が存立できるのは、原理的には取引先小売業者やメーカーとの関わりの中で効率的な活動を遂行しているからである。具体的にどのような意味での効率性なのかは、個別卸売業者が遂行する機能や戦略行動、そして置かれた環境条件によって異なる。本章では、メーカーと卸売業者の取引関係や取引慣行 (*e.g.*, 根本 2004)、流通段階、産業財・生産財分野の取引活動 (*e.g.*, Olson, Gadde and Hulthén 2013) をさしあたり捨象し、卸売業者と小売業者の関係に焦点をあてる。

6.2 卸と小売の共存関係

6.2.1 卸売業者のマーケティング

中間流通業者である卸売業者の戦略をフォーマルに分析する固有の枠組みは、今のところ存在しないと思われる。個別卸売業者が遂行すべき活動や戦略を検討するには、中間流通業者である卸売業者の特質を考慮しながら、マーケティング・マネジメントや経営戦略論の枠組みを援用すること（*e.g.*, 麻田 2001, 下村 2005）が次善策だろう。

中間流通業者である卸売業者のマーケティングおよびその意思決定には、大きく2つの特質があるだろう（杉本 2003）。第1に、卸売業者の品揃え形成である。卸売業者の品揃え形成には、最終消費者市場やエンドユーザー市場など川下の動向が反映されるべきだが、そのためにはメーカー・仕入先との交渉や取引といった流通活動が必要となる。[2]

第2に、卸売業者の「顧客」は誰であるかという問題である。これは、標的市場として小売業者などの川下流通業者を対象とするのか、それとも川下流通業者の先に位置する最終消費者やエンドユーザーまでも見据える必要があるのか、どこまで最終消費者市場やエンドユーザー市場を見据えたマーケティング戦略を策定する必要があるかという問題である。卸売業者にとってのセグメンテーション（市場層化）及びターゲティング、そして流通戦略に関わる。

本章ではこうした視点を基礎に、消費財分野の卸売業者が取引先小売業者と共存する方策としてのリテール・サポート活動を検討する。リテール・サポートとは、広義には「小売店支援活動の総称」を指す活動である。リテール・サポートが日本で浸透しはじめたのは、通産省（現：経済産業省）による流通近代化政策で「情報武装型卸売業」と「小売業サポート・ビジネスとしての卸売業」という概念が提唱された1985年前後である（通商産業省産業政策局商政課編 1985）。既にアメリカではIGA（Independent Grocers Alliance）やSuperValu等、小売店に対する支援活動は実施されていた（*e.g.*, 長島 1987、箸本 1992）。

今日では卸売業者の活動の1つとして、このリテール・サポートが使用さ

れることが一般化している。ただし、卸売業者をはじめとするベンダーが、小売への商品販売や納入を有利に展開するためにリテール・サポートを付加的なサービスとみなすと、他業者との競争上、これは卸売業者またはベンダー間の水平的競争の一手段としてしか機能しなくなる恐れがある。リテール・サポートをはじめとする卸売業者のマーケティング活動にとって、単純に水平的な（差別化）競争で優位に立てばよいというわけではない。

例えば、宮下（1992）は、得意先小売企業または取引先小売企業の売上増加が自社の売上増加につながるため、取引先小売企業の競争力強化の支援活動（リテール・サポート）が必要と指摘する。これは、卸売企業によるリテール・サポートが、取引先小売店の売上を増加させる結果、自社の売上も増加するという卸と小売の「共存関係」の側面を意味する（杉本・中西 2002；杉本 2005）。本論文では、単に卸売業者の水平的競争の一側面を扱うのでなく、卸と小売の共存関係の方策としてのリテール・サポートに着目する。

これを検討する事例として、株式会社リテールサポート大阪をとりあげる。同社は1999年に解散し、営業権は阪奈リョーショク に譲渡され、企業としては既に存在しない。いま、同社を扱おうとするのは、リテール・サポートを事業として推進していた同社の検討を通じて、卸と小売の共存関係を改めて検討するためである。本章では、同社が実施していたリテール・サポートで卸と小売の共存関係に関わる必要最小限の部分について触れ、それを考察する。

6.2.2 株式会社リテールサポート大阪[5]

株式会社リテールサポート大阪（以下、RSOと略称）は、加工食品卸の株式会社菱食（現：三菱食品株式会社。以下、本論文では当時の名称で菱食と呼称）、菓子卸の株式会社誠商会（以下、誠商会と略称）、日曜雑貨卸の株式会社西川商事（以下、西川商事と略称）の共同出資で1987年大阪府八尾市にリテール・サポートを事業目的に設立され、1999年に解散した卸売企業である。設立時の資本金は1000万円、従業員数は社員22名（男性18名・女性4名）、パート57名である。各社の出資比率は、菱食が55％、誠商会と西川商事がともに22.5％で、RSOは実質的な菱食の子会社である。RSO（お

よび菱食）が目指したのは、卸売企業が小売へ商品を単に販売するだけでなく、小売経営全般に対する支援活動（リテール・サポート）を推進することだった。このためにRSOが掲げたのは以下の経営理念だった（岡本1997、102頁）。

① 食品、菓子、日用雑貨の異業種卸協業による一括物流・商流・情報流の推進と地域密着、消費者志向の独立系小売業に対するRS本部機能を持つ新業態卸売業（ボランタリーホールセーラー）の構築。
② 『小売業の繁栄－卸売業の繁栄に繋がる』その為の卸売機能開発とその成果検証。

経営理念の1つ目は、いわゆる業種別取引（業種別流通）を異業種の卸売業者が協業することによって打破しようとするものである。この業種別流通に対し、加工食品、菓子、日用雑貨という複数業種の卸売企業が共同出資して各社の支店・子会社としてRSOを設立し、2次卸である支店・子会社から商品を流通させる方策をとった。2次卸の位置にあることで、加工食品、菓子、そして日用雑貨はそれぞれの親会社から仕入れることが可能である。[6] 小売店のニーズにあわせ、卸売業者が異なる業種の商品カテゴリーを品揃えしようとすると、この業種別の流通は卸売業者の経営活動に対する制約条件となりやすい。いわば、異業種協業というやり方でこの商慣行を逆手にとり、卸売業者にとっての制約条件を打破しようとした実験だったと解釈もできる。

RSOが扱っていたのは「トータルで4800アイテム」「加工食品1500アイテム、菓子800アイテム、日用雑貨800アイテムの計3100アイテムを推奨定番」（岡本1994、15頁）だった。[7] これら品揃えを、地域に根ざした独立系小売業とともに消費者に流通させることがRSOの卸売業者としての役割となる。

経営理念の2つ目「『小売業の繁栄－卸売業の繁栄に繋がる』その為の卸売機能開発とその成果検証。」は、RSOがリテール・サポートを推進する際の基本的なスタンスとなる。「従来、問屋のRS［引用者注：リテール・サポー

トの略称］は、やりっ放しが多いのではないか。問屋のエゴ的なものが多いのではないか」（岡本 1996、21 頁）という認識の下、実効性のあるリテール・サポートの推進には、どの程度の成果があがったのか検証する必要があるとする姿勢である。RSO のリテール・サポート・プログラムでは、例えば、プライスカード、クーポン（もかーるクーポン）、POP 等の活動が有償で提供されていたとともに、機会損失回避の商品リスト（もうかリースト、1回 10 万円）、システム構築支援、商圏調査、店舗開発等といった支援も有償で提供されていた[8]。卸が実施してきた業務に関して、無形財について多くの場合小売店は支払いをする慣習が無かったため、リテール・サポートを事業そのものとする RSO にとって、絶えずその成果を検証する必要があった。

　こうしたスタンスを持った RSO は、協働するパートナーとなる小売店（ターゲットとなる小売店）の選定条件を明示している[9]。その条件は、「経営者の意識、経営理念が明確である事」「経営資源の保有」「売場規模（30坪～170坪）」である（岡本 1994、15頁）。

　小売店が RSO と取引した場合、加工食品だけで月に売上が 300 万円でも菓子・日用雑貨が加わると売上は約 800 万円程度になりえたが、RSO は小売店との「取り組み」を重視したため、小売店の経営状況が悪くなっても直ちに取引の停止はできなかったので、小売店の経営資源の保有状況や与信状況は重視され、小売店側の経営資源の潤沢さが重視された（岡本 1994、15頁）。

　これは、売場規模の問題にも関連する。RSO が小売店へ提供したのは、加工食品、菓子、日用雑貨という複数業種の品揃えだった。これらを地域の消費者ニーズに合致するように小売店頭で提供するには、売場面積 30 坪未満では陳列が難しく売場規模としては狭いし、逆に 200-300 坪の店舗は一括受注・一括配送のメリットが小売店側にないとされる（岡本 1994、15頁）。そして、卸とともにローコストオペレーションを追求していくこと、経営理念や経営哲学を明確に持っている等、小売店経営者に RSO との取組み意識が明確であることも条件となった。

　小売店選定条件の明確化で、RSO の取引先小売店は 93 店舗から 63 店舗へ減少し、約 10 億円だった当時の売上高が 1 か月後に 7 億円まで減少した（岡本 1994、15頁）。しかし、その翌月からは売上高が伸び、その後も伸び続

けたという。その要因の1つに、取引先小売店を減らしたことでRSOのセールスプロモーター（RSOの営業マン）が担当する店舗が1人20店舗から12店舗となり、訪問頻度も週1回から週2回へ増加した営業効率の改善が挙げられる（岡本1994、15頁）。同時に、小売店もRSOから選ばれたという意識が生まれ、それまでは食品のみの取扱い小売店が日用雑貨も扱う等、RSOの「フルライン品揃え」に小売店が対応しはじめた側面がある。結果、RSOの取引先小売店舗は、1993年時点で「77企業114店舗」（金1994、1頁）、1994年時点で「77企業107店」（岡本1994、16頁）、1995年時点で「102企業（146店舗）」（大佛1995、99頁）、1997年時点で「104企業160店舗」（岡本1997、85頁）と増えた。

　RSOが推進しようとしたリテール・サポートは、単に自社効率のみを追求して、売上のあがりにくい小売店を選別しようとするものではなかったことは明らかだろう。それよりむしろ、取引先小売店の中心となってRSOがリテール・サポートの本部としての機能遂行する（ボランタリーホールセラー）ために、「目線はあくまでも一般小売店と同じ位置」で商品販売や販促企画等をともに考えてゆく立場でコーディネーターとなって「小売店同士の切磋琢磨」を重視する。「小売店同士の切磋琢磨」という点では、RSOが主催していた「アスナロ会」がある。アスナロ会への参加は、1994年時点で「約30企業」（岡本1994、16頁）、1997年時点では「32企業70店舗」（岡本1997、85頁）である。「アスナロ会」とは、希望する小売店やメーカーが参加して開催される店舗経営の研究会で、小売経営やオペレーションに関する研修や共同チラシ等が検討されたという。取り組み意識の高い小売店は「アスナロ会」のメンバーとして中心となり、RSOの取引先ネットワーク強化に貢献したと考えられる（杉本2005）。

　RSOは「実験企業」だったといわれる。それは、業種別流通という従来の商慣行の枠組みを越えた取引が可能か、小売業に対する支援活動が可能か、菱食をはじめとした食料品流通業界にとっての実験だったと言えるだろう。「実験」という意味で、大阪の地方卸売業者としてのRSOは「その使命を終え」、1999年に解散した。RSO解散後、「リテール・サポートは上手くいかなかった」等の見解もあったが、独立系中小規模の小売店に対し、複数

業種の品揃えを基礎にしたリテール・サポート活動は展開可能との結論を得たのだから、RSO の実験企業としての役割はこの時点で終了したと解釈して差し支えないだろう。

6.3 共存関係の変化

6.3.1 卸売業者の戦略への示唆

　小売店(およびメーカー)とのパートナーシップや戦略的同盟に関わって、「共通のターゲットである消費者に対し、いかに効率的な品揃え、物流、新商品導入を行い得るのか、競争戦略の大きなポイント」(岡本 1996、20 頁)とした RSO は、小売・メーカーとともに「消費者」を「共通のターゲット」として認識していたと理解できる。例えば、宮下 (1992) も「小売店をターゲットとした押し込みセールスは全く無意味」で、「消費者をターゲットに、小売店を支援し、小売店頭での需要を創造していくという考え方に転換」していかなければならないと指摘する (91 頁)。

　これは先に検討したように、卸売業者にとっての「顧客」認識の問題、セグメンテーション（市場層化）及びターゲティング、そして流通戦略に関わる問題である。卸売業者が消費者を「共通のターゲット」とするなら、小売店だけでなく小売店が接する地域の消費者層を考慮して品揃え物を形成する必要があるだろう。

　RSO が取引していたのは独立系の地方スーパーや小売店だが、それら小売店の品揃えの幅は、従来の業種別流通で卸売業者が提供していた商品群よりも広い。特定のアイテムや売り場だけに限定せず、小売経営全般に対して実行性あるリテール・サポートを推進するには、取引先小売店で一定以上のインストア・シェア（店舗内シェア）が必要で、特定業種に限定されない品揃え形成が重要になる。

　わが国では、業種別流通を基礎づけてきた特約店制度または代理店制度が歴史的に形成されてきた側面 (*e.g.,* 田島 1986；佐々木 2007) があるが、卸売業者の立場からの特約店権は特定メーカーの商品を販売する権利を保有することに相当する。逆に、卸売業者が特約店権を持たない場合、当該商品を

扱うことはやや困難になってしまう。前節でみたように RSO はこの問題に対して、1次卸の子会社という形をとって商品の調達を可能にしたし、自身も主要メーカーの特約店権を得て、こうした取引制度の問題を回避した。消費者ニーズに対応しようとした品揃え形成と流通戦略は卸売業者にとって不可分である。

　卸売業者による標的市場の選定は、単に小売店の集合だけを対象とするのではやや不十分だろう。地域の小売店の先にいる消費者を考慮しながら、取引先小売店を選定するやや複雑なセグメンテーション問題に、消費財分野で小売店と接する卸売業者は現実的に直面しているはずである。RSO では、ターゲットとなる小売店の選定条件を用いてこの問題に対応したが、RSO および小売双方が自身の経営資源を考慮した上で取り組む意識をすり合わせることが重要な問題だったと考えられる[11]。こうした視点からの「支援」は「協働」の一形態と考えることができ、卸と小売の共存方策としてのリテール・サポートは卸売業者と小売業者による協働マーケティングの一形態であると示唆されるだろう。

　ところで、RSO が提示した小売店選定条件のうち、「売場規模（30 坪〜170 坪）」は客観的な数値である。これら規模カテゴリーの小売業者と経営効率を検討することは、小売生産性研究にとっても、卸売の戦略にとっても意味があるだろう。RSO の取引先小売店についてこれを検討するためのデータは入手できなかったため、ここでは商業統計および経済センサスを用いて飲食料品小売業の数値を確認する[12]。

　図 6-1 は、飲食料品小売業の商品回転率（＝年間商品販売額／商品手持額で推計）を売場面積規模別にみたもので 1985 年から 2012 年の 8 期 27 年間の数値を図示している。商品回転率を採用したのは、RSO が小売への物流・配送や営業上のオペレーションの標準化や効率化を 1 つの狙いとして取引先小売店を選定した（岡本 1994、14-15 頁）ため、小売側での物流・配送効率を把握可能な指標が望ましいと考えるからである。商品回転率が高いとき、過剰な在庫を保有せずに売上を達成していると解釈してもそれほど差し支えないだろうから、この指標の高低は小売店の販売効率と物流に関わる効率が反映されていると解釈できるだろう。

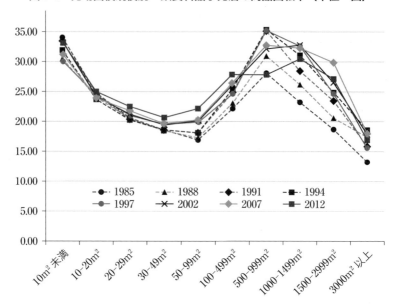

図6-1 売場面積規模別 飲食料品小売店の商品回転率（単位：回）

　図6-1では、商品回転率が「10m² 未満」で高く、売場面積規模が大きくなるにつれて「30-49m²」または「50-99m²」の規模カテゴリーまで、その値は低くなる。「30-49m²」または「50-99m²」を境にして、「100-499m²」から高い値をとり「500-999m²」を境に売場面積規模が大きくなるにつれて再び商品回転率は低くなる。年度によって若干異なるが、図6-1では売場面積が1,000m² を超えたあたりから商品回転率が低下しはじめ、3000m² 以上のカテゴリーでは、「100-499m²」カテゴリーよりも商品回転率が低い[13]。飲食料品小売業に関しては「500-999m²」のカテゴリーを頂点として売場面積規模での商品回転率の格差が存在すること、1000m² を超える規模および100m² を下回るカテゴリーで回転率の低下が示唆される[14]。

　売場面積30坪から170坪（99.17〜561.98m²）に最も近いのは、「100-499m²」の規模カテゴリーである。商業統計が裏付けるように、飲食料品小売業は「100-499m²」から「500-999m²」の規模で経営効率が高く、店舗規模に関する効率性を発揮していると判断できるだろう。「500-999m²」よりも大きな規模カテゴリーの場合、RSOでなく菱食の担当だったはずだから、RSOは

どの規模（カテゴリー）階層までの中小規模小売をターゲットにしたリテール・サポートが可能なのか実験・検証されていたと解釈できる。また、次項でも見るように、これより小さい売場面積規模の小売業者はその事業所数が減少し続けている。この規模を下回ると、卸と小売で構成されるチャネルの効率性が悪化する恐れがあったと考えられる。リテール・サポートを事業とした中堅卸売業者が独立系小売業の本部として機能して標準的なオペレーションを推進し、小売店と共存していくためには必要とされる小売店の経営規模（売場規模）と経営効率があったと推察される。

RSO の事例で確認したように、小売店とのパートナー関係を構築・維持する場合、卸売業者は取引先小売店の経営にコミットしていく必要がある。何故なら、この場合の卸売業者にとって売上や収益（すなわち自身の存立の基盤）は、取り組み先の小売店による効率的・効果的な経営に依存するからである。卸売業者が取引先小売店との関わりの中で、自身（と取引先の）の存続を考えるなら、取引先小売業者の売上が増加し、その結果、卸売業者の売上も増加するという Win-Win の関係を構築する必要がある。RSO の２つ目の経営理念「小売業の繁栄－卸売業の繁栄に繋がる」は、小売店とのパートナーシップを構築し、RSO と取引先小売店の共同利益を高めていこうとする基本的な戦略方針である。小売の繁栄が卸の繁栄につながる限り、個別卸売業者の存立を卸売業者単独で議論することはできないだろう。それは取引先小売業者との関係の中で決まるはずである。（個別）卸売業者の中長期的な存立・存続は、卸売業者と小売業者の協働マーケティングの成否、卸売業者と小売業者によって形成されるチャネルの効率性に依存する。

6.3.2 共存関係の変化

近年では、中小小売店をパートナーとするのではなく、中堅から大規模小売企業との取り組みやリテール・サポートが必要となっている。例えば、菱食－相鉄ローゼン、菱食－ユアーズのカテゴリー・マネジメントを基礎とした戦略的同盟（今泉 2010b）、コープさっぽろの POS データ開示によるパートナーシップ（近藤 2010）等が代表的で、FSP (Frequent Shoppers Program) データまたは ID 付 POS データの解析および定量・定性データを付随させ

た解析結果を基礎情報に、小売店への売場提案や販売促進提案をはじめとしたカテゴリー・マネジメントを実施するものがある（原 2012）。1990年代にリテール・サポートを展開していた RSO も FSP を実施していたが、21世紀のリテール・サポートはかなり高度化されており、小売とともに売場を構築することはもはや必須だろう。

　POS 情報の公開とその解析に基づく MD 提案、その過程で蓄積される形式知・暗黙知は、小売とベンダーにとって情報を基盤にした取引特定的資産となるだろう。この取引特定的資産を生かしてパートナーシップを構築・維持し、チャネル成果を高めるべきとするのが、大規模小売業、大規模卸売業、メーカーの現代的なパートナーシップだろう。こうした動きは、リテール・サポートから対価を得ることが困難であるという問題（サービス有償化の問題）に陥っていたかつての小売店との関係とはやや異なる。取引特定的資産を構築する中で相手方にロックインされてしまい、退出が困難になっても卸売業者を含むベンダーは、なおそこから収益を得るモデルに造りかえていく必要があるのかもしれない。

　こうしたリテール・サポート（またはカテゴリー・マネジメント）の対象として、中小小売店ではなく中〜大規模小売業が扱われるのは、小売構造の変化にも一因があるだろう。商業統計によれば、小売事業所数は1982年にピークを迎え、それ以後は減少している。前項までの議論との整合性から、ここでは飲食料品小売業に関して商業統計のデータを確認する。

　図6-2で確認できるように、飲食料品小売店は、1985年以後22年間で売場規模によっては半減しているものもある。一方、売場面積 $1500m^2$ 以上の飲食商品小売業の販売額シェアは6倍に上昇している。小売市場における大型店の比重が増し、小売が大規模化している。また、前項までで議論した「$100-499m^2$」カテゴリーの飲食料品小売業は他のカテゴリーとは異なり、1999年に事業所数のピークをむかえ、その後やや減少しているものの他カテゴリーほど急速に減少していない。卸売業者のリテール・サポートをはじめ、卸売業者が取引先小売業者とともに経営効率を向上させ、コンビニエンス・ストアをはじめとした小売店がシステムを高度化させて効率化をはかってきた反面で、そうした取り組みでは支えることができなかった伝統的な小

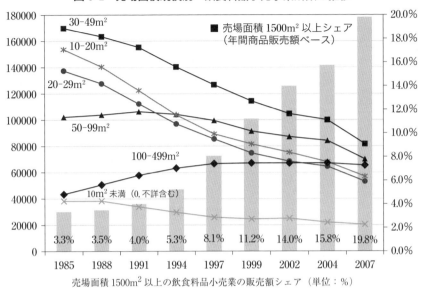

図 6-2 売場面積規模別 飲食料品小売事業所数の推移[15]

売場面積 1500m² 以上の飲食料品小売業の販売額シェア（単位：%）

売店が急速に減少していったとも解釈できるだろう。

　こうした小売構造の変化の中、従来とは異なるタイプのリテール・サポートが主張されている（中小企業庁 2009）。従来から地方では既に確認されていたはずだが、高齢化による人口構造の変化と小売店の減少にともない、買い物がかなり困難な状況が顕在化してきた。いわゆる「買い物難民」（杉田 2008）や買い物弱者が都市部でも確認されるようになり、それへの対策が必要となってきた（e.g. 村上 2010）。中小企業庁（2009）や経済産業省（2010）が指摘するのは、どちらかと言えば社会インフラとしての流通システムの構築、買い物場所やコミュニティの提供である。そこでのリテール・サポートは、「顧客である高齢者等の地域生活者」への流通のために卸売業者だけでなく、メーカー、チェーン本部、小売商関係の地域団体等の連携によって小売経営を様々な側面から支援していくもので、買い物代行など物流面の支援に相対的に重点がある（中小企業庁　2009）。

　いわゆる零細小売店は、その経営能力やマーチャンダイジング能力が十分ではないから、卸売業者やベンダーからの支援が必要となることが多い。そ

もそもリテール・サポートは、小売店の経営能力やマーチャンダイジング能力、場合によっては小売店頭でのオペレーションに割く人員が不足する場合も含み、その不足を補って競合店と十分にわたりあえる競争力・経営能力をつけることに意味があるはずである。この意味で、小規模な店舗ほど、リテール・サポートが必要になる。しかし、前節のRSOの事例でもみてきたように、卸売業者が小売とともに共存していくためには、卸売業者側の品揃えや経営能力にも依存して、取り組み先となる小売店は限られてくる。例えば、特に大規模卸売業者は、時代の変遷と小売構造の変化にあわせて、取引先を百貨店、GMS、食品スーパー、コンビニエンス・ストアなどと適応してきている（今泉2010a）から、卸売業者が、相対的に収益性の高い小売業態と取引することは自然であり、それ自体が卸売業者（および取引先小売店）の効率性を高める側面は否定できない。

　中小企業庁（2009）が主張するリテール・サポートは、商店街政策や独立系の中小小売店への政策に近いもので、これまでのリテール・サポートの議論とは質が異なる。物流面も含め、これに卸売業者がどこまで対応できるかはやや難しい。しかし、小売流通、卸売流通を社会インフラとしてとらえ、その中の一員として卸売業者がコミットしていくことは、例えば僻地における流通問題（*e.g.,* Freathy and Calderwood 2011）をどう効率的に解決するかという問題とも関連するから、人口減少時代における地方卸売業者にとっては自身の存続のためにも、小売との新たな共存関係・共生関係に取り組むことが要請されているのではないかと考えられる。

6.4　結論と今後の課題

　本章では、卸売業者と小売業者の共存関係について考察してきた。ここで、共存関係とは、取引先小売店が繁栄する結果、卸売業者も繁栄するというWin-Winの構図である。

　小売業者と接する卸売業者にとって、こうしたWin-Winの構図をつくり込み、リテール・サポートやカテゴリー・マネジメントを含む自身の機能を遂行することで、チャネルの効率性を高めることが自身の存続につながる。

そうした共存関係の構図は、中堅卸売業者でも、大規模卸売業者でも基本的に変わりないだろう。現在では、特に中～大規模小売業と大規模卸売業者のカテゴリー・マネジメントや共同 MD の取り組みで、両者のパートナーシップ構築・維持に向けた新しい取り組みが必要になっている。

他方、零細小売店への支援ないし共同での取り組みは決して十分でないのが現状と言えるだろう。高齢化問題や買い物弱者問題も含めた流通インフラを卸売業者がどう構築し、そこでのチャネル効率を高めるためのリテール・サポート、共存関係の構築が特に地方の中小卸売業者にとって必要ではないかと思われる。

こうした流通インフラに関する問題は、流通・マーケティング研究の側からのアプローチや理論的な考察がまだ少ないようである。カテゴリー・マネジメントや共同 MD、それに関わるパートナーシップに関しては店頭マーケティングやチャネル論の関わりで研究がなされているから、研究として急務なのは流通インフラに関する問題であるように思われる。地域の消費者の買い物行動や消費生活を豊かなものにするために、卸売業者をはじめとした中間業者がどの程度コミットでき、それに対してどのような理論的な整理が可能であるのかが理論的には大きな課題となる。

また、本章では十分に扱うことができなかったが、取引制度と卸売業者の関わりは重要な研究課題である。取引制度に基礎づけられた卸売業者の利益確保は、チャネルの効率性を高め、消費者の利益にかなってきたか否かはやや判断が難しいと思われる。それは、卸売業者が関与したチャネルで買い物行動に関わる消費者の生活が、店舗選択、商品・ブランド選択、店頭での買いやすさ等という点でどれだけ豊かになるか否かに強く依存するはずである。消費者が接する小売店で提供される流通サービス水準（Bucklin 1966；Coughran, Anderson, Stern, and El-Ansary 2006）に卸売業者や取引制度がどのような影響を与えるかは、実務的・理論的に重要な問題である。

本章では卸売業者のマーケティング意思決定についても扱ったが、事例を考察する中で、卸売業者にとっての標的市場の選定とそれに関わる活動は、小売業者との協働マーケティングおよびチャネル効率、そして個別卸売業者の存立基盤と関わる問題であることが示唆された。卸売業者のマネジメント

やマーケティングを理論的に検討するには、流通の中間に位置する特質を考慮しながら、取り扱い商品の特質、品揃えの範囲、流通段階、地理空間的な立地場所、国内外の取引関係、そして取引制度等の環境によってかなり左右されてしまう。これらをフォーマルに扱うには、理論的・実務的な問題を特定して整理していく必要がある。

(杉本　宏幸)

注釈

1) 本章の執筆にあたり、中西正雄先生、日本マーケティング・サイエンス学会「市場に関する研究部会」ご参加の先生方、そしてRSO元会長 岡本延義氏から貴重なコメントを頂戴しました。ここに記して感謝を申し上げます。無論、本章の誤りについては、筆者の責にあります。
2)「仕入れと販売の連動性」(西村 2009)、「マーケティング機能（marketing function）」(Rosenbloom 1987, p.26)、「流通タスク（distribution task）」(Rosenbloom 2013, p.47)等と表現は違うが、この点の重要性を指摘する論者は多い。
3) 日経流通新聞（1999年6月8日）「菱食、2卸会社統合」。
4) 本章の問題意識から、RSOが携わっていたリテール・サポート・プログラムの詳細には立ち入らない。RSOがどのようなリテール・サポートを実施していたかは、例えば岡本（1994；1996；1997）、金（1994）が参考になる。
5) 本項の記述は、RSO元会長 岡本延義氏（CSパートナーズ会長）の講演内容が整理された岡本（1994；1996；1997）をもとにインタビューして整理した杉本（2005）を基礎に、2010年以後に実施した岡本延義氏への追加インタビュー（2010年2月20日、2011年11月28日、2012年11月30日）の情報を加え、加筆・修正したものである。度重なるインタビューにも関わらず、快くご協力下さいました岡本延義氏へ深く感謝を申し上げます。
6) ただし、RSOは2次卸の立場で「創業3年、売上高2000万円の段階で特約」をキューピーから得ており、「ハウス食品、カルピス、味の素等々主なメーカーの特約権もとることができた」とされる（岡本 1994、15頁）。
7) 推奨定番はRSO内に設置された28坪のシミュレーションルームに展示されていた。
8) 有償サポート・プログラムを小売店に提供し、その対価を得て収益をあげる仕組みをRSOが構築しようとしていたと解釈するのは誤りだろう。重要なのは、「小売業の繁栄－卸売業の繁栄に繋がる」という考え方である。卸売業者にとって商品（品揃え物）

の直接の販売相手は小売店であるから、卸売業者の売上は取引先小売店への販売が直接的には問題になるが、取引先小売店が実際に消費者に商品を販売できなければ、その成果は短期的なものにしかならない。
9) 岡本氏が RSO 社長に就任した時期、93 店舗あった取引先小売店は「小さい店舗で 10 坪」「大きい店舗で 500 坪」と規模のバラツキがあったため、小売店選定条件の設定は得意先の明確化・絞り込みだけでなく、オペレーションの標準化やシステム化による小売店での欠品防止が 1 つの理由だったとされる（岡本 1994、14-15 頁）。
10) アスナロ会の後進であった CS パートナーズ（会長：岡本延義氏）は 15 年間継続され、2014 年 2 月 26 日の実施をもって最終回となった。
11) 岡本氏によれば、「小売店にやる気（引用者注：小売店のモチベーションの低さでなく、"RSO とともに取り組む意識" を意味する）があれば、消費者のニーズに対応するためにある程度の品揃えが必要になる。そうすると、売場はある程度の規模が必要になる。そうした店舗であれば後継者もいる。資金的にも問題無い。売上もある。RSO の小売店選定条件は、それを表現したものにすぎない。」ともされる（2012 年 11 月 30 日実施のインタビューに基づく）。
12) 1985 年から 2007 年までは「INDB 商業統計表」（株式会社アイ・エヌ情報センター）を用いて商業統計のデータを抽出し、2012 年は総務省・経済産業省「平成 24 年経済センサス－活動調査」の「〈産業別集計〉卸売業，小売業」からデータを得て、商業統計と経済センサスを接続させた。本章の主旨からは、近畿地方の中堅卸売業者が取引をする小売業者を業態別に確認することが望ましいが、集計水準を落とすと売場規模別のデータが得られないため、本章では全国データを用いた。なお、図 6-1 には売場面積が 0 または不詳のカテゴリーを含まない。
13) 1985 年、2002 年、2012 年は「10m^2 未満」で最大値をとる。
14) 似た傾向のカーブは、飲食料品小売業の売場効率（1m^2 あたり年間商品販売額）でも確認でき、田村（1986）による 1976 年データの分析とも整合的である。ただし、「500-999m^2」規模カテゴリーを 1 つの頂点として、売場面積が大きくなると商品回転率と売場効率が下がるのは何故なのか改めて検討が必要と思われる。
15) 図 6-2 における「売場面積 1500m^2 以上シェア」は、売場面積 1500m^2 以上の規模カテゴリーの飲食料品小売業の年間販売額合計を、飲食料品小売業全体の年間商品販売額で割った値で推計している。分母にも分子にも各種商品小売業（総合スーパーと百貨店を含む）は含めていない。また、図 6-2 では売場面積 500m^2 以上の規模カテゴリーの小売事業所数を含めていない。なお、図 6-2 では、経済センサスと商業統計を時系列的に接続させて事業所および年間商品販売額の絶対数を比較することが難しいと判断したため、2012 年の値を含めなかった。

参考文献

麻田孝治（2001）『卸売業の戦略的経営』同文舘。
Coughran, A. T., Anderson, E., Stern, L. W., and A. I. El-Ansary (2001), *Marketing Channels*, 7th edition. Upper Saddle River, NJ: Prentice Hall.
Bucklin, L. P. (1966), *A Theory of Distribution Channel Structure*. Berkeley, CA: IBER Special Publications ［田村正紀訳（1977）『流通経路構造論』千倉書房］。
Baligh, H. H., and L. E. Richardz (1967), *Vertical Market Structures*. Boston, MA: Allyn and Bacon.
Dawson, J. (2007), "Wholesale Distribution: The Cimera in the Channel," *International Review of Retail, Distribution and Consumer Research*, 17 (4), 313-326.
Freathy, P. and E.Calderwood (2011), "Challenges in the Supply of Perishable Products to Island Communities," *The International Review of Retail, Distribution and Consumer Research*, 21 (2), 145-160.
Gadde, L. E. (2014), "Distribution Network Dynamics and the Consequences for *Intermediaries*," *Industrial Marketing Management*, 43 (4), 622-629.
Hall, M. (1948), *Distributive Trading: An Economic Analysis*. London: Huchinson's University Library.
原正浩（2012）「製配販連携を目指す中間流通機能の強化：三菱食品のリテールサポート機能」『流通とシステム』150、4-8。
箸本健二（1992）「統合情報システムとしてのリテール・サポート」『流通情報』274、9-15。
Hill, R. M. (1963), *Wholesaling Management: Text and Cases*. Homewood, IL: R. D. Irwin.
今泉文男（2010a）「小売業態別発展と卸売業への機能要請の変化」今泉文男・上原征彦・菊池宏之著『中間流通のダイナミックス』創風社。
今泉文男（2010b）「戦略的同盟と取り組み参加者」今泉文男・上原征彦・菊池宏之著『中間流通のダイナミックス』創風社。
株式会社アイ・エヌ情報センター「INDB 商業統計表 CD-ROM」。
経済産業省（2010）「地域生活インフラを支える流通のあり方研究会報告書」(http://www.meti.go.jp/report/downloadfiles/g100514a03j.pdf、2014年7月28日アクセス)。
金 顕哲（1994）「株式会社リテールサポート大阪」『慶應義塾大学ビジネス・スクール・ケース』。
近藤公彦（2010）「POS 情報開示によるチャネル・パートナーシップの構築」『流通研究』

12（4）、3-16。
久保知一（2011）「卸売業者の買い手への依存度」渡辺達朗・久保知一・原頼利編著『流通チャネル論：新制度派アプローチによる新展開』126-139。
Larke, R. and K. Davis (2007), "Recent Changes in the Japanese Wholesale System and the Importance of the Sogo Shosha," *International Review of Retail, Distribution and Consumer Research*, 17 (4), 377-390.
丸山雅祥（1992）『日本市場の競争構造』創文社。
宮下正房（1992）『現代の卸売業』日本経済新聞社。
村上剛人（2010）「少子高齢化社会の進展にともなって地域商業は再生できるのか？：『医商連携』によるまちづくりへの取組みの意義」『商学論叢（福岡大学）』55 (2・3)、115-153。
長島信一（1987）「米国のリテール・サポート (1)」『流通情報』214、8-11。
根本重之（2004）『新取引制度の構築』白桃書房。
日経流通新聞（1999年6月8日）「菱食、2卸会社統合」。
西村順二（2009）『卸売流通動態論』千倉書房。
岡本延義（1994）「新業態卸の可能性：RSOの場合」『RIRI流通産業』26 (8)、13-22。
岡本延義（1996）「リテール・サポートと競争政策」『公正取引』545、17-22。
岡本延義（1997）「業態卸の可能性を探る」『食品流通の展望と構造改善に関する研究会報告書（食品流通構造改善促進機構）』79-107。
Olsson, R., L. E. Gadde, and K. Hulthén (2013), "The Changing Role of Middlemen: Strategic Responses to Distribution Dynamics," *Industrial Marketing Management*, 42 (7), 1131-1140.
大佛健一（1995）「卸売業の業態変革を支援する流通情報システム：新業態卸売業（株）リテールサポート大阪による検証」『大阪国際女子大学・大阪国際女子短期大学紀要』21 (2)、327-349。
Quinn, J. and L. Sparks (2007), "Editorial: Research Frontiers in Wholesale Distribution," *The International Review of Retail, Distribution and Consumer Research*, 17 (4), 303-311.
Rosenbloom, B. (1987). *Marketing Functions and the Wholesaler-Distributor: Achieving Excellence in Distribution*. Washington, DC: Distribution Research and Education Foundation.
Rosenbloom, B., and T. L. Andrasa (2008), "Wholesalers as Global Marketers," *Journal of Marketing Channels*, 15 (4), 235- 252.
Rosenbloom, B. (2013), *Marketing Channels: A Management View*, 8th edition. Mason, OH:

South-Western Cengage Learning.
佐々木聡（2007）『日本的流通の経営史』有斐閣。
下村博史（2005）『中間流通の協創戦略』白桃書房。
総務省・経済産業省「平成24年経済センサス：活動調査〈産業別集計〉卸売業，小売業産業編（総括表）」(http://www.e-stat.go.jp/SG1/estat/Xlsdl.do?sinfid=000023606707、2014年7月28日アクセス）。
Stern, L. W., A. I. El-Ansary, and A. T .Coughran (1996), *Marketing Channels*, 5th edition. Upper Saddle River, NJ: Prentice Hall.
杉田聡（2008）『買い物難民』大月書店。
杉本宏幸、中西正雄（2002）「卸売企業によるリテール・サポートとその意義」『流通研究』5（2）、17-34。
杉本宏幸（2003）「卸売企業によるWebマーケティングの有効性」『マーケティングジャーナル』23（2）、72-87。
杉本宏幸（2005）「卸と小売の共存関係：リテール・サポートの実践事例の検討」『商学論究』52（4）、195-213。
田島義博（1986）「卸売文化の伝統と危機」田島義博・宮下正房編著『日本的卸売経営の未来：情報化時代への活路』東洋経済新報社。
高宮城朝則編著（1997）『卸売企業の経営と戦略』同文館。
田村正紀（1986）『日本型流通システム』千倉書房。
中小企業庁（2009）「地域中小小売業の効率的な物流システムの構築等による経営力向上・生産性向上のためのリテールサポートに関する事例調査報告書」平成20年度中小企業庁経営支援部商業課調査研究事業。
(http://www.chusho.meti.go.jp/shogyo/shogyo/2009/download/090728retail_support.pdf、2014年7月28日アクセス）。
通商産業省産業政策局商政課編（1985）『情報武装型卸売業ビジョン』財団法人通商産業調査会。
渡辺達郎（1996）「製販統合の進展と卸売商の戦略課題」石原武政・石井淳蔵編著『製販統合』日本経済新聞社。

第7章

消費者視点の業態革新の方向性
食品スーパーの事例を用いたスクリプト概念による検証を通じて

7.1 問題の所在

　本章の目的は、消費者行動研究における行動パターンとしての認知構造体である「スクリプト（script）」という概念に着目し、伝統的な流通研究の主要な概念である業態とその革新の方向性について検討するものである。

　この未知の領域に取り組んだ理由は、近年の小売企業をとりまく厳しい環境に危機感を抱いたためである。平成11年度から19年度までの商業統計のデータを時系列に見ていくと、小売業全体の売り場面積は増加しつつあるものの、年間商品販売額は減少傾向にある。これは1店舗あたりの坪単価効率が低下していることを示すものである。特に総合スーパー、食品スーパーの坪単価効率の落ち幅が大きい。坪単価の低下は競合スーパー、あるいは、他の業態から顧客を奪うための競争が激しくなることを意味している。この状況において、多くの食品スーパーは低価格を武器に自店への集客を促そうとしているため、収益はますます悪化傾向にある。

　追い打ちをかけるように、コンビニエンス・ストアは棚の什器を増設し、生鮮食品や日雑品を充実させることで女性客層を拡大し、食品スーパーに対抗しようとしている。また、「まいばすけっと」に代表される小商圏型のスーパーがコンビニエンス・ストアと食品スーパーの隙間をついて増加傾向にある。このように食品を中心に扱う食品スーパーとコンビニエンス・ストアとの業態間の違いはあいまいになってきている。

しかし、こういった現状においても、独自性を持ち、売り上げを伸ばしている食品スーパーがいくつか存在することも事実である。そこで、本章では消費者の業態に対する認識をスクリプトという概念で把握しながら、小売企業の独自性のある取り組みが消費者にどのように認識されているのかを明らかにすることで、小売企業の進むべき方向性を示すものである。

7.2 スクリプトを通じた業態認識

7.2.1 消費者視点の業態認識

　魚屋や文具店といった「屋」や「店」のつく特定の専門品を扱う店舗は「業種店」といわれており、こういった商品をどのように取り扱うかが「業態店」であるといわれる。伝統的な流通研究における業態の議論はあくまでも「商業者の視点」からのものが中心であり、店舗展開における戦略コンセプトとして業態を捉えようとする傾向が強いものである。そのため、業態の議論の中に、消費者の受容や拒絶といった消費者反応や消費者ニーズといった視点が欠落している（Alderson 1965；白石 1993）。近年になって、ようやく消費者との接点を考慮しようとする試みが進みつつあるものの（*cf.,* 向山 2009）、未だ消費者視点による業態論というものは存在していない。かつて Alderson（1965）が小売の輪理論に対して「消費者を（業態研究の—筆者注）体系の中に戻す必要がある」と指摘した点を再認識するべきであろう。

　では、消費者は店舗をどのように認識しているのであろうか。もしかすると、消費者は業種や業態という区分で店舗を識別していないのかもしれない。特にわが国では、狭い地域に多数の店舗が密集しており、この環境の中に様々なタイプの店舗が混在している。このような複雑な買い物環境の中にあっても、消費者はタイプの異なる店舗をある一定の行動パターンを持ちながら、うまく使い分けている。そのパターンの違いこそが業態（というタイプ）の違いの認識につながると考え、本章では、消費者の認知構造体であるスクリプトを通じた業態認識の可能性について検討していく。

7.2.2 スクリプトを通じた業態認識

スクリプトとは、消費者のマインドに展開されるひとつのシナリオや台本のようなものであり（新倉 2012b）、消費者は買い物行動を通じて得られた経験や行動パターンをスクリプトによって認識しているのである。図7-1に示すように、コンビニエンス・ストアを例にすると、「店に入る」「雑誌を眺める」「ドリンクを手に取る」「惣菜・パンを手に取る」「レジで精算する」といったように、実際の状況において起こる連続したイベントのことであり（Schank and Abelson 1977）、「もし…なら、その時は…（if..., then ...）」で続く知識組織体である（Peter and Olson 2010）。

このように、スクリプトは時間軸に沿って展開される状況と、そこでの行為の因果関係の連鎖から構成され、特定のエピソードや意味論的な知識を併せ持ち、目的達成や意思決定の状況において作動する、手順に関する一体化された知識構造のネットワークである（cf., Barsalou and Sewell 1985；青木 1993；川崎 1995；Shoemaker 1996；棚橋 1997；新倉 2012a；2012b；Peter and Olson 2010；Solomon 2013）。

消費者は基本的に、日々の生活の中での経験や行動を通じて知識を貯えていく（佐伯 1990；Peter and Olson 2010）。そのため、スクリプトもこれまでの経験と共通した状況やある状況に繰り返し出会うことで、または、異なる状況において共通する行動パターンを見出そうとすることで創り上げられていく（cf., Shank 1982、邦訳25頁；Shoemaker 1996）。

スクリプトの構造は時間的に推移する行動の要素から構成される。さらに、それぞれの要素はそれよりも小さな行為や出来事の連鎖によって構造化されている（cf., 深田・仲本 2008）。スクリプトに含まれている個々の行為はあらかじめ予測されるため、消費者はその場面に出くわしてもスムーズに行動することが出来る。そして、次に何が起こるかという予測をも可能にす

図7-1 コンビニエンス・ストアでの買物行動スクリプトの例

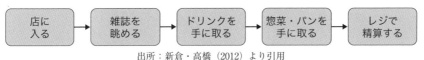

出所：新倉・高橋（2012）より引用

る（cf., 改田 2000）。このような点から、消費者がスクリプトを通じて業態を認識することの利点は、ある流通サービスで習得したスクリプトを類似のサービスを利用する時に適用したり、次の展開の予想や新しい状況に適応したりすることが可能になることである（cf., Shoemaker 1996 ; Peter and Olson 2010）。

7.2.3　スクリプトの階層性

　日常の身近な買い物行動スクリプトは、大きく3層構造で捉えることができる（新倉・髙橋 2012）。その階層とは、店舗内行動スクリプト、売り場行動スクリプト、選択行動スクリプトである。図7-2に示されるように、これらのスクリプトはある認知要素を媒介にして、それぞれが関係づけられている。店舗内行動スクリプトに含まれるある1つの認知要素は、ある売り場行動スクリプトを構成している。そして、そのなかの1つの認知要素が次の選択行動スクリプトを構成している。さらに、そのなかのある認知要素が最終選択肢となり、買い物かごの中に取り込まれるということになる。

　例えば、食品スーパーにおける主な店舗内行動スクリプトとは、「カゴを取る」「通路に沿って歩く」「パック商品をカゴに入れる」「レジで精算する」「自分で袋に詰める」という店舗内での一連の行動体系である。髙橋（2014）

図7-2　スクリプトの階層性

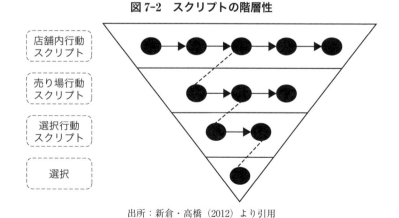

出所：新倉・高橋（2012）より引用

で、実際のアンケートデータで確認したところ、食品スーパーとコンビニエンス・ストアでは店舗内行動スクリプトの数が大きく異なっていた。この点からも食品スーパーとコンビニエンス・ストアは行動パターンにおいて異なる業態であると認識されている。

売り場行動スクリプトとは、鮮魚売り場の場合、「売り場全体を眺める」「コーナーに近寄る」「1つずつパックを見る」といった行動体系である。選択行動スクリプトとは、お刺身コーナーであれば、「鮮度と値段をみる」「(鮮度は)血が滲んでいないか確認する」「(値段は)ボリュームとのバランスを検討する」といった細やかな行動体系である。一般的に、選択ヒューリスティクスと呼ばれるものに相当する。

7.3 スクリプト操作による革新性（仮説）

7.3.1 2つの革新性（仮説）

こういった買い物行動スクリプトが展開される食品スーパーという業態において、近年、従来とは異なる新しい店舗づくりを試みようとする小売企業がある。こういった新しい「業態の芽」となる可能性をもつ企業は、同業の中から、あるいは同業以外から、革新的な存在として立ち現れてくるのであろう（cf., 中西 1996）。いくつかの革新的な企業を分類すると、店舗内行動スクリプトの次元と、売り場行動スクリプトの次元において革新性を展開していることが確認できる[1]。

まず、店舗内行動スクリプトの次元における革新性について述べる。通常、食料品の買い物は義務的なものであり、食品スーパーでの買い物を楽しいと感じている人はそれほど多くない。しかし、近年、その買い物の場を演出することで、義務感をショッピングモードに切り替えさせようとする動きが増えてきている。これは、消費者の食料品を買うという目標達成におけるプロセスそのものを楽しませることで（池田・村田 1991）、来店者の快楽的動機や店舗に対する感情的な関与（愛着）を高め（新倉 2005；青木 2011）、購買点数や購買単価の増加を見込もうとする方向性である。

つまり、従来の食品スーパーでの「義務的な買い物」を見直し、「店舗内での買い物自体の楽しさ」を演出する売り場にすることで買い物自体における知覚変容を意図して「店舗内行動の流れを変える」という革新性である。この革新性をH1（仮説1）と設定する。

一般的に成功している小売企業は、実利的（utilitarian）な側面と、快楽的（hedonic）なニーズの両方を満たそうとする（Levy and Weitz 2009、p.100）。また、小売の存在とは単に、従来のモノの確保・在庫・移動といった伝統的な機能的側面ではなく、顧客経験を演出するための空間として見ることで、従来の存在を超えることが可能となる（cf., Sorescu et al. 2011）。とりわけ、近年のリテール・ブランド・エクイティの研究領域においても、食品スーパーの雰囲気やサービス、品揃えのあり方（見せ方）がブランド形成に影響することがわかってきており（Ailawadi and Keller 2004；Esbjerg and Bech-Larsen 2009）、義務的な食品の買い物の場を演出することで他店とは異なる感性的価値や経験価値を醸成する売り場のデザインが競争の次元として重要になってきているのである（Schmitt 1999；2003；Ailawadi and Keller 2004）。

実際、こういった売り場のデザインによって低価格競争から抜け出そうとする食品スーパーが増加しつつある。例えば、本章で取り上げる高知県の「サンシャイン」（株式会社サンシャインチェーン）、九州を中心に展開する「ハローデイ」（株式会社ハローデイ）、関西を中心に展開する「阪急オアシス」（株式会社阪食）などである。こういった動きは米国の方が先行しており、Nugget Markets（ナゲット・マーケット）やWhole Foods Market（ホールフーズ・マーケット）などの食品スーパーはオーガニック食材や地産地消の品揃えだけでなく、店内の雰囲気作りにもこだわり、積極的に売り場を演出しようと試みている。

売り場行動スクリプトの次元における革新性とは、従来の食品スーパーにおける品揃えを見直し、ある特定売り場において、一般的な品揃えよりも幅と深さを大胆に拡充し、「選ぶ楽しさ」を演出することで消費者にインパクトを与え、「売り場行動の流れを変える」という革新性である。この革新性

をH2（仮説2）と設定する。

業態とは、関与が高まるほど売り場単位で判断されるもので、「品揃えパターンから識別され得る小売店舗のタイプである」（上原 1999）という意見もあり、従来の「品揃え」の程度を越える徹底した品揃えによって顧客の知覚を変え、消費者の目標達成やこだわりに徹底的に対応していくことで、同質化に向かう競争を回避するひとつの方向性になると考える（*cf.*, 池田・村田 1991；余田 2004；延岡 2006）。

しかし品揃えとは、単に商業者が膨大な種類の商品を「平坦に集める」というものではない。社会的に広く受け入れられている「分類コード」にしたがい、消費者の購買をより容易にするための売買の集中であるという点である（*cf.*, 石原 2000）。

EDLPなどの低価格戦略を展開する小売企業の場合、ある程度の売れ筋に品目を絞り込み、仕入れにおけるバイイング・パワーを高めようとするが、カテゴリーに対する知識が豊富な「スナック菓子」や「レトルト食品」「日雑品」、購買関与が高い「調味料」などにおいてまで選択肢の幅を狭めてしまうと、その選択肢の数の少なさが不満につながると考える（*cf.*, 髙橋・德山 2012）。同様に、欠品の多さや品質の悪さも消費者の比較検討の選択肢を狭めてしまう。そのため、「もしかしたらもっとよい商品を入手出来たかもしれない」という機会損失のリスクを高めることとなり、売り場に対する不満は高まる。逆に無駄に多すぎても選択の困難性によって不満が高まるのである。

つまり、商品が多様化している現状において、商業者が求められている点は、もっと積極的に需要をとらえ、それに照らして必要な品揃え物を形成することである（石原 1999）。言い換えれば、どのようなテーマ性をもって商品を集めてくるかといった「売り場（カテゴリー）の編集力」なのである。

こだわりの強いカテゴリーにおいて、特徴的で高品質な品揃えを行う食品スーパーには、首都圏の「成城石井」や「紀ノ国屋」、関西圏の「いかりスーパー」などが知られているが、加工品（グロッサリー）商品を中心にバラエティ豊かに揃え、それを演出することで近年、店舗数を拡大させている株式会社エースの「北野エース」の売り場にもその革新性をみることができる。

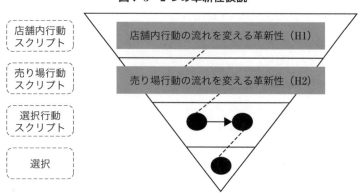

図7-3 2つの革新性仮説

　店舗内行動の操作と、売り場行動の操作による革新性を通じて、買い物カゴに入るアイテム数の増大、1アイテムあたりの単価向上が期待できるのであれば、そこにひとつの競争優位の方向性があるということであり、それが新しい業態の芽になる可能性が考えられるのである（図7-3）。

　そこで本章では、この2つの革新の方向性を「業態の芽」として捉え、それぞれの方向性を検討するにあたり事例を取り上げる。事例を取り上げる前提条件として、単にユニークさを狙ったベンチャー的なビジネスモデルの次元ではなく、ある程度の規模で確立された売り方のスタイルが必要であると判断した。そこで、日本チェーンストア協会の入会資格規定である「チェーンストアを営む小売業法人であって、11店舗以上または年商10億円以上」の小売企業を対象にする。この条件を踏まえ、店舗内行動の流れを変える革新性（H1）には「サンシャインチェーン」を、売り場行動の流れを変える革新性（H2）には「北野エース」を取り上げ、その取り組みとともにデータを通じた確認を踏まえ、業態の芽の方向性を検討していく。

7.3.2　サンシャインチェーン：店舗内行動の流れを変える革新性（H1）

　株式会社サンシャインチェーン（以下：サンシャイン）は、高知県稲荷町に本部を置く、ボランタリーチェーンである。資本金3億円で1961年4月に創業し、2015年2月現在、加盟企業10社で32店舗（直営店15店舗、チェー

ン店17店舗)を展開するグループ年商400億円の食品スーパーである(なお、この事例の詳細、および、資料の引用元については髙橋2011、髙橋2012を参照されたい)。このサンシャインが本社を置く高知県の人口は2005年以降、80万人を割り込み、年々減少しつつある。高知県の県民所得は全国ワースト1、2を争っており、失業率も高い。さらに、景気の低迷が消費者の低価格志向を促したことで食品スーパーの経営を圧迫してきており、2002年から2008年の6年間で高知県下の食品スーパーは120店舗のうち20店舗ほどが整理の対象になったり、閉店に追い込まれたりするという厳しい状況下にある。この状況にあってサンシャインは「食はファッション」であるとし、「楽しさ」を演出する「ショッピングの場」としながらも鮮度や品質にこだわり、他店と比べても引けをとらない価格で販売することで、自らを(品質の良い商品をより高価格で販売する高級スーパーではなく)「高質スーパー」として位置づけ、業績を伸ばしている。

　このサンシャインの取り組みは、オリビオ(ORIBIO)、カルディア(CARDIA)、クラージュ(QURAGE)、ベルティス(BERTIS)といった活気のある独特な店名と共に、目をみはるのが店舗の雰囲気である。店内に一歩足を踏み入れると、温かみのある照明とパステル調の内装、インパクトのある什器設備には立体的に陳列されたカラフルでボリューム感あふれる果物や野菜が来店客を出迎え、気分を盛り上げていく(図7-4)。

　店内の入口付近には、地域の農家が直接持参し、名前が記された個々の青果が並ぶ「産直市」、店舗内の主通路や、来店客を誘引する目立つ場所やしかけとなる位置には、従業員自らが店舗内で調理したり、マグロの解体を実施したりする「ライブ販売」が展開されており(図7-5左)、売り場のいたるところには豊富な試食が用意されている。この試食の数は、大きな規模の店の場合、20か所にも及ぶ。このような売り場の施策によって、来店客の視覚や嗅覚、聴覚、味覚といった五感を刺激していく。

　しかし、いくら見栄えの良さや演出の楽しさを醸成したとしても他店とは比較される。そこで独自のマーチャンダイジング手法(2:6:2のMDマトリックス)がある。これは、売れ筋の商品や価格で勝負する商品を品揃えすることで他店舗との競争に参加し、独自の商品で他店との違いを訴求する。

図7-4　店内の様子

出所：サンシャインチェーン本部より提供

図7-5　ライブ販売（左）とコトPOPの事例（右）

出所：サンシャインチェーン本部より提供

　この品揃えに加え、POPを工夫する。買い物客の知りたい商品に関する知識や商品にまつわるエピソードなどを楽しく伝える「コトPOP」（図7-5右）や、鮮度という見えにくい価値を「見える化」していくための「鮮度宣言」といった大きなPOPを展開することで、来店客にサンシャインのこだわりや方針を理解してもらおうと努力する。

　サンシャインの取り組みを整理すると、店舗内の雰囲気で気分を高め、各売り場を演出し、独自の品揃えとコトPOP、鮮度の見える化による売り場のデザインを通じて、自社のポジショニングを「義務的な食料品の買い物の場から、ショッピングの場」とすることで、低価格競争に向かう土俵には陥らない方向性を目指す。

　食品スーパーとしての業態を意識しつつも、独自商品と販売方法を工夫することで売り場を楽しく演出していく取り組みは、業態の1つの革新性になっていくと考えられる。

　なお、岡山・髙橋（2013）では、購買行動を通じた経験価値が高い消費者

ほどその小売企業に対する感情的なつながりを高め、購買点数が増加する傾向にあることを示した。これらの点から、サンシャインの取り組みは他の食品スーパーとは異なる店舗内行動スクリプトが顕著に立ち現れると考える。

7.3.3 北野エース：売り場行動の流れを変える革新性（H2）

株式会社エースは、兵庫県尼崎市に本部を置く1962年創業の食品スーパーである。2014年2月期時点で223億円の売上があり、いくつかの業態を展開しているが、本稿では、特に、加工食品や専門分野に特化した品揃えを展開する「北野エース」（62店舗）を中心に取り上げる。なお、北野エースの詳細、および、資料の引用元については髙橋（2013）を参照されたい。

北野エースの特徴は、消費者がこだわりを持つ分野を中心に徹底的に品揃えしていることである。具体的には、レトルトカレー、インスタント・ラーメン、チーズやオリーブ・オイル、ドレッシング、しょうゆやポン酢、味噌や塩といった加工品（グロッサリー）の売り場を充実させてきたことである（図7-6左）。例えば、レトルトカレーだけで440種類、ドレッシングは160種類、しょうゆなら110種類を取り揃えており、一般的な他の食品スーパーに比べて、2倍から3倍の数を揃える。顧客が1人でも望む商品は棚に並べるため、同一分野で陳列が100品目を越えるカテゴリーも多い。そして、これらの売り場は単に商品数が多いだけでなく、ユニークな商品が多いことも特徴である。

特に、全国の「ご当地商品」を徹底して集めた品揃えが他店との差別化の源泉であり、こういったユニークな商品や地域の顧客が求める商品を徹底的に取り揃えることで、「どうせ買うならいいモノを楽しく買いたい」と思わせる売り場を演出する。

特徴的なのは、440種類を集めたレトルトカレー売り場である。「海軍カレー」「鳥肌の立つカレー」などユニークな商品を中心に、数多くの商品を取り扱うため、パッケージ面（フェイス）を来店客に向けておく事が出来ない。そこで、書籍のように背表紙のタイトルだけが見えるような「ブック陳列」と呼ばれるユニークな陳列が来店客の目を惹く（図7-6右）。こういったカテゴリーに対する知識や購買関与が高い来店客も「発見すること」を楽

図 7-6 北野エースのグロッサリー売り場（左）とレトルトカレー売り場（右）

出所：株式会社エース ホームページより引用

しみ、「選ぶこと」を楽しみ、そして、「購入した商品を自宅で消費する楽しみ」を期待しながら買い物する。こうした取り組みで、同社のレトルトカレーの売上は5年前と比較して10倍の5億円に達しており、北野エースの認知度も向上したという。

　インスタント・ラーメンの場合も、「熊出没注意醤油ラーメン」「毛ガニラーメン」「オキコラーメン」などのように、ユニークな商品を多く取り揃え、目立つ売り場に配置している。この徹底した品揃えにより、しょうゆやドレッシング、たれなどそれぞれの専門店の集合のような店づくりを目指している。

　ただし、回転率の問題から、生鮮や日配品などのカテゴリーを品揃えをすることは困難であるため、徹底した品揃えの中心は「賞味期限が長い加工品」が中心となる。こうした商品は刺激やこだわりを求めて、目的を持って来店する消費者も多い。そのため、『北野エースだったら〇〇』と消費者に想起される〇〇のカテゴリーを店舗のもっとも目立つ場所に配置する。そして、その周辺の目立つ位置にプライベート・ブランド（以下：PB）のキタノセレクションを展開する独自の売り場レイアウトを基本とすることでPBを積極的にアピールする。このキタノセレクションは400品目あり、売上の1割程度を占めている。「成分やカロリー、エネルギー、添加物を気にする消費者が圧倒的に増えている。だから我々は安心・安全を提供し、顧客の信頼を得るために、商品の作り手であるメーカーが用いる原材料や成分まで気にしながら開発している」という力の入れようである。

　こういった個性的な商品の購入を手助けするため、商品知識をそなえたコ

第7章 消費者視点の業態革新の方向性

ンシェルジュを店頭に配置し、対応する。さらに、売り場スペースとの関連で、棚から商品を外さなければならない場合は、その商品の取り扱いを依頼してきた顧客に「外して良いか確認してから実施する」という徹底ぶりである。仮に棚から外した後、その顧客から注文があれば、取り寄せるように配慮する。

　北野エースの強みは徹底した品揃えとコンシェルジュによる顧客対応だが、いくら良い商品であっても価格だけを見ると割高に見えてしまう。そこで北野エースでは、商品の魅力を伝えるために棚作りとともにPOPやパッケージを非常に重要なツールとして位置づけている。棚作りの設計において最も重視する点は、いかにおいしく見せるかという『鮮度』である。加工品は中身がわからないため肉や魚と同じように、パッケージでその鮮度を伝える必要がある。そして「基本的には縦割りで商品ジャンルを区切るが、北野エースの本来の考え方は専門店の中の専門店マーチャンダイジングなので、棚を見たときに戦略的に売りたい商品、例えば、ドレッシングならドレッシングを"ぐーっ"と横に深く広げていく」ことで深く広く展開し、「売り場にワクワク感を出すこと」に徹底的にこだわる。

　しかし、北野エースでは地域ニーズを反映させるため、品揃えの決定権は店長にあり、店舗によって品揃えの幅や広さが異なる。1店たりとも同じ店はない。そのため、従来のチェーンストア経営のように、本部がまとめて仕入れる商品を計画し、店舗がその方針に従って仕入・販売するといった機能分担ではない。かといって、「売上規模での競争では大手にはかなわない。我々は常に客数を増やすことに意識を向けている」そして、「誰が何を購入したのかわからないためPOSデータによる品揃えはしない」という。ではどうしているのか。それを実現するためのユニークな仕入れの方法が「仮想市場」である。このプロセスはまず、本部の部門バイヤーが日本の津々浦々にあるユニークで価値のある商品を仕入の対象として確保してくる。そこまでは従来のチェーンストアと同様であるが、その仕入対象商品を仕入れるかどうかをバイヤーと各店舗の店長が商談しながら決めていく。

　こういった北野エースの徹底した品揃えは地域ニーズへの対応だが、もうひとつの理由は、同質化に向かう値下げ競争からの回避でもある。「東京進

出を含めたこれまでの15年の間に量販の食品スーパーから質販の専門店へと構造改革してきた」という。

　北野エースの取り組みを整理すると、消費者のこだわりが強いカテゴリー（売り場）の品揃えは地域ニーズに徹底的に対応しつつ、日本全国のユニークな商品を揃え、魅力を高める棚作りや販促ツールで使用シーンを醸成し、購買意欲をかき立てる。来店客は目的の商品を探しつつ、ユニークな商品との比較検討を通じて、見つける楽しみや選ぶ楽しみを感じていると考える。そのため、店舗内行動スクリプトの次元よりも、売り場行動スクリプトにおいて特徴のある行動を示すと考える。

　この節では、取り組みの異なる2社の事例を見てきた。では、この2社の食品スーパーを利用している消費者の店舗内行動スクリプト、および、売り場行動スクリプトは他の食品スーパーと比べてどのように異なっているのだろうか。行動パターンが異なっていると認識されているのであれば、一般的な食品スーパーとは異なる存在であると理解されていると考えられる。そこで、実際のデータにもとづき、上記の点を検証していく。

7.4　革新性仮説の検証

7.4.1　検証に用いたデータ

　本研究の検証に用いたデータは、株式会社マクロミルのハウスホールドパネルに対して行った、スクリーニングを伴うインターネット調査結果である。調査エリアは関東1都6県、関西2府4県、愛知、広島、高知、九州である。調査期間は2012年9月24日から9月26日であり、抽出・割付条件はこの1年以内に食品スーパーを利用している女性（既婚）かつ、特定の食品スーパーを「最も好き」と回答した人として設定した。回収数は3118サンプルである。なお、調査対象として設定した食品スーパーは、サンシャインチェーンや北野エースだけでなく、関東、関西を中心とする主要な小売企業58社であり、企業ごとに50サンプル程度の回答を確保している。[2]

7.4.2 店舗内行動の流れを変える革新性（H1）の検証

分析に用いた質問は、店舗内行動に関するリストを提示し、「食品スーパーに買い物に行くと決めてから、店内で買い物をして、帰るまでの行動パターンについてお伺いします。あなたが普段、主に行っている行動にあてはまるものをすべてお答えください」とし、回答してもらったデータである。

本章で提示した店舗内行動リスト、売り場行動リスト、選択行動リストはプリテストの回答をコード化した際、その行動リストに沿って選択肢を設定したものである。さらに、店舗内行動リストは行動順の回答を得ていたため、行動順ごとの最頻値を確認し、髙橋（2014）で示した食品スーパーのスクリプト構造（ネットワーク分析の結果）に沿った行動順に並べ替えている。なお、行動リストの中で出現率が3％に満たなかった「その他の売り場に行く」(1.6％)、「その他の行動をする」(1.4％) は除外して検証に用いる。

まず、店舗内行動について確認する。図7-7で示すように、全体（サンシャインと北野エースを除く他の食品スーパー利用者：以下全体とする）における主な店舗内行動は、買い物に行く前から帰宅までを含めると、「身支度をする」(71.9％)、「持ち物を用意する」(73.2％)、「カゴを取る」(93.5％)、「入口から順に店内を一通り見る」(73.0％)、「特売やセール品／目玉商品／見切り品を見る」(73.5％)、「野菜売り場に行く」(93.0％)、「魚／刺身売り場に行く」(82.3％)、「肉売り場に行く」(88.9％)、「レジで精算する」(94.3％)、「ビニール袋・エコバッグに詰める」(91.7％)、「カート／カゴを返す」(90.5％)、「店を出る／帰宅する」(91.1％) となっていた。

次に、全体と比較した場合に、サンシャインの方が統計的に有意かつ、差の大きい行動順に示すと、「置いてある試食を食べる」(24.7％、全体より+15.7pt)、「カートを取る」(83.6％、全体より+15.0pt)、「乾物／レトルト売り場に行く」(39.7％、全体より+11.7pt)、「買い忘れがないかチェックする」(58.9％、全体より+10.2pt) となる（なお、「乾物／レトルト売り場に行く」という項目において、売り場行動スクリプトを確認したが、全体傾向と比べて統計的に差があった行動は「欲しいものがあるときだけ売り場による」(34.5％、全体より-21.6pt) だけであったため、グラフは割愛する）。逆に、「目当ての売り場に直行する」(13.7％、全体より-9.3pt) という行動は全体より

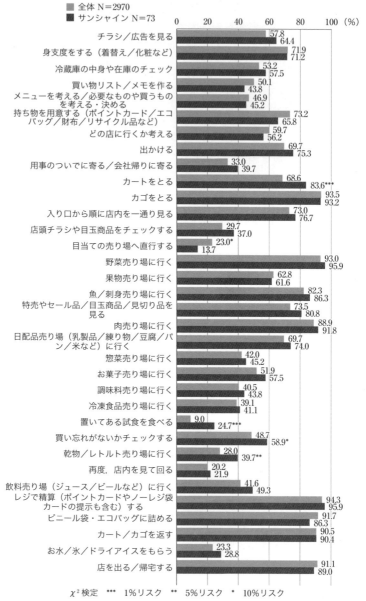

図7-7 サンシャインの店舗内行動パターン

ここで示す「全体」とは、サンシャインおよび北野エース以外の食品スーパーを好む層のスクリプト行動を示す。

低い傾向にあった。

　これらの傾向から、サンシャインにおける店舗内行動を考察すると、開放的な空間でカートを押しながら、店内の至る所で行われている実演販売や、そこで提供されているたくさんの試食を手に取りながら、店内をゆったりと回遊する様子がうかがえる。来店客の義務的な買い物モードをショッピングに変えるという施策は成功していると考えられ、一般的な食品スーパー（という業態）とは異なる行動パターンとして認識されており、革新の芽としてのひとつの方向性があり得ると確認できた。

7.4.3　売り場行動の流れを変える革新性（H2）の検証

　同様に図7-8で示した店舗内行動パターンにおいて、全体と北野エースで統計的に有意かつ、差の大きい行動を順に示すと、「調味料売り場に行く」（53.4％、全体より+12.9pt）、「果実売り場に行く」（74.0％、全体より+11.2pt）、「冷蔵庫の中身や在庫のチェック」（63.0％、全体より+9.8pt）、「乾物／レトルト売り場に行く」（37.0％、全体より+9.0pt）、「肉売り場に行く」（95.9％、全体より+7.0pt）、「レジで精算する」（100.0％、全体より+5.7pt）となっており、逆に「チラシ／広告を見る」（43.8％、全体より-14.0pt）、「特売やセール品／目玉商品／見切り品を見る」（58.9％、全体より-14.6pt）という行動は全体より低い傾向にあった。

　これらの行動パターンの傾向から、北野エースにおける行動パターンを考察すると、チラシや特売といった低価格を狙って来店するのではなく、冷蔵庫の中身を見ながら、自分にとって本当に必要なものを買うために来店している。レジでの精算が100％であることからも、目的達成が可能な店舗であると認識されていると考えられる。また、全体的に売り場の立ち寄り率も高く、とりわけ、上記の調味料、果実、乾物／レトルト、肉売り場などに立ち寄る行動パターンが特徴となっている。しかし北野エースの場合、果実や肉などの生鮮を主には扱わない。おそらく、百貨店や商業施設にテナントとして展開していることが多いため、消費者が隣り合う他社の生鮮関連の売り場を北野エースの売り場だと勘違いしている場合もあると考えられる。そこで本章では、主に調味料売り場と乾物／レトルト売り場を中心に売り場行動（お

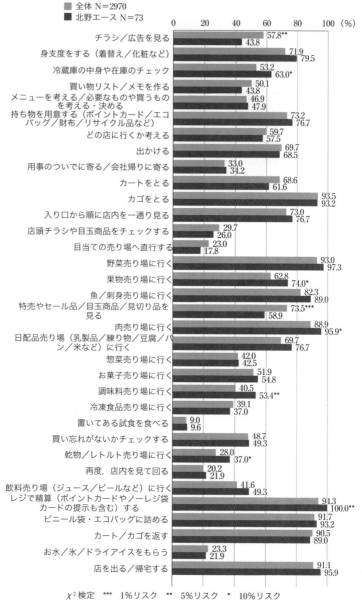

図7-8 北野エースの店舗内行動パターン

χ² 検定　***　1%リスク　**　5%リスク　*　10%リスク

ここで示す「全体」とは、サンシャインおよび北野エース以外の食品スーパーを好む層のスクリプト行動を示す。

第7章 消費者視点の業態革新の方向性

よび選択行動)を確認していく。

　まず、全体における売り場行動について傾向を確認する。図7-9で示すように、調味料売り場や乾物・レトルト売り場の全体の傾向は、「欲しいものがある時だけ売り場に寄る」(調味料売り場61.5％・乾物・レトルト売り場56.1％)といった行動が主である。全体と比較した場合、北野エースで統計的に有意で、顕著な行動としては、調味料売り場での「目当ての商品や好きな商品を探す」(46.2％)である。他にも、「気になる商品は手に取ってチェックする」(調味料売り場41.0％・乾物・レトルト売り場44.4％)、「商品を比べる」(調味料売り場25.6％・乾物・レトルト売り場29.6％)など、かなり入念な商品チェックが行われており、全体よりも購買関与が高い状態で、売り場の行動をしている様子が伺え、商品に対するこだわりの強さが行動面にも現れていると考える。

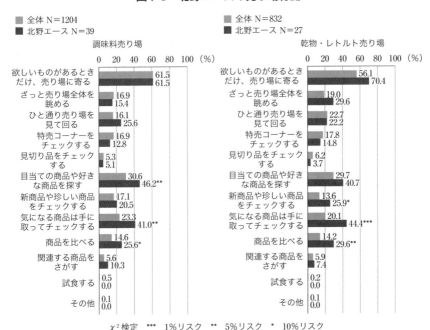

図7-9　北野エースの売り場行動

ここで示す「全体」とは、サンシャインおよび北野エース以外の食品スーパーを好む層のスクリプト行動を示す。

念のため、選択行動についても確認しておく。図7-10で示すように、調味料売り場や乾物・レトルト売り場の全体の傾向は、「価格や特売かどうかを確認する」（調味料売り場65.9％・乾物・レトルト売り場66.8％）という行動が圧倒的だが、北野エースで統計的に有意で、顕著な行動としては、「賞味期限や消費期限、日付を確認する」（調味料売り場53.8％・乾物・レトルト売り場55.6％）、「成分表／原材料や添加物・カロリーなどを確認する」（調味料売り場33.3％・乾物・レトルト売り場37.0％）、乾物・レトルト売り場の場合、「大きさや量（グラム数）、個数などを確認する」（40.7％）など、価格よりも成分や中身を重視した比較検討購買を行っている様子であり、一般的な食品スーパー（全体傾向）とは異なる選択ヒューリスティクスである。特に、調味料の場合は、「メニューや調理方法を確認する」ことが重要であり、売り場でのPOPを通じた「価値訴求」が上手く消費者の選択行動に影響を

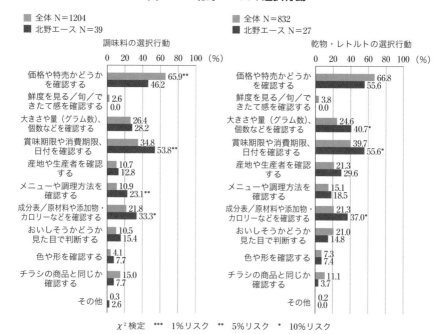

図7-10 北野エースの選択行動

χ^2検定　***　1％リスク　**　5％リスク　*　10％リスク

ここで示す「全体」とは、サンシャインおよび北野エース以外の食品スーパーを好む層のスクリプト行動を示す。

与えていると考えられ、低価格に陥らない競争の次元へと誘導できている。

7.4.4 購買単価・購買点数の検証

上述した店舗内行動や売り場行動に差があったとしても、それが成果につながらなければ同質化競争から抜け出す施策にはならない。つまり、サンシャインおよび北野エースの店舗における購買単価、購買点数が全体よりも高くなる必要がある。購買単価の確認には「同じジャンルの商品でも、他の店より、単価の高い商品を買ってしまう」という質問項目を、購買点数の確認には「この店で買い物をすると、つい、買い物点数が増えてしまう」という質問項目を用いる。いずれも「5. とてもあてはまる」から「1. まったくあてはまらない」の5点尺度で測定している。

全体とサンシャイン、北野エースの上記の質問項目に差があるかどうかを確認するために、分散分析を行った。購買単価は「$F_{2, 3113} = 29.322$、MSE=0.834、p<0.001」となり、0.1％リスク水準で有意差があった。等分散が仮定されることから、Bonferroniのt検定で多重比較を確認したところ、全体よりもサンシャインの購買単価の方が有意に高く、また、サンシャインよりも北野エースの購買単価の方が有意に高くなる傾向にあった（図7-11）。

同様に、購買点数の分散分析を行ったところ、「$F_{2, 3113} = 3.469$、MSE=0.786、p<0.05」となり、5％リスク水準で有意差があった。等分散が仮定されることから、Bonferroniのt検定で多重比較を確認したところ、全体よりも北野エースの購買点数の方が有意に高くなる傾向にあった（図7-12）。

この結果から、店舗内行動の流れを変える革新性よりも、売り場行動の流れを変える革新性の方が購買単価・購買点数ともに高まることが明らかになってきた。これらの点からも消費者視点での売り場づくりに業態の革新性の鍵があると考えられる。

図 7-11　購買単価の平均値

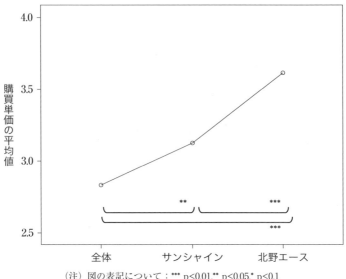

（注）図の表記について：*** p<0.01, ** p<0.05, * p<0.1

図 7-12　購買点数の平均値

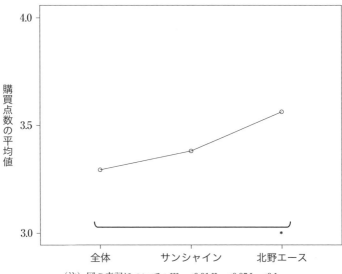

（注）図の表記について：*** p<0.01, ** p<0.05, * p<0.1

7.5 まとめと今後の課題

　本章では、業態というテーマに消費者視点で迫ろうと試みた研究の一端である。そのアプローチとして消費者の行動パターンとしての認知構造体である「スクリプト」に注目し、業態を行動パターンの集合として位置づけ、食品スーパーをその対象フレームとし、店舗間の同質化に伴う低価格競争からの回避としての革新の方向性を検討してきた。現時点で見えてきている業態の革新性には2つの方向性があり、ひとつは店舗内行動の流れを変える革新性（H1）であり、もうひとつは、売り場行動の流れを変える革新性（H2）である。H1はサンシャインの事例とデータで、H2は北野エースの事例とデータで検証してきた。

　検証の結果、店舗内行動の流れを変える革新性（H1）の場合、店舗内での買い物を楽しませようとする売り場の演出によって、目的の売り場にだけ買いに行くのではなく、カートを押しながら至るところで実演される試食をつまみ、ついつい買い忘れが無いか確認するほどに、買い物の場を楽しんでいることがわかってきた。それによって、従来の義務的な売り場ではないショッピングとしての場としてのポジショニングの方向性がありうると考えられる。また、売り場行動の流れを変える革新性（H2）の場合、こだわりの強い加工品の品揃えを深め、選ぶ楽しさを演出することで、従来の食品スーパーとは異なる選択ヒューリスティクスを形成させることに成功し、低価格に向かう競争から回避するポジショニングを確保しようとしている。特に、売り場行動の流れを変える革新性（H2）は、店舗内行動の流れを変える革新性（H1）よりも購買単価および購買点数が増加する傾向にある。

　このように、スクリプトのある部分の認識を変えていくことが、新しい業態の芽の方向性を検討する材料となること、そして、店舗内行動よりも売り場行動のスクリプトの操作の方が小売企業にとっては業績につながりやすい、ということを示した点が本研究の貢献である。

　しかし、本研究にはまだいくつか課題も残る。第1に、革新性のある小売企業のスクリプトと消費者の知識概念との関係まで踏み込んで議論できていない点である。第2に、記憶ベースのスクリプトが実際の行動データと一致

しているのかも確認しなければならない。こういった消費者の知識概念や認識論、行動データとの関係について、今後実証を重ねていく予定である。

(髙橋 広行)

付記

本研究は平成24年度科学研究費基盤（C）研究課題番号［24530544］「消費者視点のカテゴリー・マネジメント：品揃え形成の視点から」の交付を受けて行った研究の成果の一部である。

注釈

1) EDLP（エブリデイ・ロー・プライス）タイプや低価格を追求する小売企業（例えば、オーケーストア）もいくつか登場しつつあるが、ここでは従来の流通研究における業態革新の側面とは異なる視点で検討すること、および価格競争を回避することが同質化する市場から抜け出す方向性であると考えることから、低価格路線以外の方向性を前提とする。
2) 3118サンプルに含まれる食品スーパーは以下の通りである。

大手チェーン（28社）売上高1000億円以上で複数の都道府県に展開している企業
いなげや、エコス、オーケー（OKストア）、カスミ、サミット、ベルク、マルエツ、ヤオコー、ヨークベニマル、ヨークマート、三和（sanwa）、東急ストア、万代、マックスバリュ、サンディ、ピーコックストア、バロー、ベイシア、タイヨー、マルキョウ、マルショク、ハートフレンド（フレスコ）、ライフコーポレーション（ライフ）、オークワ、マルナカ、山陽マルナカ、サンリブ、ヤマナカ
ローカルチェーン（16社）首都圏・関西圏・愛知で上記以外の上位1～2社の企業
コモディイイダ、とりせん、フレッセイ、マミーマート、ワイズマート、相鉄ローゼン、富士シティオ、コノミヤ、さとう、マルアイ、マルハチ、玉出、光洋（コーヨー）、グルメシティ、アオキスーパー、フィールコーポレーション
個性的なスーパー（14社）特徴的な店舗を展開し、新聞や雑誌で取り上げられる企業
オオゼキ、クイーンズ伊勢丹、成城石井、北野エース、いかりスーパー、コープこうべ、マツゲン、関西スーパー、近商ストア、阪食（阪急オアシス）、マツモト、ハローデイ、サンシャイン、フレスタ

参考文献

Alderson,W.（1965）*Dynamic Marketing Behavior: A Functionalist Theory of Marketing.* Homewood, IL: R.D. Irwin.（ロー・オルダースン著、田村正紀・堀田一善・小島健司・池尾恭一訳『動態的マーケティング行動：マーケティングの機能主義理論』千倉書房、1981年）.

Ailawadi, K.L. and K.L. Keller（2004），"Understanding Retail Branding Conceptual Insights and Research Priorities," *Journal of Retailing*, 80, 331-342.

青木幸弘（1993）「『知識』概念と消費者情報処理：研究の現状と課題」『消費者行動研究』1（1）、1-18。

青木幸弘（2011）「顧客価値のデザインとブランド構築」『価値共創時代のブランド戦略：脱コモディティ化への挑戦』ミネルヴァ書房、17-51。

Barsalou, L.W., and D.R.Sewell（1985），"Contrasting the Representation of Scripts and Categories," *Journal of Memory and Language*, 24, 646-665.

Esbjerg, L. and T. Bech-Larsen（2009），"The Brand Architecture of Grocery Retailers: Setting Material and Symbolic Boundaries for Consumer Choice," *Journal of Retailing and Consumer Services*, 16, 414-423.

池田謙一・村田光二（1991）『こころと社会：認知社会心理学への招待』東京大学出版会。

石原武政（1999）「売買集中の原理と商業集積」『經營研究（大阪市立大学）』50（1・2）、1-16。

石原武政（2000）『商業組織の内部編成』千倉書房。

深田智・仲本康一郎（2008）「認知意味論の基本的概念」山梨正明編『認知言語学のフロンティア③：概念化と意味の世界：認知意味論のアプローチ』研究社、49-128。

改田明子（2000）「知識と思考」行場次朗・箱田裕司編著『知性と感性の心理』福村出版、139-152。

川崎惠里子（1995）「長期記憶Ⅱ知識」高野陽太郎編『記憶』東京大学出版会、117-143。

Levy, M. and B.Weitz（2009），*Retailing Management*, 7th edition. Boston, MA: McGraw-Hill/Irwin.

向山雅夫（2009）「小売国際化の進展と新たな分析視角：業態ベースの小売国際化研究に向けて」向山雅夫・崔相鐵編著『小売企業の国際展開』中央経済社、1-30。

中西正雄（1996）「小売の輪は本当に回るのか」『商学論究』43（2・3・4）、21-41。

新倉貴士（2005）『消費者の認知世界：ブランドマーケティング・パースペクティブ』千倉書房。

新倉貴士（2012a）「情報処理のメカニズム」青木幸弘・新倉貴士・佐々木壮太郎・松下光

司著『消費者行動論：マーケティングとブランド構築への応用』有斐閣。
新倉貴士（2012b）「消費者の知識と記憶」守口剛・竹村和久編著『消費者行動論：購買者心理からニューロマーケティングまで』八千代出版、73-93。
新倉貴士・髙橋広行（2012）「消費者視点の業態研究に向けて：その研究課題と業態認識主体としてのスクリプト」『マーケティングジャーナル』127、67-81。
延岡健太郎（2006）「意味的価値の創造：コモディティ化を回避するものづくり」『国民経済雑誌』194（6）、1-14。
岡山武史、髙橋広行（2013）「小売企業のブランド構築とコミュニケーション：ネットスーパーへの拡張を求めて」『広告科学』58、1-22。
Peter, J.P. and J.C.Olson (2010),*Consumer Behavior & Marketing Strategy*, 9th edition. New York, NY: McGraw-Hill.
佐伯胖（1990）「アクティブ・マインド：活動としての認知」佐伯胖、佐々木正人編著『アクティブ・マインド：人間は動きの中で考える』東京大学出版会、1-24。
Schank, R.C. and R.Abelson (1977),*Scripts Plans Goals and Understanding: An Inquiry into Human Knowledge Structures*. Hillsdale, NJ: LawrenceEribaum Associates.
Schank, R.C. (1982),*Dynamic Memory: A Theory of Reminding and Learning in Computer and People*. New York, NY: Cambridge University Press.（ロジャー・C・シャンク著、黒川利明・黒川容子共訳『ダイナミック・メモリ－認知科学的アプローチ』近代科学社、1988年）。
Schmitt, B.H. (1999), *Experimental Marketing: How to Get Customers to Sense, Feel, Think, Act, Relate*. New York, NY: Free Press.（バーンド・H.シュミット著、嶋村和恵、広瀬盛一訳『経験価値マーケティング：消費者が「何か」を感じるプラスαの魅力』ダイヤモンド社、2000年）。
Schmitt, B.H. (2003), *Customer Experience Management: A Revolutionary Approach to Connecting with Your Customers*. New York, NY: John Wiley & Sons.（バーンド・H・シュミット著、嶋村和恵訳『経験価値マネジメント』ダイヤモンド社、2004年）。
Shoemaker, S. (1996) "Scripts: Precursor of Consumer Expectations," *Cornell Hotel and Restaurant Administration Quarterly*, 37 (1), 42-55.
白石善章（1993）「市場過程における重層的競争」『流通科学大学流通科学研究所ワーキングペーパー』1。
Solomon, M.R. (2013),*Consumer Behavior: Buying, Having, and Being*, 10th edition. Boston, MA: Pearson.
Sorescu, A., R.T.Franbach, J.Singh, A.Rangaswamyd, and C.Bridge (2011), "Innovations

in Retaili Business Models," *Journal of Retailing*, 87 (1),3-16.

髙橋広行 (2011)「経験価値を通じたストア・ブランド構築」『商学論究』58 (4)、147-168。

髙橋広行 (2012)「売り場のデザイン」清水信年・坂田隆文編著『1 からのリテール・マネジメント』碩学舎、87-103。

髙橋広行、徳山美津恵 (2012)「消費者視点のカテゴリー・マネジメント」『日本繊維製品消費科学』53 (10)、22-29。

髙橋広行 (2013)「業態革新が売り場行動に与える影響：北野エースの事例を通じて」『Discussion Paper Series, No.021』立命館大学イノベーション・マネジメント研究センター。

髙橋広行 (2014)「消費者視点の業態研究：スクリプト概念にもとづく食品スーパーの業態認識」『流通研究』16 (2)、49-75。

棚橋菊夫 (1997)「消費者の知識と記憶」杉本徹雄編著『消費者理解のための心理学』福村出版、104-117。

上原征彦 (1999)『マーケティング戦略論：実践パラダイムの再構築』有斐閣。

余田拓郎 (2004)「小売企業の品揃え深耕型成長モデル：大塚家具のマネジメント・デザイン」『仕組み革新の時代：新しいマーケティング・パラダイムを求めて』有斐閣、89-110。

第8章

カテゴリー不確実性のマネジメント
ハイブリッド製品に対する
消費者カテゴライゼーションの異質性[1]

8.1 はじめに

　本章の焦点は、小売マーケティングにおけるカテゴリーマネジメントである。とくに、本章では、ある製品形態の購買機会に直面した各々の消費者が、いかに当該製品を異なった製品カテゴリーに基づいて認識しているのかを示すことで、カテゴリー不確実性という状況を明らかにしていく。そして、そのような局面における新たなカテゴリーマネジメントのあり方を考えていきたい。

　カテゴリーマネジメント（category management）とは、1つの戦略的事業単位として製品カテゴリーをマネジメント対象としていくマーケティング・プロセスのことであり、その誕生は小売マーケティングに情報技術（information technology）が浸透していった1990年代初頭まで遡る[2]。たとえば、スキャン・パネル・データやPOSデータなど、消費者の行動データ（購買履歴）から、同時に購買される確率が高い製品カテゴリーの組み合わせを明らかにし、それら製品カテゴリーを隣接させる棚割りを設計して、消費者に同時購買を促進させるといった試みがある。

　しかし、本章では、このような行動データ（behavioral data）に基づいたものではなく、判断データ（judgemental data）を手がかりに、カテゴリーマネジメントに対して新たな示唆を提示していくことを試みていきたい（Fraser and Brandford 1983, 1984）。なぜならば、消費者のビヘイビア（行動）

とアティチュード（認知）は、常に一貫したものではないからである（Kotler 2013）。ブランド・ロイヤルティ（brand loyalty）やバラエティ・シーキング（variety seeking）といった消費者選択行動を明らかにしてきた先行研究においても指摘されているように、行動データ（購買履歴）から明らかにされる小売マーケティングへの示唆は限定的であり、場合によっては、マーケターに誤った示唆を与えてしまうことも考えられる（Dick and Basu 1994; McAlister and Pessemier 1982）[3]。

以上より、本章では、消費者の判断データに基づき、行動データ（購買履歴）からだけでは明らかにすることが難しいカテゴリー不確実性という局面に焦点を当てていきたい。加えて、カテゴリー不確実性という状況に注目していくためにも、ハイブリッド製品という製品形態を分析対象とする。

8.2　先行研究

8.2.1　ハイブリッド製品

本章の分析対象となるハイブリッド製品（hybrid product）とは、2つ以上の製品カテゴリー属性を1つに集約させた製品形態のことである。最近の代表的な事例としては、日本市場における普及が成熟化してきたスマートフォンなどがある。スマートフォンは、PDA（personal digital assistant）機能と携帯電話機能が1つに集約されたハイブリッド製品である[4]。このような製品は、「マルチプルカテゴリー製品（multiple-category product）」や「カテゴリー境界製品（boundary-spanning product）」とも呼ばれている（Rajagopal and Burnkrant 2009）。いずれも、2つ以上の製品カテゴリー属性が1つに集約されているため、潜在的に2つ以上のカテゴリーにカテゴライゼーションされる可能性がある製品のことである（Lajos, Katona, Chattopadhyay, and Sarvary 2009）。

このような製品形態は、決して目新しいものではなく、以前から日本市場における製品開発に採用されてきた経緯がある。1976年には、日本ビクターがラジオとテレビ受信機、カセットテープレコーダーの3つの機能を1台に集約した「ラテカセ」を開発している。また、キヤノンも1988年にパソコ

ンとファクシミリ、ワープロ、電話機の4つの機能を1台に集約した「NAVI」を開発している。

近年では、急速に発展するIT技術が、ハイブリッド製品に組み込まれる新たな付加価値として注目されている。その先駆けとなったのが、2003年9月にキヤノンが市場に投入したデジタルビデオ・カメラ「IXY DV M2 KIT」の大ヒットである。当時、キヤノンのデジタルビデオとデジタルカメラに関する市場シェアは約9％にも満たないほどで、上位3メーカーであるソニー、パナソニック、日本ビクターに大きく差をつけられていた。しかし、デジタルビデオ・カメラ「IXY DV M2 KIT」の市場投入以降は、一気に市場シェアを約18％にまで跳ね上げ、キヤノンのデジタルビデオ・カメラ史上の中でも大ヒット商品となったのである。また、その他にもゲーム機能付きHDD内蔵のハイブリッドDVDレコーダー「PSX」や、スキャナー付きプリンターである複合プリンター、メディアプレーヤー付きポータブルゲーム機「PSP」などハイブリッド製品が次々と上市され、日本市場においてハイブリッド製品の開発が、2000年代以降に再び脚光を浴び始めたのである。

ここまで、ハイブリッド製品の事例として、デジタル機器製品を事例に取り上げてきたが、もちろんハイブリッド製品はデジタル機器製品に限らない。たとえば、家庭用電化製品の分野においても、パナソニックの乾燥機能付き洗濯機やダイキン工業の加湿器機能付きエアコンなどがその一例にある。

その他にも、2003年以降、同様に自動車産業において、ハイブリッド製品による新製品開発が見られる。その先駆けとなったのが、日産自動車のミニミニバン「キューブキュービック」とホンダのスポーティーミニバン「オデッセイ」の開発である。ミニミニバンとは、コンパクトカーの運転のしやすさとミニバンの車内空間の広さを集約させたハイブリッド製品である。スポーティーミニバンとは、セダンやステーションワゴンの走りの良さと、従来のミニバンの広い車内空間を1つに集約させたハイブリッド製品である。最近では、より細かく消費者のニーズに対応するために、各メーカーがクロスオーバーカーというコンセプトで、SUVとクーペ、SUVとコンパクトカーなどのカテゴリー属性を1つに集約させたハイブリッド製品を上市させてい

る。

　このようなハイブリッド製品が、製品開発に採用される理由は3つある（日経ものづくり2003）。第1の理由は、市場の不確実性への対応である。消費者のニーズが多様化し、消費者自身も顕在的なニーズを認識することが難しくなってきた市場環境への対応である。つまり、ハイブリッド製品の開発は、ある程度消費者のニーズを満たすことが確証できる範疇において、新たな付加価値を組み込んだ新製品を上市させようとする市場の不確実性に対するリスク・マネジメントなのである。

　第2の理由は、メーカーの新技術に対するスランプである。たとえ革新的な技術がなくても、メーカーは熾烈な市場競争に打ち勝っていかなければならない。そのためにも新製品を継続的に上市させ続ける必要がある。新技術に対するスランプと新製品を開発し続けなければならないトレード・オフを解決するためにも、既存技術を組み合わせることで新しさを打ち出すことができる、ハイブリッド製品の開発が採用されているのである。

　そして第3の理由は、製品開発コストである。ハイブリッド製品は、既存技術を組み合わせることから製品開発リスクが少なく、比較的低コストで開発することができる。さらに、ハイブリッド製品は複数の機能を組み込んだ高い付加価値をもつことから、単機能の製品よりも高い価格を設定することができる。そのため、安定的な利益を創出できる新製品開発として、ハイブリッド製品の開発が採用されているのである。

　このような製品形態が1つの主要な新製品開発となりつつある昨今において、マーケティング研究においてもハイブリッド製品に対するマネジメントへの関心が必然的に高まってきている（Gregan-Paxton, Hoeffler, and Zhao 2005; Han, Chung, and Sohn 2009; Lajos, Katona, Chattopadhyay, and Sarvary 2009; Rajagopal and Burnkrant 2009）。本章は、このような研究の潮流に位置づけられるものであり、ハイブリッド製品に消費者が直面する小売マーケティングの一局面におけるマネジメントに焦点を当てていこうとするものである。

8.2.2 カテゴリー不確実性

次に、ハイブリッド製品に対する消費者のカテゴライゼーションを明らかにしていくために、カテゴリー不確実性（category uncertainty）という状況を考えていきたい。

カテゴリー不確実性とは、新しい対象を認識する際に駆動するカテゴリーが一義的ではないということである。このことをマーケティングの文脈に置き換えると、カテゴリー不確実性とは、新製品に関する情報が単一の既存カテゴリー内で新しい市場提供物として位置づけることが困難または不可能な状況のことをさす（Gregan-Paxton, Hoeffler, and Zhao 2005）。

カテゴリー不確実性は、認知心理学の分野において研究が発展し、さまざまなカテゴリー不確実性における情報処理としての推論（inference）が明らかにされてきた（Hayes and Newell 2009; Macrae, Bodenhausen, and Milne 1995; Malt, Ross, and Murphy 1995; Murphy and Ross 1994, 1999, 2010; Ross and Murphy 1996）。これら先行研究における推論とは、本章におけるカテゴライゼーションと同意であり、カテゴリー不確実性における推論とは、まさに単一の既存カテゴリー内で位置づけることが困難または不可能なハイブリッド製品に対する消費者のカテゴライゼーションに相当する。そして、これら先行研究に共通することは、複数のカテゴリーから構成されるものを被験者に事前に与える認知的刺激として、新しく認知させる対象へのカテゴライゼーションをカテゴリー不確実性の高い認知状態としていることである。

昨今のカテゴリー不確実性におけるカテゴライゼーションは、実験計画的なリサーチデザインに基づく研究も多いが、Anderson（1991）によってベイズ・アプローチによるカテゴライゼーションのモデリングが提唱されて以降は、被験者の初期の認知状態としての事前分布や高次元の認知状態としてのハイパーパラメータの設定に関する議論など、モデリングによる研究アプローチの発展もある（Kersten, Mamassian, and Yuille 2004; Tenenbaum and Griffiths 2001）。さらには、脳科学の分野においてもカテゴリー不確実性に関する研究が発表されるなど、各分野においてカテゴリー不確実性におけるカテゴライゼーションは重要な研究として位置づけられている（Grinband, Hirsch, and Ferrera 2006）。もちろん、マーケティング分野にお

いても、カテゴリー不確実性におけるカテゴライゼーションは、消費者行動を理解するための重要な研究課題の1つであることは確かである。そこで本章では、2つ以上の既存カテゴリーに帰属する可能性があるハイブリッド製品に対するカテゴライゼーションは、一義的には決まらないカテゴリー不確実性が高い認知状態であると考えていきたい。

8.2.3　シングルカテゴリー信念

　カテゴリー不確実性におけるカテゴライゼーションは、新しい対象を認識する際に駆動するカテゴリーが、単一のカテゴリー（single category）なのか、それとも2つ以上のカテゴリー（multiple-category）が採用されるのか、ということが研究の焦点となってきた（Malt, Ross, and Murphy 1995; Moreau, Markman, and Lehmann 2001; Murphy and Ross 1994, 1999, 2010; Ross and Murphy 1996）。

　そして、これまでの先行研究から、上記の問題意識に対して一定の収束した見解が得られている。それは、被験者に対して認知的刺激を与えなければ、カテゴリー不確実性におけるカテゴライゼーションは、基本的に単一のカテゴリー内で駆動する傾向にあるということである（Malt, Ross, and Murphy 1995; Moreau, Markman, and Lehmann 2001; Murphy and Ross 1994）。このような消費者の情報処理をシングルカテゴリー信念（single category belief）という。

　シングルカテゴリー信念を最初に検証したのは Murphy and Ross（1994）である。Murphy and Ross（1994）では、色と形が異なる4つの対象カテゴリーを最初に被験者に接触させ、その後に新しい対象を被験者に提示し、その新しい対象の色と形をどのように情報処理するかを検証している。つまり、その新しい対象の既存カテゴリーに対するカテゴリーメンバーシップ[5)]が不確実な認知状態を構成しているのである。そして、Murphy and Ross（1994）では、被験者は新しい対象に対するカテゴリーメンバーシップが不確実であることを認識しながらも、その不確実性を無視（neglect of uncertainty）し、それぞれの被験者が焦点とする単一のカテゴリー（target category）に基づき新しい対象の色と形を情報処理することを明らかにしている。

また Malt, Ross, and Murphy（1995）では、被験者に物語を読ませ、その物語の続きを予測（category prediction）させる実験を繰り返すことで、単一のカテゴリーに基づき新しい対象（物語の続き）を情報処理することを明らかにしている。

さらに、Ross and Murphy（1996）では、カテゴリー不確実性の水準を高めていく実験を行い、カテゴリー不確実性の水準に関わらず、被験者は単一のカテゴリーに基づき新しい対象を情報処理することを明らかにしている。このように、カテゴリー不確実性におけるカテゴライゼーションは、カテゴリー不確実性の水準に関わらず、単一のカテゴリーに基づいて駆動することが経験的に検証されている。

8.2.4 マルチプルカテゴリー信念

しかし、このような見解がある一方で、マルチプルカテゴリー信念（multiple-category belief）の可能性も、これまでの先行研究では検証されてきた（Gregan-Paxton, Hoeffler, and Zhao 2005; Hayes and Newell 2009; Lajos, Katona, Chattopadhyay, and Sarvary 2009）。マルチプルカテゴリー信念とは、シングルカテゴリー信念に対峙するカテゴライゼーションのことである。つまり、2つ以上の製品カテゴリーを駆動させてカテゴライゼーションを行っていく情報処理のことである[6]。

カテゴリー不確実性におけるカテゴライゼーションにおいて、最初にマルチプルカテゴリー信念を検証したのも、Murphy and Ross（1994）であった。しかし、Murphy and Ross（1994）では、マルチプルカテゴリー信念を検証したことは副次的な研究成果であり、主となる研究成果は、先述したように、むしろカテゴリー不確実性におけるカテゴライゼーションは、シングルカテゴリー信念であることを最初に検証したことにある。つまり、Murphy and Ross（1994）の研究成果からも理解できるように、カテゴリー不確実性におけるカテゴライゼーションは、シングルカテゴリー信念とマルチプルカテゴリー信念の可能性を同時に考慮することは必要不可欠なのである[7]。

Hayes and Newell（2009）では、被験者にある対象をカテゴライゼーションさせる課題を与え、その課題に失敗すると被験者に損失が被ることを条件

とした場合、損失が発生するリスクを回避しようと、被験者がマルチプルカテゴリー信念を駆動させることを明らかにしている。

また、Gregan-Paxton, Hoeffler, and Zhao（2005）では、当該新製品への情報処理が知覚的（perceptual）に認識されるのか、概念的（conceptual）に認識されるのか、そしてその認識において駆動する当該製品カテゴリーに対する精通性（familiarity）の程度によってマルチプルカテゴリー信念が駆動することを明らかにしている。

ここで留意されたいのは、これまでの先行研究では、すべて何かしらの認知的操作化によってのみマルチプルカテゴリー信念が検証されてきたということである。つまり、認知的操作化がなされていない状態の消費者は、すべてシングルカテゴリー信念を駆動させていることが前提として考えられている。しかし、現実の消費者行動を考えると、すべての消費者がシングルカテゴリー信念によって、カテゴリー不確実性におけるカテゴライゼーションを行っているとは考えにくい。本章では、あくまでもカテゴリー不確実性の高い購買機会に直面した消費者のカテゴライゼーションを明らかにすることで、カテゴリーマネジメントに新たな示唆を与えることが目的である。そのためにも、先行研究のように消費者に認知的操作化を加えることなく、マルチプルカテゴリー信念が駆動する消費者もいることを想定しておきたい。

8.2.5 認知欲求

マルチプルカテゴリー信念とは、カテゴリー不確実性におけるカテゴライゼーションにおいて、2つ以上のカテゴリーが採用される情報処理のことである（Murphy and Ross 1994）。つまり、シングルカテゴリー信念と比較して、より多くの製品カテゴリーを考慮しているということである。さらに、その結果として、サブカテゴリー化を促進させることも経験的に検証されている（Rajagopal and Burnkrant 2009）。このような情報処理は、より多くの認知努力を必要とする（Sujan 1985）。そのため、カテゴリー不確実性においてマルチプルカテゴリー信念を駆動させる消費者は、シングルカテゴリー信念を駆動させる消費者よりも認知欲求（need for cognition）の水準が、そもそも高いと考えられる。認知欲求とは、消費者個人の認知的特性で

あり、努力を要する認知活動に従事したり、それを楽しむ消費者の内発的な傾向のことを捉える概念である（Cacioppo and Petty 1982; Cacioppo, Petty, and Morris 1983; Petty and Cacioppo 1986）。

8.3 実証分析

8.3.1 分析対象

本章では、分析対象として日本コカ・コーラ株式会社から上市されている「アクエリアス・スパークリング（AQUARIUS SPARKLING）」を用いる。アクエリアス・スパークリングは、2010年5月に炭酸飲料カテゴリーのソフトドリンクとして上市された製品である。アクエリアス・スパークリングが上市される以前までは、アクエリアス・フリースタイル（AQUARIUS Freestyle）というブランド名で同様の製品が2006年4月より上市されていた。アクエリアス・スパークリングは、ハイブリッド製品である。そのことは、以下のアクエリアス・スパークリングに関するマーケティング・コミュニケーションを確認するとよく理解できる。

　「アクエリアス」ブランドならではの水分補給に適したアイソトニック設計はそのままに、炭酸と3つの成分（アミノ酸、クエン酸、Dリボース）を配合した、カロリーオフで飲みやすいシトラスフレーバーのスポーツ炭酸飲料です。水分補給機能と炭酸により、運動後のカラダの爽快リセットをサポートします。また、世界で初めて"バブルスムーサー"を配合し、炭酸の刺激を低減し、運動後でも、ごくごくと飲みやすい口あたりです。

アクエリアス・スパークリングのマーケティング・コミュニケーションからも理解できるように、アクエリアス・スパークリングは、「アクエリアス」ブランドとしての機能性飲料カテゴリーの製品属性である「水分補給」と、炭酸飲料カテゴリーの製品属性である「炭酸」が製品設計に組み込まれている。

8.3.2 リサーチデザイン

調査対象者

　調査対象者は、全国の15～49歳の男女より分析対象となるアクエリアス・スパークリングの購買・消費経験がなく、製品そのものを認知していない消費者200人（男性：82人、女性：118人）をインターネット調査によってランダムサンプリング抽出したものである（2011年2月実施）。アクエリアス・スパークリングを認知していない消費者を調査対象者としたのは、カテゴリー不確実性における消費者カテゴライゼーションを明らかにすることが本章の目的であるためである。先述したように、カテゴリー不確実性とは、新しい対象を認識する際に、消費者が能動化させるカテゴリースキーマが一義的ではないという状況のことである。つまり、ハイブリッド製品であるアクエリアス・スパークリングが新製品として認識されることが必要となってくるため、このような消費者を抽出している。

調査対象ブランド

　本分析では、アクエリアス・スパークリングが所属する可能性がある2つの製品カテゴリーにそれぞれ存在するブランドを、アクエリアス・スパークリングのカテゴリーメンバーとして採用している。これらカテゴリーメンバーとしてのブランド選定には、いくつかの流通チャネルを観察し、商品棚に配架されている割合が多いブランドをそれぞれ選択している。スポーツドリンクを含む機能性飲料カテゴリーからは、ポカリスエット、DAKARA、アミノサプリ、スーパーH2Oの4ブランドを採用している。炭酸飲料（透明炭酸飲料）カテゴリーからは、昨今のゼロ系炭酸飲料の台頭が目立ち、三ツ矢サイダーオールゼロ、スプライトゼロ、大人のキリンレモン、メッツ（Mets）、ヌューダ（NUDA）の5ブランドを採用することとした。そして、アクエリアス・スパークリングを含む合計$J=10$ブランドを分析対象としている。

測定項目1：直交配置によるコンジョイントカード

　本分析では、先述の$J=10$ブランドを用いて、コンジョントデザインによる調査設計を行っている。アクエリアス・スパークリングを除く9ブランド

に対して直交配置を行い、一次同時関係が構成される12種類のコンジョイントカードを生成している。そして、各コンジョイントカードには、必ずハイブリッド製品であるアクエリアス・スパークリングを含むようにした。

さらに、これらのコンジョイントカードとは別に、炭酸飲料カテゴリーのブランドからのみ構成されるものと、機能性飲料カテゴリーのブランドからのみ構成されるものを追加生成している。そして、消費者はこれら合計14種類のコンジョイントカードに対して、それぞれの製品ラインナップ（商品棚に各ブランドが陳列されている写真）が、どれくらい炭酸飲料カテゴリーの商品棚として知覚することができるかを100％満点で回答してもらっている。つまり、小売マーケティングの局面における飲料カテゴリーの棚割りを想定し、その棚割りに対するカテゴリー不確実性の程度を測定しているのである（表8-1）。

測定項目２：カテゴライゼーションとサブカテゴリー化

次に、ハイブリッド製品であるアクエリアス・スパークリングを炭酸飲料

表8-1　コンジョイントデザインによるカテゴリー不確実性の構造

Card No.	スプライトゼロ	三ツ矢サイダーオールゼロ	大人のキリンレモン	メッツ(Mets)	ヌューダ(NUDA)	アクエリアススパークリング	スーパーH2O	アミノサプリ	DAKARA	ポカリスエット
1	0	1	0	0	1	1	1	1	0	1
2	1	1	0	0	0	1	1	0	1	0
3	0	1	1	1	1	1	1	0	0	0
4	0	0	1	1	0	1	1	1	1	0
5	0	1	1	0	0	1	0	1	1	1
6	1	0	1	0	1	1	0	1	0	1
7	1	0	1	0	1	1	1	0	1	1
8	1	0	0	1	0	1	1	1	0	1
9	1	1	1	1	0	1	0	0	0	1
10	0	0	0	1	1	1	0	0	1	1
11	1	1	0	1	1	1	0	1	1	0
12	0	0	0	0	0	1	0	0	0	0
13	1	1	1	1	1	0	0	0	0	0
14	0	0	0	0	0	0	1	1	1	1

（1：製品ラインナップとして表示、0：製品ラインナップとして非表示）

カテゴリーとしてカテゴライゼーションしたのか、機能性飲料カテゴリーとしてカテゴライゼーションしたのかを明らかにするために、どちらがアクエリアス・スパークリングにとって適切な製品カテゴリーであるかを、「炭酸飲料だと思う」または「機能性飲料だと思う」の2値で測定している。カテゴライゼーションに関する測定項目は、Moreau, Markman, and Lehmann (2001) を参考にした。

さらに、ハイブリッド製品であるアクエリアス・スパークリングを炭酸飲料カテゴリーのもとでサブカテゴリー化したのか、機能性飲料カテゴリーのもとでサブカテゴリー化したのかを明らかにするために、アクエリアス・スパークリングは、それぞれの製品カテゴリーに存在する一般的な製品とは異なった知覚をするかを、それぞれの製品カテゴリーに対して「はい」か「いいえ」の2値で測定している。サブカテゴリー化に関する測定項目は、Sujan and Bettman (1989) を参考にした。

測定項目3：製品信念とカテゴリー信念

また、本分析では、アクエリアス・スパークリングに対する製品信念を測定している (Rajagopal and Burnkrant 2009)。製品信念 (product beliefs) とは、当該製品にその認知要素がどの程度適切であるかを消費者に判断させる測度である。ここでは、製品信念として炭酸飲料カテゴリーに関する認知要素10項目、機能性飲料カテゴリーに関する認知要素10項目、の合計 $K=20$ 項目を製品信念として用いている。それぞれの項目は、「あてはまる～あてはまらない」までの5点リッカート尺度によって測定している（表8-2）。加えて、本分析では、炭酸飲料と機能性飲料カテゴリーに対する一般的なカテゴリー信念 (categorical beliefs) を別途測定している。カテゴリー信念とは、当該製品カテゴリーに対して消費者が形成している信念のことである。カテゴリー信念は、合計 $Z=10$ 項目を採用し、「あてはまる～あてはまらない」までの5点リッカート尺度によって測定している（表8-3）。

測定項目4：認知欲求

そして、先述したように、マルチプルカテゴリー信念による消費者カテゴ

表8-2 製品信念

測定項目	認知要素の種類
カラダやココロを切り替えたいときに飲む飲料である ストレスを解消したいときに飲む飲料である 集中力を高めたいときに飲む飲料である ダイエットをしたいときに飲む飲料である リラックスしたいときに飲む飲料である 運動後に適した飲料である 爽快感がある飲料である カラダの疲れをリセットしてくれる飲料である あなたのサポート飲料である 飲みやすい口あたりの飲料である	炭酸飲料カテゴリー
疲労を回復したいときに飲む飲料である 体調を管理したいときに飲む飲料である 水分補給したいときに飲む飲料である カラダやココロのコンディションを保ちたいときに飲む飲料である 脂肪を燃焼させたいときに飲む飲料である 水分補給に適した飲料である イオンをカラダに伝える飲料である シトラスフレーバーの飲料である 低刺激の炭酸が入った飲料である アミノ酸が入った飲料である	機能性飲料カテゴリー

表8-3 カテゴリー信念

測定項目	認知要素の種類
炭酸飲料は、カラダやココロを切り替えたいときに飲む飲料である 炭酸飲料は、ストレスを解消したいときに飲む飲料である 炭酸飲料は、集中力を高めたいときに飲む飲料である 炭酸飲料は、ダイエットをしたいときに飲む飲料である 炭酸飲料は、リラックスしたいときに飲む飲料である	炭酸飲料カテゴリー
機能性飲料は、疲労を回復したいときに飲む飲料である 機能性飲料は、体調を管理したいときに飲む飲料である 機能性飲料は、水分補給したいときに飲む飲料である 機能性飲料は、カラダやココロのコンディションを保ちたいときに飲む飲料である 機能性飲料は、脂肪を燃焼させたいときに飲む飲料である	機能性飲料カテゴリー

ライゼーションを明らかにするためには、消費者の認知欲求についても測定していく必要がある。マルチプルカテゴリー信念は、より多くの認知努力を必要とすることから、認知欲求の水準が高い消費者に特有のカテゴライゼーションであることが考えられる。そこで、Cacioppo and Petty (1982) によって試みられた認知欲求に関する尺度化を日本版に再構成した神山・藤原 (1991) の日本版認知欲求尺度15項目について、「非常にそうである～全くそうでない」までの7点リッカート尺度によって測定している (表8-4)。

8.3.3 モデル

まず、コンジョイントデザインによって測定された製品ラインナップに対する評価データを用いて、消費者個人レベルのカテゴライゼーションを明らかにする分析アプローチについて詳述していきたい。

データは、飲料カテゴリー k（$k=1,\cdots,K, K=10$）ブランドから構成された j（$j=1,\cdots,J, J=14$）種類のコンジョイントカード（デザイン行列）X に対して、それぞれの製品ラインナップが、どの程度炭酸飲料の商品棚として知覚できるかを消費者に100％満点 y で回答してもらったものである。以上より、下記のような回帰方程式に定式化することができる（式1）。

$$y_i = X\beta_i + \varepsilon_i, \; \varepsilon_i \sim N_J(0, \; \sigma_i^2 I_J) \tag{1}$$

ただし、$y_i = (y_{i1}, \cdots, y_{iJ})'$、$\varepsilon_i = (\varepsilon_{i1}, \cdots, \varepsilon_{iJ})'$ であり、I_J は $J \times J$ の単位行列である。また、$N_J(0, \sigma_i^2 I_J)$ は、平均0（J 次元の0ベクトル）、分散 $\sigma_i^2 I_J$ の J 次元多変量正規分布を示す。本分析では、コンジョイントデザインを用いていることから、消費者 i ごとに $\beta_i = (\beta_{i1}, \cdots, \beta_{iK})'$ を推定することができる。ここで推定される β_i とは、各ブランド k が炭酸飲料カテゴリーらしさを規定するカテゴリーメンバーシップ値に相当する（Trujillo 2008; Viswanathan

表8-4 認知欲求

測定項目
あまり考えなくてよい課題よりも、頭を使う困難な課題の方が好きだ
かなり頭を使わなければ達成されないようなことを目標にすることが多い
課題について必要以上に考えてしまう
新しい考え方を学ぶことにはあまり興味がない（R）
一生懸命考え、多くの知的な努力を必要とする重要な課題を成し遂げることに特に満足を感じる
必要以上には考えない（R）
一度覚えてしまえばあまり考えなくてもよい課題が好きだ（R）
長時間一生懸命考えることは苦手な方である（R）
考えることは楽しくない（R）
深く考えなければならないような状況は避けようとする（R）
自分が人生で何をすべきかについて考えるのは好きではない（R）
常に頭を使わなければ満足できない
自分の人生は解決しなければならない難問が多い方がよい
簡単な問題よりも複雑な問題のほうが好きだ
問題の答えがなぜそうなるのかを理解するよりも、単純に答えだけを知っている方がよい（R）

＊（R）は反転項目

and Childers 1999)。つまり、炭酸飲料カテゴリーに対するブランドkのカテゴリーメンバーシップ値を消費者iごとに推定していくことになる。

　さらに、本分析では、推定されるβ_iに影響を及ぼす説明変数を設定することによって、消費者iのカテゴリーメンバーシップ値β_iを規定している周辺的な要因をコントロール変数として用い、より高い精度でブランドkに対する消費者iのカテゴライゼーションを推定することを可能とする。このような分析アプローチに対して、本分析ではMCMC法（Markov Chain Monte Carlo methods）による階層コンジョイント分析を行っていく。消費者iのカテゴライゼーションに影響を及ぼす周辺的な要因としてのハイパーパラメータには、ブランドkのカテゴリーメンバーシップ値を規定する切片項や消費者iの性別、年齢、そして飲料カテゴリーに対する一般的なカテゴリー信念を用いる。

$$\beta_i = \Gamma' z_i + u_i, u_i \sim N_K (0, V) \qquad (2)$$

　ここで、$N_K (0, V)$は、平均0（K次元の0ベクトル）、分散VのK次元多変量正規分布を示す。またΓの事前分布は行列正規分布となっている。そして式2では、消費者iの性別、年齢、飲料カテゴリーに対するカテゴリー信念をz_iとしてベクトル化している。このようにハイパーパラメータを設定することによって、消費者iのブランドkに対するカテゴリーメンバーシップ値を規定している、全体としてのブランドkのカテゴリーメンバーシップ値が明らかになり、さらには消費者iの性別や年齢によって、どのようにブランドkのカテゴリーメンバーシップ値が変化するのか、どのようなカテゴリー信念が消費者iのブランドkに対するカテゴリーメンバーシップ値に影響を及ぼしているのかを明らかにすることができる。ただし、本分析においてハイパーパラメータを設定している意図は、このような考察を可能とするためのものではなく、むしろ消費者iのブランドkに対するより正確なカテゴリーメンバーシップ値を推定するためのコントロール変数としての役割が大きいことをご留意いただきたい。

　以上より、2つの式をまとめると、以下のようなモデルとなる。

$$\begin{cases} y_i = X\beta_i + \varepsilon_i, \ \varepsilon_i \sim N_J\ (0,\ \sigma_i^2 I_J) \\ \beta_i = \Gamma' z_i + \mu_i, \ \mu_i \sim N_K\ (0,\ V) \end{cases} \quad (3)$$

各パラメータのサンプリングには、ギブスサンプリング（Gibbs sampling）によるMCMC（マルコフ連鎖モンテカルロ）法を用いている。また、MCMC法によるサンプリングは、1万1000回行っており、はじめの1000回は初期値の影響がなくなるまでの稼働検査期間として捨て、その後1万回をサンプルとして収集している。

8.3.4 分析結果

表8-5は、消費者iのブランドkに対するカテゴリーメンバーシップ値となっている。このようにコンジョイントデザインを用いることによって、ブランドkに対する消費者iのカテゴライゼーション（カテゴリーメンバーシップ値）を明らかにすることができる。たとえば、アクエリアス・スパークリングに関して、消費者1は機能性飲料としてカテゴライゼーションしている

表8-5 消費者iのブランドkに対するカテゴリーメンバーシップ値β

ID	スプライトゼロ	三ツ矢サイダーオールゼロ	大人のキリンレモン	メッツ (Mets)	ヌューダ (NUDA)	アクエリアススパークリング	スーパーH2O	アミノサプリ	DAKARA	ポカリスエット
1	0.138	3.600	1.723	0.224	1.554	-1.701	-0.235	-0.771	3.812	0.186
2	0.742	2.599	0.382	1.046	2.230	5.154	-0.519	-6.882	0.182	-2.424
3	2.631	1.086	0.724	1.379	0.456	-1.269	2.137	-0.061	0.525	2.173
4	1.736	1.396	-0.220	2.346	0.089	4.686	0.202	-1.732	-2.696	-3.010
5	4.427	2.512	3.186	1.874	2.816	-4.516	-1.706	-1.082	-2.084	-2.406
6	0.436	2.401	0.378	0.094	1.251	-0.966	2.219	1.095	-0.199	1.091
7	0.148	2.710	2.756	2.730	1.385	0.631	-2.017	-1.995	-0.692	-3.284
8	1.482	-0.203	1.047	-0.186	1.713	4.847	-1.927	-2.507	-2.535	-2.254
9	3.431	4.097	3.452	1.463	0.144	-1.011	-0.808	0.508	-3.458	-2.814
10	1.636	-1.088	1.368	2.951	2.418	-3.514	-0.568	0.402	1.041	1.374
⋮	⋮	⋮	⋮	⋮	⋮	⋮	⋮	⋮	⋮	⋮
200	2.782	4.435	2.829	0.882	-0.466	0.934	-0.664	-0.339	-2.302	-1.699
	1.231	*1.459*	*1.385*	*1.478*	*0.932*	*-0.128*	*-0.430*	*-0.445*	*-0.571*	*-0.635*

＊イタリック：事後平均値

第8章　カテゴリー不確実性のマネジメント

表8-6　ハイパーパラメータγ

	切片	性別	年齢
スプライトゼロ	1.581	-0.047	-0.117
三ツ矢サイダーオールゼロ	5.461***	0.460**	-1.185**
大人のキリンレモン	6.371***	0.088	-1.412**
メッツ（Mets）	3.804**	0.039	-0.622
ヌーダ（NUDA）	-1.342	-0.138	0.672
アクエリアススパークリング	-1.146	0.526	0.024
スーパーH2O	-2.880	-0.278	0.735
アミノサプリ	-3.965**	-0.106	0.985
DAKARA	-2.790	-0.027	0.649
ポカリスエット	-5.221**	-0.068	1.351**

	カラダやココロを切り替える	ストレスを解消する	集中力を高める	ダイエットをする	リラックスする
スプライトゼロ	0.152	-0.224	-0.061	0.057	0.194
三ツ矢サイダーオールゼロ	-0.002	0.227	0.058	-0.037	-0.057
大人のキリンレモン	0.151	-0.143	-0.079	0.222	-0.075
メッツ（Mets）	0.251	-0.028	0.040	-0.125	-0.065
ヌーダ（NUDA）	0.198	-0.132	-0.190	0.140	0.146
アクエリアススパークリング	-0.152	0.231	-0.068	-0.234	0.235
スーパーH2O	-0.236	0.356	-0.210	-0.210	-0.034
アミノサプリ	-0.161	0.197	-0.037	-0.008	-0.117
DAKARA	-0.039	0.046	0.193	-0.183	-0.309**
ポカリスエット	0.154	0.046	-0.144	-0.156	-0.117

	疲労を回復する	体調を管理する	水分補給する	コンディションを維持する	脂肪を燃焼させる
スプライトゼロ	0.075	-0.099	0.067	-0.147	-0.002
三ツ矢サイダーオールゼロ	0.153	-0.063	0.079	-0.064	-0.044
大人のキリンレモン	0.254	-0.239	0.233	0.001	-0.106
メッツ（Mets）	-0.210	0.149	-0.019	-0.051	0.249
ヌーダ（NUDA）	-0.206	0.067	-0.188	0.087	0.045
アクエリアススパークリング	0.457	-0.282	0.180	-0.288	-0.376
スーパーH2O	-0.051	0.202	0.078	0.119	0.324**
アミノサプリ	0.027	0.055	-0.076	0.021	-0.072
DAKARA	-0.018	0.206	-0.097	0.314	-0.018
ポカリスエット	-0.008	0.306	-0.428**	-0.006	0.357

* $p<.1$; ** $p<.05$; *** $p<.01$

（上段：切片項、性別、年齢／中段：炭酸飲料カテゴリー信念／下段：機能性飲料カテゴリー信念）

傾向が強く、消費者2は炭酸飲料としてカテゴライゼーションしている傾向が強いことがわかる。

また表8-6は、コントロール変数としてのハイパーパラメータの推定結果である。ブランドkのカテゴリーメンバーシップ値を規定する切片項としては、大人のキリンレモン、三ツ矢サイダーオールゼロ、メッツ（Mets）の順番に炭酸飲料カテゴリーのエグゼンプラーとして、これらブランドが存在[8]

していることが明らかになった。また反対に、ポカリスエット、アミノサプリの順番に機能性飲料カテゴリーのエグゼンプラーとして、これらブランドが存在していることが明らかになった。つまり、これらブランドが各カテゴリーのエグゼンプラーとしての役割を果たしているため、両カテゴリー属性が1つに集約されたハイブリッド製品であるアクエリアス・スパークリングに対する消費者カテゴライゼーションは、カテゴリー不確実性が高くなっていることがわかる。

ここまでは、コンジョイントデザインを用いることで、ハイブリッド製品を含む各ブランドkに対して、消費者iごとのカテゴライゼーションを推定できることを示してきた。しかし、先述した推定結果に基づく考察は、本章が目指すべきものではない。本章の目的は、ハイブリッド製品であるアクエリアス・スパークリングに対する消費者カテゴライゼーションを明らかにしていくことである。

そこで、カテゴリー不確実性における消費者カテゴライゼーションには、シングルカテゴリー信念とマルチプルカテゴリー信念の2つの情報処理があることを思い出していただきたい。シングルカテゴリー信念とは、消費者がカテゴリー不確実性を回避するために、あえてカテゴリー不確実な認知状態の原因となる他のカテゴリーを無視しようとした結果、単一のカテゴリー内で当該製品を位置づけようとする情報処理のことである。その一方で、マルチプルカテゴリー信念とは、消費者がより多くの認知努力を費やし、当該製品に対する認知的精緻化を図ろうとする情報処理のことである。

本分析では、消費者iごとに推定されたブランドkに対するカテゴリーメンバーシップ値から、消費者iごとに算出される残差平方和（RSS：Residual Sum of Squares）を認知的精緻化の程度の指標とする。つまり、残差平方和が小さければ認知的精緻化を促進させた指標となり、逆に残差平方和が大きければ、それだけ認知的精緻化が促進されなかったことを示す指標となる。すなわち、認知的精緻化を促進させた結果として、残差平方和の値が小さくなる消費者iは、より多くの認知努力を要して、マルチプルカテゴリー信念を駆動させた可能性があると考える。反対に、残差平方和の値が大きくなる消費者iは、シングルカテゴリー信念によるカテゴライゼーションを駆

表 8-7　消費者 i の認知的精緻化の程度

ID	RSS
1	1825.776
2	1561.913
3	1649.591
4	1542.503
5	1338.343
6	1681.366
7	1412.069
8	1556.969
9	1347.875
10	1669.427
⋮	⋮
200	1387.114

RSS：残差平方和

動させた可能性が考えられる。表 8-7 は、消費者 i ごとに算出された残差平方和である。

そして、算出された残差平方和をもとに、その値が小さい消費者 50 名と、大きい消費者 50 名を抽出した。つまり、認知的精緻化を促進させた消費者 50 名と、相対的に認知的精緻化が促進されなかった消費者 50 名を抽出したことになる。

シングルカテゴリー信念 vs. マルチプルカテゴリー信念

ここでは、残差平方和が小さい消費者 50 名がマルチプルカテゴリー信念を駆動させたかを確認する。アクエリアス・スパークリングに対する製品信念に関するデータを用い、アクエリアス・スパークリングが潜在的にカテゴライゼーションされる炭酸飲料カテゴリーと機能性飲料カテゴリーのそれぞれの製品信念に対する能動化の程度を検証することによって、マルチプルカテゴリー信念の駆動を確認していきたい。

そこで、アクエリアス・スパークリングに対する製品信念のうち、炭酸飲

料カテゴリーに関する製品信念10項目と機能性飲料カテゴリーに関する製品信念10項目に対して信頼性分析を行った。その結果、それぞれの飲料カテゴリーに関する製品信念に十分な内的妥当性を確認することができた（$\alpha_{炭酸飲料}=0.894$, $\alpha_{機能性飲料}=0.868$）。以上より、消費者iごとに各飲料カテゴリーに関する製品信念のスコアを平均化し、炭酸飲料カテゴリーと機能性飲料カテゴリーに関する製品信念の能動化に差異があるかを確認した。

その結果、2つの飲料カテゴリーに関する製品信念の能動化に有意差を確認することができなかった（$M_{炭酸飲料}=3.114$ vs. $M_{機能性飲料}=3.168$, $t=-0.959$, $p>.1$）。つまり、2つの製品カテゴリーに関する製品信念の能動化に有意差がないことから、認知的精緻化を促進させた消費者は、マルチプルカテゴリー信念を駆動させていることを確認することができた。

反対に、残差平方和が大きい消費者50名が、シングルカテゴリー信念を駆動させたかを同様の方法で確認した（$\alpha_{炭酸飲料}=0.881$, $\alpha_{機能性飲料}=0.872$）。その結果、2つの飲料カテゴリーに関する製品信念の能動化に有意差を確認することができた（$M_{炭酸飲料}=3.058$ vs. $M_{機能性飲料}=3.190$, $t=-2.857$, $p<.01$）。つまり、2つの飲料カテゴリーに関する製品信念の能動化に有意差があるということは、認知的精緻化をあまり促進させなかった消費者は、シングルカテゴリー信念（機能性飲料カテゴリー）を駆動させているということである。このことからも、残差平方和が小さい消費者は、マルチプルカテゴリー信念を駆動させ、認知的精緻化を促進させた結果、残差平方和が小さくなっていることを改めて確認することができた（図8-1）。

認知欲求

次に、マルチプルカテゴリー信念を駆動させている消費者の残差平方和が小さくなっている理由が、より多くの認知努力を投入していることによって認知的精緻化を試みた結果であることを確かめるために、シングルカテゴリー信念を駆動させた消費者とマルチプルカテゴリー信念を駆動させた消費者の認知欲求の水準を検証していきたい。認知欲求に関する測定は、Cacioppo and Petty（1982）によって試みられた尺度化を日本版に再構成した、神山・藤原（1991）の日本版認知欲求尺度15項目を使用している。神山・

図 8-1　製品信念：シングルカテゴリー信念 vs. マルチプルカテゴリー信念

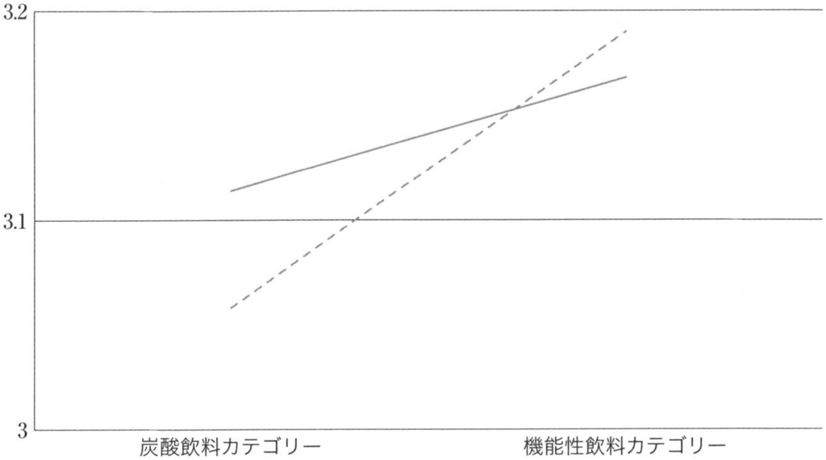

(縦軸：製品信念の能動化の程度)
実線：RSS が小さい消費者（マルチプルカテゴリー信念）
点線：RSS が大きい消費者（シングルカテゴリー信念）

　藤原（1991）で検証されたように、15 測定項目から構成される尺度の信頼性分析を行ったところクロンバック $\alpha = 0.883$ と十分な内的妥当性を確認することができた。以上より、消費者 i の認知欲求のスコアを平均化し、シングルカテゴリー信念を駆動させている消費者とマルチプルカテゴリー信念を駆動させている消費者との間で、認知欲求の水準に差異があるかを確認した。その結果、これら消費者の間には認知欲求の水準に有意差を確認することができた（$M_{マルチプル} = 3.761$ vs. $M_{シングル} = 3.486$, $t = 1.701$, $p < .1$）。

　つまり、認知的精緻化を促進させ、マルチプルカテゴリー信念を駆動させている消費者のほうが、シングルカテゴリー信念を駆動させている消費者よりも認知欲求の水準が高いことが明らかになった。このことからも理解できるように、残差平方和が小さい消費者は、より多くの認知努力を費やし、認知的精緻化を図ろうとマルチプルカテゴリー信念を駆動させていることを改めて支持する結果となった（図 8-2）。

図 8-2　認知欲求の水準：シングルカテゴリー信念 vs. マルチプルカテゴリー信念

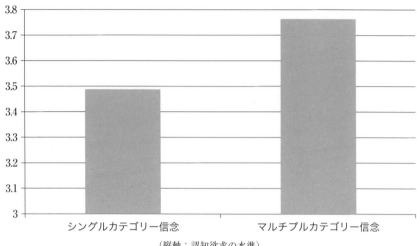

（縦軸：認知欲求の水準）

カテゴライゼーション

　次に、マルチプルカテゴリー信念を駆動させる消費者は、ハイブリッド製品をサブカテゴリー化することを明らかにしていきたい。本検証では、Moreau, Markman, and Lehmann（2001）によって開発されたカテゴライゼーションの駆動を確かめる測定項目と Sujan and Bettman（1989）によって開発されたサブカテゴリー化の駆動を確かめる測定項目の両方を使用し、マルチプルカテゴリー信念を駆動させている消費者がハイブリッド製品をサブカテゴリー化していることを検証していきたい。

　最初に、Moreau, Markman, and Lehmann（2001）によって開発された測定項目を使用し、マルチプルカテゴリー信念を駆動させている消費者とシングルカテゴリー信念を駆動させている消費者の間で、ハイブリッド製品に対するカテゴライゼーションが異なることを検証していきたい。つまり、サブカテゴリー化を検証するためには、まずベースカテゴリー水準において駆動する製品カテゴリーを確かめておく必要があるため、ここではカテゴライゼーションに関する検証を行っている。カテゴライゼーションに関する測定項目は、アクエリアス・スパークリングにとって適切な製品カテゴリーは炭

酸飲料カテゴリーか機能性飲料カテゴリーかを回答してもらっている。そして、これら回答に対してマルチプルカテゴリー信念を駆動させている消費者とシングルカテゴリー信念を駆動させている消費者の間で有意差検定を行った。その結果、マルチプルカテゴリー信念を駆動させている消費者は、アクエリアス・スパークリングを機能性飲料カテゴリーにカテゴライゼーションしていることがわかった（$M_{マルチプル}=0.880$ vs. $M_{シングル}=0.540$, $t=4.000$, $p<.1$）（図8-3）。

サブカテゴリー化

次に、Sujan and Bettman（1989）によって開発されたカテゴライゼーションの駆動を確かめる測定項目を使用し、マルチプルカテゴリー信念を駆動させている消費者とシングルカテゴリー信念を駆動させている消費者の間でアクエリアス・スパークリングに対するサブカテゴリー化が異なることを検証していきたい。つまり、期待される結果は、マルチプルカテゴリー信念を駆動させている消費者は、ベースカテゴリー水準でアクエリアス・スパークリングを機能性飲料カテゴリーにおいてカテゴライゼーションしているため、

図8-3　カテゴライゼーション：シングルカテゴリー信念 vs. マルチプルカテゴリー信念

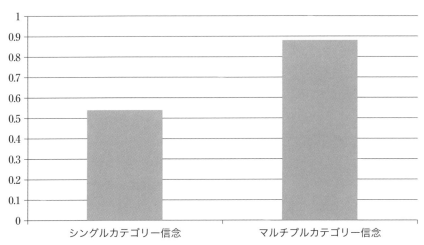

（縦軸：機能性飲料としてカテゴライゼーションしている程度）

サブカテゴリー水準においては一般的な炭酸飲料カテゴリーの製品とは異なる製品としてアクエリアス・スパークリングを認識してもらいたい。

サブカテゴリー化に関する測定項目は、アクエリアス・スパークリングは一般的な炭酸飲料カテゴリーの製品と同じように思えるかどうか、または一般的な機能性飲料カテゴリーの製品と同じように思えるかどうかを回答してもらっている。これら回答に対して、マルチプルカテゴリー信念を駆動させている消費者とシングルカテゴリー信念を駆動させている消費者の間で有意差検定を行った。その結果、マルチプルカテゴリー信念を駆動させている消費者は、アクエリアス・スパークリングを一般的ではない炭酸飲料カテゴリーとしてサブカテゴリー化していることがわかった（$M_{マルチプル}=0.860$ vs. $M_{シングル}=0.580, t=3.249, p<.01$）（図8-4）。

8.4 まとめ

本章は、小売マーケティングにおけるカテゴリーマネジメントに対して新たな示唆を与えることを目的としてきた。とくに、本章では、ハイブリッド

図8-4　サブカテゴリー化：シングルカテゴリー信念 vs. マルチプルカテゴリー信念

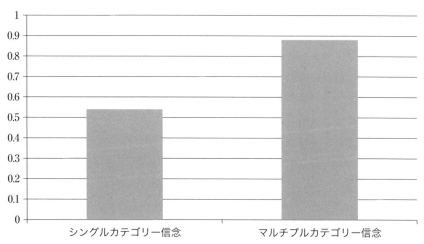

（縦軸：一般的ではない炭酸飲料としてサブカテゴリー化している程度）

製品の購買機会に直面した各々の消費者が、いかに当該製品を異なった製品カテゴリーに基づいて認識しているのかを判断データから示すことで、行動データ（購買履歴）からだけでは明らかにすることが難しいカテゴリー不確実性という新たな小売マーケティングの局面を明らかにしてきた。

　消費者の判断データに基づく実証分析では、コンジョイントデザインを調査設計に用い、いくつかのコントロール変数をハイパーパラメータに組み込んだ階層コンジョイント分析によって、ハイブリッド製品に対する消費者カテゴライゼーションの個人異質性（消費者個人ごとのアクエリアス・スパークリングに対するカテゴリーメンバーシップ値）を推定してきた。そして、消費者個人ごとに推定されたカテゴリーメンバーシップ値から、消費者の認知的精緻化の程度を示す指標として残差平方和を算出し、カテゴリー不確実性に対する消費者カテゴライゼーションには、シングルカテゴリー信念を駆動させる場合と、マルチプルカテゴリー信念を駆動させる場合があることを明らかにしてきた。また、マルチプルカテゴリー信念を駆動させる消費者は、シングルカテゴリー信念を駆動させる消費者よりも認知欲求の水準が高く、ハイブリッド製品をサブカテゴリー化していることも明らかにしてきた。

　このような分析結果からも理解できるように、ハイブリッド製品に対する消費者カテゴライゼーションは、いかにカテゴリー不確実性が高く、どのような製品カテゴリーとして陳列すればいいのかが不確かな製品形態であることがわかる。つまり、シングルカテゴリー信念を駆動させる消費者だけを標的とする場合には、機能性飲料の商品棚にアクエリアス・スパークリングを陳列することが適切なカテゴリーマネジメントになってくるわけだが、反対にマルチプルカテゴリー信念を駆動させる消費者に対しては混乱を招く結果となってしまうであろう。

　そこで、今後の研究として考えられるのは、カテゴリー不確実性が高い購買機会に直面した消費者のカテゴライゼーションを示すことだけに留まらず、そのような状況に対して、どのようなカテゴリーマネジメントが考えられるのかを、より具体的に示していくことであろう。そのための有力なアプローチの1つに、言語心理学（psycholinguistics）の分野で経験的に検証されてきたプロパティ・プライミング[9]という認知的操作化の方法がある。

プロパティ・プライミング（property priming）とは、言語心理学の分野において体系化された認知的操作化の1つであり、マーケティング研究でも多分に研究されているプライミング効果やコンテクスト効果の一種と考えられる（Herr 1989; Herr, Sherman, and Fazio 1983; Kim and Meyers-Levy 2008; Lee and Suk 2010; Lehmann and Pan 1994; Lynch, Chakravarti, and Mitra 1991; Meyers-Levy and Sternthal 1993; Nam and Sternthal 2008; Stapel, Koomen, and Velthuijsen 1998; Yi 1993）。

　プロパティ・プライミングは、言語上の品詞間の係り受け関係に注目して、一方の言語に内在するプロパティ（特性）が他方の品詞に内在するプロパティにプライミング効果としての影響を与える認知的操作化のことをいう。たとえば、ペンシルペン（pencil pen）は、ペンシル（pencil）とペン（pen）が1つの製品に組み込まれたものとして解釈できる。ここで係り受け関係を捉えてみると、ペンに対してペンシルが修飾していることがわかる。このような係り受け関係が、言語心理学の分野では網羅的に検証されてきており、係り受け関係によって対象に対する認識が異なってくることが指摘されている（Estes 2003; Wisniewski and Love 1998）。

　このような研究成果は、マーケティング・コミュニケーションに応用することで、ハイブリッド製品に対する消費者カテゴライゼーションに影響を及ぼすことができると考えられる。なぜならば、ハイブリッド製品は、2つ以上の製品カテゴリー属性が1つに集約された製品であるため、そこには必ず言語上の係り受け関係が存在する。つまり、今回の分析対象となったハイブリッド製品（アクエリアス・スパークリング）について考えるならば、当該製品を「炭酸機能性飲料」として訴求するのか、「機能性炭酸飲料」として訴求するのかで、消費者カテゴライゼーションを一義的な製品カテゴリーへと収束させる可能性を考えることができるのである。

（西本　章宏）

注釈

1）本研究は、平成22年度吉田秀雄記念事業財団助成論文（西本2011）の一部を加筆・

修正したものである。
2) 欧州のECR（efficient consumer response）委員会では、カテゴリーマネジメントとは、「消費者価値の提供を通じて経営成果を実現するために、カテゴリーを戦略的ビジネスユニットとして管理する小売業とサプライヤーによる協働管理プロセス」と定義している。
3) ブランド・ロイヤルティとは、当該製品カテゴリーにおける特定ブランドの購買回数の程度のことである（Jacoby and Chestnut 1978; Jacoby and Kyner 1973）。一方で、バラエティ・シーキングとは、当該製品カテゴリーにおける特定ブランドから他ブランドへのブランド・スウィッチングによる購買回数のことである（Bass, Pessemier, and Lehmann 1972; Hoyer and Ridgway 1984; McAlister and Pessemier 1982; Van Trijp, Hoyer, and Inman 1996）。そして、行動データから明らかになる消費者選択行動への誤った認識として、見せかけのロイヤルティ（spurious loyalty）や潜在的なロイヤルティ（latent loyalty）の可能性、派生的多様性（derived variation）や直接的多様性（direct variation）の可能性が指摘されている。
4) 昨今のスマートフォンに対する消費者の認識は、従来型携帯電話とは異なった製品カテゴリーのものとして認識されていると考えられるが、2008年7月に日本市場でiPhone 3Gが発売される以前のスマートフォンは、タッチパネルではなく、キーボードによる操作が必要であったことなど、とくにハイブリッド製品としての特徴が顕著であった。
5) カテゴリーメンバーシップとは、ファジー集合理論（fuzzy-set theory）において発展した概念であり、ある対象が当該カテゴリーにおいてどの程度の確率で所属しているのかを捉える概念である（Kaufmann 1976; Smithson 1987; Zadeh 1965）。
6) ここで注意されたいのは、マルチプルカテゴリー信念を駆動させるカテゴライゼーションは、2つ以上のカテゴリーを用いて情報処理することではなく、2つ以上のカテゴリーを選択カテゴリー（alternative category）として採用し、1つのカテゴリーを最終的に選択する情報処理プロセスのことである。
7) Murphy and Ross（1994）に限らず、シングルカテゴリー信念を明らかにしてきたMalt, Ross, and Murphy（1995）やRoss and Murphy（1996）、Murphy and Ross（1999）においても、マルチプルカテゴリー信念が駆動する可能性を示唆している。
8) エグゼンプラーとは、当該製品カテゴリーを代表する具体例（ブランド）のことをいう。
9) プロパティ・マッピング（prperty mapping）とも言われる。

参考文献

Anderson, J. R. (1991), "The Adaptive Nature of Human Categorization," *Psychological Review*, 98, 409-429.

Bass, F. M., E. A. Pessemier, and D. R. Lehmann (1972), "An Experimental Study of Relationships between Attitudes, Brand Preference, and Choice," *Behavioral Science*, 17 (6), 532-541.

Cacioppo, J. T. and R. E. Petty (1982), "The Need for Cognition," *Journal of Personality and Social Psychology*, 42, 116-131.

Cacioppo, J. T., R. E. Petty, and K. J. Morris (1983), "Effects of Need for Cognition on Message Evaluation, Recall, and Persuasion," *Journal of Personality and Social Psychology*, 45, 805-818.

Dick, A. S. and K. Basu (1994), "Customer Loyalty: Toward an Integrated Conceotual Framework," *Journal of the Academy of Marketing Science*, 22 (2), 99-113.

Estes, Z. (2003), "Attributive and Relational Processes in Nominal Combination," *Journal of Memory and Language*, 48 (2), 304-319.

Fraser, C. and J. W. Brandford (1983), "Competitive Market Structure Analysis: Principal Partitioning of Revealed Substitutabilities," *Journal of Consumer Research*, 10 (June), 15-30.

Fraser, C. and J. W. Brandford (1984), "Competitive Market Structure Analysis: A Reply," *Journal of Consumer Research*, 11 (December), 842-847.

Gregan-Paxton, J., S. Hoeffler, and M. Zhao (2005), "When Categorization is Ambiguous: Factors That Facilitate the Use of a Multiple Category Inference Strategy," *Journal of Consumer Psychology*, 15 (2), 127-140.

Grinband, J., J. Hirsch, and V. P. Ferrera (2006), "Neural Representation of Categorization Uncertainty in the Human Brain," *Neuron*, 49, 757-763.

Han, J. K., S. W. Chung, and Y. S. Sohn (2009), "Technology Convergence: When Do Consumers Prefer Converged Products to Dedicated Products," *Journal of Marketing*, 73 (July), 97-108.

Hayes, B. K. and B. R. Newell (2009), "Induction with Uncertain Categories: When Do People Consider the Category Alternatives?" *Memory and Cognition*, 37 (6), 730-743.

Herr, P. M. (1989), "Priming Price: Prior Knowledge and Context Effects," *Journal of Consumer Research*, 16 (June), 67-75.

第8章 カテゴリー不確実性のマネジメント　253

Herr, P. M, S. J. Sherman, and R. H. Fazio (1983), "On the Consequences of Priming: Assimilation and Contrast Effects," *Journal of Experimental Social Psychology*, 19, 323-340.
Hoyer, W. D. and N. M. Ridgway (1984), "Variety Seeking as an Explanation for Exploratory Purchase Behavior: A Theoretical Model," *Advances in Consumer Research*, 11, 114-1109.
Jacoby, J. and D. B. Kyner (1973), "Brand Loyalty Versus Repeat Purchase Bahavior," *Journal of Marketing Research*, 10 (February), 1-9.
Jacoby, J. and R. W. Chestnut (1978), *Brand Loyalty Measurement and Management*, New York: John Wiley.
神山貴弥、藤原武弘 (1991)「認知欲求尺度に関する基礎的研究」『社会心理学研究』6 (3)、184-192。
Kaufmann, A. (1976), *Induction to the Theory of Fuzzy Subsets*. New York, Academic Press.
Kersten, D. J., P. Mamassian, and A. L. Yuille (2004), "Object Perception As Bayesian Inference," *Annual Review of Psychology*, 55, 271-304.
Kim, K. and J. Meyers-Levy (2008), "Context Effects in Diverse-Category Brand Environments: The Influence of Target Product Positioning and Consumers' Processing Mind-Set," *Journal of Consumer Research*, 34 (April), 882-896.
Kotler, P. (2013)「インタビュー：ビッグデータはマーケティングを変えるのか」『ダイヤモンド・ハーバード・ビジネス・レビュー October 2013』ダイヤモンド社、54-62。
Lajos, J., Z. Katona, A. Chattopadhyay, and M. Sarvary (2009), "Category Activation Model: A Spreading Activation Network Model of Subcategory Positioning When Categorization Uncertainty Is High," *Journal of Consumer Research*, 36 (June), 122-136.
Lee, M. P. and K. Suk (2010), "Disambiguating the Role of Ambiguity in Perceptual Assimilation and Contrast Effects," *Journal of Consumer Research*, 36 (February), 890-897.
Lehmann, D. R. and Y. Pan (1994), "Context Effects, New Brand Entry, and Consideration Sets," *Journal of Marketing Research*, 31 (August), 364-374.
Lynch, J. G. Jr., D. Chakravarti, and A. Mitra (1991), "Contrast Effects in Consumer Judgments: Changes in Mental Representation or in the Anchoring of Rating Scales?" *Journal of Consumer Research*, 18 (December), 284-297.

Macrae, C. N., G. V. Bodenhausen, and A. B. Milne (1995), "The Dissection of Selection in Person Perception: Inhibitory Processes in Social Stereotyping," *Journal of Personality and Social Psychology*, 69 (3), 397-407.

Malt, B., B. H. Ross, and G. L. Murphy (1995), "Predicting Features for Members of Natural Categories When Categorization Is Uncertain," *Journal of Experimental Psychology: Learning, Memory and Cognition*, 21 (3), 646-661.

McAlister, L. and E. Pessemier (1982), "Variety Seeking Behavior: An Interdisciplinary Review," *Journal of Consumer Research*, 9 (December), 311-322.

Meyers-Levy, J. and B. Sternthal (1993), "A Two-Factor Explanation of Assimilation and Contrast Effects," *Journal of Marketing Research*, 30 (August), 359-368.

Moreau, C. P., A. B. Markman, and D. R. Lehmann (2001), ""What Is It?" Categorization Flexibility and Consumers' Responses to Really New Products," *Journal of Consumer Research*, 27 (March), 489-498.

Murphy, G. L. and B. H. Ross (1994), "Predictions from Uncertain Categorizations," *Cognitive Psychology*, 27 (2), 148-193.

Murphy, G. L. and B. H. Ross (1999), "Induction with Cross-Classified Categories," *Memory and Cognition*, 27 (6), 1024-1041.

Murphy, G. L. and B. H. Ross (2010), "Uncertainty in Category-Based Induction: When Do People Integrate Across Categories?" *Journal of Experimental Psychology: Learning, Memory, and Cognition*, 36 (2), 263-276.

Nam, M. and B. Sternthal (2008), "The Effects of a Different Category Context on Target Brand Evaluation," *Journal of Consumer Research*, 35 (December), 668-679.

日経ものづくり (2003)「ハイブリッド商品」592, 60-89。

西本章宏 (2011)「ハイブリッド・プロダクトに対する消費者のカテゴライゼーションとブランドマネジメント：カテゴリーベースのコミュニケーションによる製品ブランド開発」吉田秀雄記念事業財団平成 22 年度（第 44 次）助成研究論文。

Petty Richard E. and John T. Cacioppo (1986), *Communication and Persuasion: Central and Peripheral Routes to Attitude Change*, New York: Springer-Verlag.

Rajagopal, P. and R. E. Burnkrant (2009), "Consumer Evaluations of Hybrid Products," *Journal of Consumer Research*, 36 (August), 232-241.

Ross, B. H. and G. L. Murphy (1996), "Category-Based Predictions: Influence of Uncertainty and Feature Associations," *Journal of Experimental Psychology: Learning, Memory, and Cognition*, 22 (3), 736-753.

Smithson, M. (1987), *Fuzzy Set Analysis for Behavioral and Social Sciences*. New York,

第8章 カテゴリー不確実性のマネジメント 255

Springer-Verlag.
Stapel, D. A., W. Koomen, and A. S. Velthuijsen (1998), "Assimilation or Contrast? Comparison Relevance, Distinctness, and the Impact of Accessible Information on Consumer Judgments," *Journal of Consumer Psychology*, 7 (January), 1-24.
Sujan, M. (1985), "Consumer Knowledge: Effects on Evaluation Strategies Mediating Consumer Judgment," *Journal of Consumer Research*, 12 (June), 31-46.
Sujan, M. and J. R. Bettman (1989), "The Effect of Brand Positioning Strategies on Consumers' Brand and Category Perceptions: Some Insights From Schema Research," *Journal of Marketing Research*, 26 (November), 454-467.
Tenenbaum, J. B. and T. L. Griffiths (2001), "Generalization, Similarity, and Bayesian Inference," *Behavioral and Brain Sciences*, 24, 629-640.
Trujillo, C. A. (2008), *Affect, Cognition and Categories in Decision Making: Aspects of the Interplay of Cognition and Emotion and the Use of Verbal and Numerical Information in Choice*, Germany: Verlag Dr. Muller Aktiengesellschaft.
Van Trijp, H. C. M., W. D. Hoyer, and J. Inman (1996), "Why Switch? Product Category-Level Explanations for True Variety-Seeking Behavior," *Journal of Marketing Research*, 33 (August), 281-292.
Viswanathan, M. and T. L. Childers (1999), "Understanding How Product Attributes Influence Product Categorization: Development and Validation of Fuzzy Set-Based Measures of Gradedness in Product Categories," *Journal of Marketing Research*, 36 (February), 75-94.
Wisniewski, E. J. and B. C. Love (1998), "Relations versus Properties in Conceptual Combination," *Journal of Memory and Language*, 38 (2), 177-202.
Yi, Y. (1993), "Contextual Priming Effects in Print Advertisements: The Moderating Role of Prior Knowledge," *Journal of Advertising*, 22 (March), 1-10.
Zadeh, L. (1965), "Fuzzy Sets," *Information and Control*, 8 (3), 338-353.

第9章

製品カテゴリー内の品揃えの豊富さとバラエティ・シーキング

9.1 はじめに

　現代は VUCA の時代だと言われている。VUCA とは、それぞれ不安定さ（Volatility）、不確実性（Uncertainty）、複雑さ（Complexity）、曖昧さ（Ambiguity）の頭文字を取った言葉である。元々、この VUCA は軍事用語として使われていたが、最近では刻々と移ろいゆく現在のビジネス環境を表現する用語としても用いられている。

　特に、昨今の成熟化した多くの製品カテゴリーにおいて、メーカーや小売業、そして消費者を取り巻く市場環境は VUCA 的要素を十分に有している。この背景には、それぞれのプレイヤーが相互に影響を及ぼしながら市場環境を形成しているためである。例えば、メーカーは業界内における競争環境のリセットのため、チェーン化された小売業への対応のため、消費者ニーズの多様化や個性化への対応や市場の再活性化等のため、既存ブランドのライン拡張あるいは新ブランドの導入を行わざるを得ない状況である。それに連なる形で消費者と商品の接点の場である小売業の売り場では、一時点ならびに時系列的に新商品を含む多数のブランドが展開されることになる。この時、メーカー、小売業、そして消費者を取り巻く市場環境とは正に VUCA な環境であると言えるだろう。

　さらに、このメーカーによって市場に導入されたブランドは短命で、売り場から比較的早期に排除される傾向にある（cf., 日経ビジネス（2006）「商品

の寿命は3週間」)。メーカーは、製品カテゴリー内における定番商品あるいはロングセラー商品の維持戦略と共に、新商品を矢継ぎ早に導入していくショートセラー型の戦略とも言うべき戦略を同時並行的に遂行している。この背景には、小売業がPOSシステムや情報システムの導入によって売れ筋商品のみを保持し、死筋商品を新商品等と入れ替え続けていることも起因していると考えられる。

また、メーカー各社が保有するブランドあるいは次々と新たに展開されるブランドに対して、小売業が取り揃える品揃えは、製品カテゴリーごとの売場面積がある一定の割合で決められている以上、限定的であらざるを得ない。その限られた枠の中で、小売業は小売業者間における競争優位性を高めるため製品カテゴリーごとの品揃えの差別化を図りながら魅力的な売場を展開していく必要がある。

小売業におけるこの品揃えは、消費者を飽きさせないようにあるいは積極的に関心を示してもらえるよう新製品を導入していくことで売場の活性化や変化を与えていく必要がある。そのためには、商品をSKUレベルで単品管理を行っていくよりも、各製品カテゴリーあるいは、製品カテゴリーを越えた消費者の目的やニーズに即したカテゴリーを1つの単位としながら、それぞれのカテゴリー全体の売上や利益の向上を図っていく必要がある。この小売業による水準の異なるカテゴリーを管理する手法として次節にて後述するカテゴリー・マネジメントがある。

小売業が魅力のある売り場を展開していくにあたり、消費者のニーズや価値観、消費者の買物行動やその買物動機、購買行動やその購買動機、広くは生活行動を捉えていく必要があるだろう。特に、小売業やメーカーが置かれているVUCAな市場環境は、消費者の上記の一連の行動に影響を与える可能性があるため詳細に把握する必要がある。製品カテゴリー内の品揃えの豊富さならびに商品の入れ替え等による売場の変化に対して、消費者が事前に保有する既存知識には無い未知な情報や商品と遭遇した場合、消費者は未知な商品に対する好奇心からトライアル購買を行うのか、あるいは知覚リスクが高まることで慣れ親しんだブランドの購買を行うのであろうか。

さらに、今日の情報化社会の進展において、消費者はインターネットを通

して製品カテゴリーや個々のブランドに関する情報を得るだけでなく、ネットショップやECサイトなどを通じて家に居ながら購買を行える状況となっている。VUCAな市場環境下における消費者の行動に関しては、まだまだ明らかとなっていない点も多く、本研究では、その取り掛かりとして、既知あるいは未知な商品を含む製品カテゴリーに対して、能動的あるいは自主的に関わっていく消費者の探索行動であるバラエティ・シーキングについて取りあげる。

以下、本研究では、小売業におけるカテゴリー・マネジメントについて簡単に取りあげた後、消費者の多様性を追求する行動であるバラエティ・シーキング、加えて、製品カテゴリーに対して長期的かつ継続的に消費者が関わっていく要因として、消費者が製品カテゴリーに対して動機づけられた状態を指す製品関与を取りあげる。その後、ネットショップを模したインターネット調査を行い、品揃えの豊富さが異なる2つのチョコレートのサブ・カテゴリーを対象に、バラエティ・シーキングと製品関与の2要因と購買数量、普段のチョコレートに使う金額との関係を明らかにしていく。

9.2 カテゴリー・マネジメント

カテゴリー・マネジメントとは、小売業を中心に、メーカーや卸売業と連携を図りながら消費者ニーズを起点に複数の商品あるいは製品カテゴリーがまとめられたカテゴリーを1つの単位として戦略立案を行い、戦術の実践や結果の評価、そしてその修正といった一連の活動を管理する手法である。このカテゴリー・マネジメントは、1980年代後半に登場し、小売業者間における競争優位性の確立を図る上で重要な経営課題である。ここで、カテゴリーとは消費者の視点に基づく商品分類であり（高橋・徳山 2012）、小売業はカテゴリー・マネジメントを通して消費者ニーズを反映した品揃えや売り場を展開していくものである。

このカテゴリー・マネジメントに関わる用語や体系については、ECR（Efficient Consumer Response）委員会によりまとめられ、1995年には米国ECR委員会によるカテゴリー・マネジメント・リポート、1997年にはヨー

ロッパ ECR 委員会によるカテゴリー・マネジメント・ベスト・プラクティス・レポートが提出されている。後者のレポートにおいて、カテゴリー・マネジメントは、「消費者価値の提供に焦点を当てることによって業績を高めるため、リテイラー／サプライヤーがカテゴリーを戦略事業単位（SBU）としてマネジメントを行うプロセス（Category Management Best Practices Report 1997, p.7)」と定義されている。

このカテゴリー・マネジメントは、主に 8 段階のプロセスを通して行われる（Category Management Best Practices Report 1997）。それぞれ、①カテゴリーの定義 (category definition)、②カテゴリーの役割（設定）(category role)、③カテゴリー評価 (category assessment)、④カテゴリー業績指標 (category performance measures)、⑤カテゴリー戦略（策定）(category strategies)、⑥カテゴリー戦術（立案）(category tactics)、⑦計画実施 (plan implementation)、⑧カテゴリーの（実績）評価 (category review) である。

この 8 段階のプロセスは 4 つのプロセスに簡略化されたものもあるが、以上のプロセスを経ながら、小売業は消費者のニーズを起点としたカテゴリーを大分類・中分類・小分類あるいはカテゴリーやサブ・カテゴリーといった水準の異なるカテゴリーを体系立てた上で、実際の棚割りや品揃えを含む具体的な施策にまで落とし込んでいく。例えば、消費者のニーズに即して「生活習慣病」関連商品を 1 つのカテゴリーとしてコーナーを設け、糖尿病、肥満、高血圧等をサブ・カテゴリーとして体脂肪・体重計、歩数計、サプリメント、大衆薬、糖分や塩分を控えた健康に配慮した食品や飲料を取り揃えていくものである（c.f. 麻田 2004）。あるいは「夏に食べたいお菓子」として冷菓子や常温でも保存可能な菓子を冷やして食べることを提案したり、「地元メーカー品」として地元メーカーの加工食品や飲料、調味料等を展開したりといった具合である。

このカテゴリーは、主に 4 つの役割が設定されており、①目的役割カテゴリー（destination role category）、②好ましい／コア役割カテゴリー（preferred／core role category）、③時節の／季節的な役割カテゴリー（occasional／seasonal role category）、④便利な役割カテゴリー（convenience role category）といった役割を担う。

第9章　製品カテゴリー内の品揃えの豊富さとバラエティ・シーキング　　261

　ただし、これらのプロセスを経て展開されるのは、品揃え、棚割り、売場の配置、商品陳列、関連陳列といった具体的な活動であり、このカテゴリー・マネジメントの内、特に品揃えに関して、各製品カテゴリーにおいて小売業が取り揃える商品ミックスの幅や深さあるいは長さをどのくらい有するのかといったことが重要となってくる。もちろん、カテゴリーの設定次第では、大分類としてのカテゴリーの下に、下位分類として複数の製品カテゴリーから構成されている場合もある。

9.3　バラエティ・シーキングとは

　バラエティ・シーキング（variety seeking）とは、消費者が主に特定の製品カテゴリー内において多様性（バラエティ）を求める行動であり、一時点において多様性を求める行動と時間の経過とともに逐次的に多様性を求める行動の2つがあり、それらが混在している場合もある。このバラエティ・シーキングは、これまで、特にブランド選択の場面においてブランド・スイッチングあるいは多様なブランドが購買される理由を説明する概念として注目されてきた。

　マーケティング領域では、主に消費者行動研究、マーケティング・サイエンス研究において研究がなされているが（小川 2005）、このバラエティ・シーキング概念自体は、1960年代に消費者行動研究へ適用された心理学領域における探索行動（exploratory behavior）やその動機づけに関する研究にその端緒をみることができる。そのため、消費者行動研究においてはブランド・スイッチングといった顕在的な行動のみならず、その背後にある動機づけの観点までを含んだ枠組みの中でバラエティ・シーキングを捉え、その内的側面や規定要因の解明を目指した研究が取り組まれてきた。一方、マーケティング・サイエンス研究では、日記式パネルデータや1980年代以降利用されるようになったPOSデータなどの購買履歴データを用い（*cf.,* 小川 2005）、購買パターンからバラエティ・シーキングをモデル化し、その行動の予測を目指す方向で研究が進められている。そのため、マーケティング・サイエンス研究においては、その内的側面というよりもブランド・スイッチングあ

いはその購買パターンに焦点が当てられてきた。以下、本研究では、消費者の内的側面に着目するため、特に消費者行動研究における探索行動としてのバラエティ・シーキングを取りあげる。

　消費者の文脈において、探索行動とは消費者が環境（製品カテゴリー等）の変化に直面した際、製品カテゴリー内の情報や商品を獲得、あるいはその消費を通してその環境を理解する行動である（cf., 西原 2011）。この消費者の探索行動は、好奇心に動機づけられた行動、リスク・テイキング、バラエティ・シーキングの3つが識別され、それぞれ情報追求（あるいは情報探索）、革新行動、そしてブランド・スイッチングという形で顕在化する。この3つの探索行動の動機や動因については密接に関連し明確に識別することが出来ないため、探索行動としてのバラエティ・シーキングを捉える際も以上の3つの顕在的行動を捉える必要がある（西原 2011）。この探索行動は、外的な報酬が無くてもある程度の新奇性や複雑さがあれば製品カテゴリー内の探索を行うように、内発的に動機づけられた行動である。そして、最適刺激水準（Optimal Stimulation Level；以下 OSL）あるいは最適覚醒水準といった理論がこの内発的動機づけを説明する基盤となっている。

　この OSL とは個人の環境刺激に対する反応を特徴づける特性であり（Raju 1980；1981）、人（消費者）はそれぞれ刺激に対する最適あるいは好ましい水準を持つとされる。特定の刺激（情報や商品）を繰り返し獲得（商品の場合は購買や消費）することで得られる刺激が低減され、実際に得られる刺激が最適水準を下回れば飽きや退屈（bored）の状態となり、新奇あるいは複雑なブランドを求める行動がとられ、また反対に、最適水準を上回ると過飽和の状態となり、刺激を減らすよう試みられる（cf., Hoyer and Ridgway 1984）。この時、理想的な刺激の水準を維持するため人（消費者）はバラエティまたはノベルティ（novelty）を探し求める動因や動機を持っていると想定されている（Raju and Venkatesan 1980）。

　以上より、探索行動としてのバラエティ・シーキングとは、OSL を理論的背景に、消費者が自身の好む刺激の水準と実際に得られる刺激との隔たりからバラエティ動因が生起することによって行われると考えられる。このバラエティ動因は、McAlister and Pessemier（1982）が注目した「変化」や

Faison (1977) の「気分転換 (change of peace)」に加え、好奇心、ノベルティ、バラエティやリスクに対する動因といったいくつかの動因を内包した概念である (*cf.*, Hoyer and Ridgway 1984；Raju and Venkatesan 1980)。

このバラエティ動因は、OSL を含む個人特性と製品特性の相互作用により生起すると考えられている (Hoyer and Ridgway 1984)。このバラエティ動因が生起したことによってバラエティ・シーキングが行われた結果、情報追求（あるいは情報探索）、革新行動、ブランド・スイッチングといった顕在的行動として表出すると考えられる。

バラエティ・シーキング研究の多くがそうしてきたように、本研究でも3つの顕在的行動のうち、主にブランド・スイッチングが起きた理由を説明する概念としてバラエティ・シーキングを扱う。その際、消費者によって行われた全てのブランド・スイッチングをバラエティ・シーキングが顕在化した行動あるいはその結果とみなすのは現実的ではない。そのため、バラエティ・シーキングを導く動機や動因（バラエティ動因）によって生起したブランド・スイッチングと、そうではないブランド・スイッチングとを識別する必要がある。例えば、消費者は現在使用しているブランドに対する不満足、購買問題を解決に導くヨリ良いブランドの採用、値下げやセールが行われていた際に廉価品や特売品の購買といった結果としてブランドを変えるなど、その理由は多義に渡ると考えられる。この点、先行研究においては、バラエティ・シーキングとは異なる理由で生起するブランド・スイッチングの要因として意思決定方略、状況・規範要因、現在のブランドに対する不満、問題解決方略の4つが識別されている (*e.g.*, Hoyer and Ridgway 1984; Van Trijp *et al.* 1996)。

9.4　バラエティ・シーキングと製品関与

消費者行動研究において、消費者の関与（消費者関与）とは、何かしらの方向性（態度対象、状況、課題あるいは目標）に対して向けられた興味、関心、覚醒、動因の程度や量を指す個人の活性化された状態あるいは喚起された状態を指す（西原 2013）。この状態としての関与を規定する要因としては、

(1) 態度対象と個人の価値体系が結びついているがゆえに生起する場合と、(2) それらが結びついていないが購買／非購買状況下において刺激反応的あるいは状況特定的に生起する場合の2つがある（cf., 和田 1984；西原 2013）。

　また、製品を対象にした場合、製品関与とは、以上の2つの要因によって生起した特定の一時点における製品に対する興味、関心、覚醒等の程度の総和である（西原 2013）。この2つの要因によって生起する製品関与を識別している研究によれば、前者が永続的（製品；著者注）関与として「状況的な影響を超えた製品に対する継続的な関心（Richins and Bloch 1986, p.280)」であり、後者が状況的（製品；著者注）関与として「購買のような特定の状況だけ生じる製品関与（製品に対する興味や関心；著者注）（Richins and Bloch 1986, p.280)」である。

　バラエティ・シーキング研究において、製品関与は、バラエティ動因を生起させる個人特性と製品特性の相互作用あるいはその結びつきを説明する重要な概念であると考えられる（西原 2012）。しかしながら、その重要性に関しては、正当な評価が与えられてこなかった。その理由として、先行研究におけるバラエティ・シーキングと製品関与の関係に関する捉え方には下記にあげる初期の関与研究における関与概念の適用過程の中で、いくつかの問題点が存在していたことがあげられる。

　関与概念は、探索行動の適用とほぼ同時期の1960年代頃に社会心理学領域から消費者行動研究に適用された自我関与概念にその端緒をみることができるが、高関与行動が支配的であった当時の消費者行動研究に対する反動から、初期の関与研究は低関与行動の解明が研究課題となっていた。その際、特定のブランドが継続して購買される現象を指す（行動的）ブランド・ロイヤルティが高関与行動の1つの指標とみなされたことに対して、バラエティ・シーキングはその反対の概念としてブランド・スイッチングあるいは複数のブランドが購買されるという意味での「バラエティ・スイッチ」といった現象を指す行動であり、低関与行動であるとみなされたのである（e.g., Robertson 1976；Tyebjee 1979）。すなわち、消費者が様々なブランドを購買する理由は、製品やその購買および消費に対する興味・関心や重要性が低く、そのような製品カテゴリーには選好が形成されていない、加えて、それ

第9章　製品カテゴリー内の品揃えの豊富さとバラエティ・シーキング　　265

らから得られる刺激は少なく飽きやすい、その結果、飽きを解消するために得られる刺激を増やす必要性が生じたという理由である。その消費者像は、製品カテゴリーに対する関わりに対して、消極的な消費者が仮定されてきた。

　以上の背景には、社会心理学からコミットメントを前提とした関与概念（青木 1987）が適用されたことがあげられる。そのため、製品関与とブランド・コミットメントとの関係は比例関係、ブランド・コミットメントとバラエティ・シーキングの関係は反比例関係にあるとみなされ、その結果、バラエティ・シーキングは製品あるいは購買に対する関与水準が低い状態で行われる低関与行動という見方が定着したのである。

　しかしながら、製品関与水準が高い状態の消費者を指す熱狂者とその外部情報探索における情報源との関係に関する研究において、バラエティ・シーキングは消費者が製品に対して高関与である時にもまた起こるかもしれないとの指摘もある（*e.g.,* Dodd *et al.* 1996）。

　以上をまとめると、これまでのバラエティ・シーキング研究は、主に購買行動あるいは同一ブランドを消費することに対する飽きを、普段とは異なるブランドに変えることで解消するという視点であった（「飽き解消型のバラエティ・シーキング」）。この視点の下では、飽きやすい、もしくは刺激が少ない製品カテゴリーとして、低関与製品（製品レベル）のような購買間隔が短く、購買頻度が多く、製品カテゴリーに対する興味関心が低い製品がその対象とされ、バラエティ・シーキングは製品や購買に対して低関与な行動であるという視点で研究が進められてきたのである。

　しかしながら、この飽き解消型のバラエティ・シーキングに対して、製品に対する関与水準が高い状態で行われるバラエティ・シーキング（「高製品関与型のバラエティ・シーキング」）は、飽きといった負の状態からの脱却というよりも、製品カテゴリーに対する強い興味・関心や好奇心といったものからもたらされると考えられる。つまり、正の状態の維持あるいは拡大である。例えば、ワイン愛好者がその一例であろう（*e.g.,* Dodd *et al.* 1996）。この背景にあるのは、消費者による高水準の製品カテゴリーに対する関与（製品関与）である。

　もちろん、高製品関与型のバラエティ・シーキング以外にも、様々な理由

から高製品関与者によるブランド・スイッチングは行われると考えられる。例えば、購買の度に自身の購買問題に対する最適なブランドを選択した結果としてブランド・スイッチングが起きた場合、それはバラエティ・シーキングではない。そのため、ブランド・スイッチングという顕在的行動だけでなく、ブランド・スイッチングが行われた心理的側面の両方を見る必要がある。

9.5 インターネット環境や購買・買物場面における先行研究

これまでのバラエティ・シーキング研究における選択や購買に関わる研究では、主に消費者が能動的にバラエティ・シーキングを行うという立場ではなく、受け身である消費者が仮定されていた。そのため、製品カテゴリーとの関わりではなく、消費者の選択や購買を取り巻く外的あるいは状況要因によって消費者の選択あるいは購買するブランドが多様になるといった視点で研究がなされてきた。例えば、意思決定がプライベートかパブリックのどちらで行われるか (*e.g.,* Ratner and Kahn 2002)、自身ではなく他者のための選択 (*e.g.,* Choi et al. 2006)、店頭における空間（通路）の制限 (*e.g.,* Levav and Zhu 2009)、同時に購買する製品カテゴリーの刺激（選択肢のバラエティ）ならびに店舗内刺激としての店舗の雰囲気 (*e.g.,* Menon and Kahn 1995) 等の要因と消費者が選択・購買したブランドの多様さとの関係が確かめられてきた。

また、消費者の製品カテゴリーに対する関わり方として、消費者が購買を前提に情報探索を行う購買前探索ではなく、購買を前提としない情報探索とその要因についての研究が様々な領域でなされている。例えば、Bloch *et al.* (1986) による永続的探索は、購買プロセス外で行われる特定の購買ニーズや決定とは独立した探索 (search) 活動であり、高水準の製品関与からもたらされる。関連した研究として、消費者のブラウジング (browsing) 行動に着目した研究 (Bloch and Richins 1983) がある。また、買物動機に関わる研究においては、消費者が買物を通して製品カテゴリー内の情報を収集することに対して楽しさを求めていることが指摘されてきた (*e.g.,* Tauber 1972；Westbrook and Black 1985)。その内、Arnold and Reynolds (2003) では新

第9章 製品カテゴリー内の品揃えの豊富さとバラエティ・シーキング

製品や革新的新製品との遭遇や情報を得ることを楽しむ買物行動としてアイデア型ショッピングが提示されている。

加えて、インターネット環境における外部情報探索においては、Dholakia and Bagozzi (1997) の経験的なマインドセット (experiential mind-set) において、探索的マインドセット (exploratory mind-set) と快楽的マインドセット (hedonic mind-set) が識別されている。それぞれ、前者が新しい経験との出会いや好奇心を満たすことに対する認知的志向性を指し、後者が認知には重きを置かず、経験の感覚的な要素に対する関心を示すものである。

以上のいずれの研究も、主に購買を前提としておらず、問題解決文脈以外の情報探索がいかに行われるかについての示唆を提示するものである。さらに、これらの研究の成り立ちは、心理学領域からの探索 (exploratory) 行動の適用における好奇心と消費者の反応に関わる研究に見ることができる。例えば、好奇心と広告 (Maloney 1962)、好奇心と野外広告 (Hewett 1975) との関係が示されている。さらに、刺激の曖昧性と注目および覚醒の関係について記述した Howard and Sheth (1969) の研究以降、Copley and Callom (1971) は産業購買者における刺激の曖昧性を知覚リスクとみなした上で情報探索との関連を研究し、Miller et al. (1971) はブランドの曖昧性が態度にどのように影響するかを明らかにしようと試みている。他にも、刺激の特徴（複雑性、不鮮明さ、不完全さ）と反応（注視時間など）の関係を調べた研究 (Goodwin 1980)、雑誌広告の複雑性と注視時間の関係を調べた研究 (Morrison and Dainoff 1972)、知覚される刺激の特徴が生み出す葛藤 (conflict) と注目および知覚プロセスの関係を示した研究 (Bettman 1979) などがある。また、比較的初期に行われた研究において、心理学領域における探索行動を情報追求 (information seeking) とみなした Howard and Sheth (1969) では、探索行動を2つに識別し、その内の多様的 (diversive) 探索行動は、満足する刺激水準を維持し環境について学習するための好奇心から情報追求（あるいは情報探索）するものとみなされている。

このように、現在、様々な領域で研究が進められているこのような購買を前提としない情報探索は、主に好奇心による知識獲得を目指しており、製品カテゴリー特定的な行動であると考えられる (*e.g.*, Helm and Landschulze

2009)。この特定の製品カテゴリーにおける好奇心による情報探索は、製品カテゴリーに対する興味や関心に基づき、製品カテゴリーに対するヨリ深い理解を目的とした行動であり、製品関与がその規定要因であると考えられる。さらに、このような製品に対する関与や興味関心を基に、好奇心に動機づけられた情報探索は、製品の獲得行動、つまり購買にも影響を与えるものであると考えられる (cf., Baumgartner and Steenkamp 1996; Helm and Landschulze 2009)[1]。

以上の消費者による製品関与に起因する好奇心や興味あるいは関心に基づく情報収集、情報探索あるいは知識の獲得行動は、消費者にとって探索を行う場（環境）としての製品カテゴリーが新商品の導入や新規参入者の登場、技術的進歩によって変容した結果として、未知の部分が残されている、あるいは未知な部分が生み出され続けていることがその前提条件となっていると考えられる。

9.6　調査の概要

本研究では、小売業の各製品カテゴリー内における品揃えの豊富さと消費者の反応あるいは行動との関係について関心を持つ。そのため、小売業による消費者ニーズを起点とした水準の異なるカテゴリーを1つの単位として品揃えや売り場を展開していく活動を指すカテゴリー・マネジメントを取りあげた。加えて、消費者が多様性を追求する行動である探索行動としてのバラエティ・シーキングを取りあげた後、消費者が製品カテゴリーに対して積極的に関わっていく際の動機づけられた状態を指す製品関与についても取りあげてきた。

以下、本研究では、製品カテゴリーにおける2つの品揃えの豊富さが異なるサブ・カテゴリーにおいて、製品関与水準とバラエティ・シーキング傾向といった2要因による選択・購買場面における購買数量の差異についてインターネットを用いた調査を行った。その際、製品カテゴリーとしてチョコレート菓子（以下：チョコレートと表記）を対象に、それぞれ品揃えの豊富さが異なる2つのサブ・カテゴリーあるいはタイプ（板チョコレート、定番チョ

第9章　製品カテゴリー内の品揃えの豊富さとバラエティ・シーキング　　269

コレート）を用いている。これは、先のカテゴリー・マネジメントにおける水準では下位分類に位置される。

　なお、本研究において用いた商品は、板チョコレートが下記の16ブランドである（表9-1参照）。それぞれ森永製菓株式会社（以下；森永）、株式会社明治（以下；明治）、株式会社ロッテ（以下；ロッテ）、江崎グリコ株式会社（以下；グリコ）の4メーカーから1つずつ板チョコレートのブランドを選び、そのブランド名の下で展開されるミルク、ビターまたはブラック、ホワイト、ストロベリーの4つのフレーバーを用いた。なお、実際には、森永ダースは板チョコレートとは呼べない場合もあるが、本調査では板チョコレートとして扱っている。また、新奇な商品あるいは新商品として、1ブランドごとに1つずつの計4商品を新商品として扱い、表示される画像の右上に、小売店頭におけるPOPに近い形で「新商品」と画像で表示した（板チョコレート、定番チョコレートそれぞれ4商品）。加えて、定番チョコレートに関しては、板チョコレートを含む様々な形態ならびにフレーバーの商品を用いている。その際、市場シェアを加味し、明治4ブランド、ロッテ4ブランド、森永3ブランド、グリコ2ブランド、以下、ネスレ日本株式会社（以下：ネスレ）、株式会社ブルボン（以下；ブルボン）、株式会社不二家（以下；不二家）の各1ブランドずつの計16商品を用いた（表9-2）。

　この調査では、被験者に対して主に2つの課題を課している。まず、1つ目の課題では、被験者に対して、製品関与水準やバラエティ・シーキング傾向、1か月あたりにチョコレートに使う金額等を問う質問項目を設定した。2つ目の課題として、調査実験システム内におけるネットショップでのチョコレートの購入を計2回ほど課している。

　1つ目の課題において、用いた質問項目は、下記である。まず、製品関与水準の測定には下記の8項目を用いた。①「私は、チョコレートがとても好きだ」、②「私はチョコレートに強い興味を持っている」、③「私は、チョコレートに関心が高い」、④「チョコレートは私にとってとても大切である」、⑤「チョコレートは私にとって非常に重要である」、⑥「チョコレートは私の生活になくてはならない」、⑦「チョコレートは私にとってとても関連がある」、⑧「チョコレートについての話を聞くと、退屈になる【逆転項目】」。

表 9-1　調査で用いた板チョコレート

	チョコレート名（メーカー・ブランド・フレーバー・価格）
1	森永　ダース〈ミルク〉　100 円　※新商品として提示　※定番 6 と同一
2	森永　ダース〈ビター〉　100 円
3	森永　白いダース　100 円
4	森永　ダース〈ストロベリー〉　100 円
5	ロッテ　ガーナミルク　100 円　※定番 9 と同一
6	ロッテ　ガーナブラック　100 円　※新商品として提示
7	ロッテ　ガーナホワイト　100 円
8	ロッテ　ガーナストロベリー　100 円
9	明治　ミルクチョコレート 58g　100 円　※定番 13 と同一
10	明治　ブラックチョコレート 58g　100 円
11	明治　ホワイトチョコレート 40g　100 円　※新商品として提示
12	明治　ストロベリーチョコレート 40g　100 円
13	グリコ　パキッツ　98 円　※定番 5 と同一
14	グリコ　パキッツ　ブラック　98 円
15	グリコ　パキッツ　ホワイト　98 円
16	グリコ　パキッツ　ストロベリー　98 円　※新商品として提示

表 9-2　調査で用いた定番チョコレート

	チョコレート名（メーカー・ブランド・フレーバー・価格）
1	不二家　12 粒 ルック（ア・ラ・モード）　105 円
2	ブルボン　アルフォートミニチョコレート　105 円　※新商品として提示
3	ネスレ　キットカット　ミニ 3 枚入り　100 円
4	グリコ　ポッキーチョコレート　150 円
5	グリコ　パキッツ　98 円　※板チョコ 13 と同一
6	森永　ダース〈ミルク〉　100 円　※新商品として提示　※板チョコ 1 と同一
7	森永　小枝〈ミルク〉　179 円
8	森永　ベイク［ショコラ］　128 円
9	ロッテ　ガーナミルク　100 円　※板チョコ 5 と同一
10	ロッテ　クランキー　100 円
11	ロッテ　トッポ　158 円
12	ロッテ　アーモンドチョコレート　205 円　※新商品として提示
13	明治　ミルクチョコレート 58g　100 円　※板チョコ 9 と同一
14	明治　ガルボ　170 円
15	明治　ホルンミルク＆ホイップショコラ 8 本　198 円　※新商品として提示
16	明治　アーモンドチョコ　210 円

第9章　製品カテゴリー内の品揃えの豊富さとバラエティ・シーキング　　271

　また、バラエティ・シーキング傾向の測定には、下記の4項目を用いた。①「いろいろなチョコレートのブランドを使い比べる」、②「チョコレートの新製品が出ていればついつい買ってみたくなる」、③「試しにいつもとは違うチョコレートのブランドを買ってみたくなる」、④比較するために普段買っているチョコレートのブランドとは別のブランドを買ってみたくなる」。この製品関与水準とバラエティ・シーキング傾向についてはそれぞれ7点尺度で回答させている。

　調査実験システム内に構築されたネットショップは、①選択画面、②買い物かご画面、③購買確認画面、④購買完了画面の主に3つのページから構成される。①選択画面ではチョコレート計16商品の画像と情報（メーカー名、ブランド名とフレーバー、価格）の一覧が縦に並べられており、被験者は購買したい商品を各商品の右側に表示してある「買い物かごへ入れる」のボタンをクリックし、その後、画面右下にある「買い物かごを見る」ボタンをクリックすることで、②買い物かご画面へと進むことになっている。この買い物かご画面では、さきほどの選択画面で選択した商品の一覧が表示され、被験者は購買しない商品を右側に表示されている「買い物かごから削除する」ボタンをクリックすることで購買を取りやめることができる。そして、購買するブランドを決めた上で「購買する」ボタンをクリックし、③購買確認画面で購買を完了させるという流れになっている。購買が完了すると最後の④購買完了画面が表示され1つ目の購買課題が完了となる。そして、同様の購買課題がもう一度繰り返される。この際、1回目の購買と2回目の購買には、数日間が経っており、購買したチョコレートを全て食べ終わっているという説明書きを表示させている。また、それぞれの購買課題において、購買数やその制限は設けていないが、1つの商品につき購入出来るのは1個までであると教示を行っている。この購買課題は、自身で消費するための購買であることも同様に教示を行った。

　本調査に先立って、関西にある大学の大学院生26人に対してプリテストを実施し、調査に使用する調査実験システムのプログラムの改良や被験者の回答が蓄積されるプログラムの実行のチェックおよびサーバーの負荷のチェック、調査に用いる画像（チョコレートの画像、教示用の説明文や画像）

のチェックや、質問項目の見直し、蓄積されるデータの記録のチェックなどを行った。

9.7 調査

調査は、2012年8月24日から29日に実施された。被験者は、20代から50代の一般男女521サンプルである。中には複数回に渡って回答している被験者もいたが、その場合、リサーチ会社が事前にモニターに対して割り当てたIDをもとにチェックを行った上で回答日時が一番古いデータを採用している。回答が全てなされ、閲覧ログデータを確認できた回答数は男女計452名（男性221名、女性231名）であり、有効回答率は86.8%であった。

まず、製品関与水準、バラエティ・シーキング傾向といった測定尺度を合成変数化した上で、それぞれ3水準に識別した。製品関与水準は高製品関与（n=132）、中製品関与（n=165）、低製品関与（n=155）であり、バラエティ・シーキング傾向は高バラエティ・シーキング傾向（n=125）、中バラエティ・シーキング傾向（n=167）、低バラエティ・シーキング傾向（n=160）の3水準である。そのクロス集計表は下記に示してある（表9-3）。

選択から購買までに要した時間は、下記である。まず、第1回目の購買課題において商品選択に要した時間の平均は42.72秒（板チョコレートでは43.02秒、定番チョコレートでは42.41秒）であり、非常に短い時間内で商品の選択が行われている。第2回目では、24.52秒（板チョコレートでは22.93秒、定番チョコレートでは26.12秒）であり、2回目ということもあり選択に要した時間が短くなっていることがわかる。続いて、被験者が課題開

表9-3 製品関与とバラエティ・シーキング傾向のクロス表

		バラエティ・シーキング傾向			合計
		低	中	高	
製品関与	高	18（4.0%）	46（10.2%）	68（15.0%）	132（29.2%）
	中	50（11.1%）	73（16.2%）	42（9.3%）	165（36.5%）
	低	92（20.4%）	48（10.6%）	15（3.3%）	155（34.3%）
合計		160（35.4%）	167（36.9%）	125（27.7%）	452（100%）

第9章　製品カテゴリー内の品揃えの豊富さとバラエティ・シーキング　　273

始から買い物かごの確認を済ませるまでに要した時間は、それぞれ第1回目の購買課題では平均50.9秒（板チョコレートでは49.42秒、定番チョコレートでは52.4秒）であり、第2回目の購買課題では平均27.9秒（板チョコレートでは25.98秒、定番チョコレートでは30秒）であった。そして、課題開始から購買を完了させるまでに要した時間は、それぞれ第1回目の購買課題では平均51.9秒（板チョコレートでは50.53秒、定番チョコレートでは53.29秒）、第2回目の購買課題では平均28.76秒（板チョコレートでは26.34秒、定番チョコレートでは31.22秒）となっている。1回目の購買課題に比べて2回目の購買課題の方が、商品の選択までにかかる時間や、購買を完了するまでに要する時間は短いことがわかる。また、チョコレートのタイプ（板チョコレート、定番チョコレート）の間に大きな開きはない。

　製品の品揃えの豊富さに関するマニピュレーションチェックとして、直接的に製品の豊富さを問うものではないが、「商品を選んで、購入するまでの課題は難しかったですか」を測定項目として、「全くあてはまらない」から「非常にあてはまる」までの7点尺度で評価させた。その結果、板チョコレートの平均が2.26であり、定番チョコレートの平均が2.04であった。また、この回答結果の平均値について製品の豊富さの2タイプ（板チョコレートと定番チョコレート）によるグループ間のt検定を行ったところ、有意な差は確認出来なかった。この点に関して、製品の豊富さそのものより購買課題を問う今回の測定項目については課題を有するが、次節以降で取りあげられる調査結果を踏まえると、製品間の差異が少ないと思われる板チョコレートは製品間の差異が大きいと思われる定番チョコレートに対して、製品の豊富さとしては劣るものの商品間の差異の認識が難しくなることで購買課題自体は難しくなる可能性がある。

　加えて、新商品として提示していた操作に対するマニピュレーションチェックを行った（表9-4）。4つ全ての新商品を間違いなく回答した被験者は、全体の内の39.8％に留まった。特に正答数が0あるいは1個の被験者は全体の41.3％になる。被験者は、注意書き、あるいは新商品といったポップ（本調査では、商品の画像の右上に新商品という表記を行っている）を見ないもしくは気にせず選択している可能性がある。また、自身にとっての新

表 9-4　新商品のマニピュレーション

正当数	板チョコ	定番チョコ	計
0個	12（2.7%）	23（5.1%）	35（7.7%）
1個	83（18.4%）	69（15.3%）	152（33.6%）
2個	22（4.9%）	43（3.5%）	65（14.4%）
3個	11（2.4%）	9（2.0%）	20（4.4%）
4個	100（22.1%）	80（17.7%）	180（39.8%）
計	228（50.4%）	224（49.6%）	452（100%）

奇な商品（自身が知らない商品）を新商品として認識している可能性もある。この点に関しては、消費者が保有する事前知識を測定して確認する必要がある。しかしながら、本調査においては、新奇商品の購買のみに注目をしたものではないため、調査には全ての被験者を分析に回している。

9.8　分析結果

　質問項目から得られた1か月あたりのチョコレートに使う金額に対して、製品関与水準、バラエティ・シーキング傾向の二元配置分散分析を行った。交互作用は有意な値ではなかったが、各要因の主効果は有意であった（表9-5）。また、製品関与水準×バラエティ・シーキング傾向の1か月あたりに使う金額の平均値のプロットを示している（図9-1）。
　それぞれの主効果において、ボンフェローニ法による多重比較を行った。まず、製品関与水準は有意であった（$F(2, 443) = 8.445, p<0.01$）。この製品関与水準では、高製品関与と中製品関与は1%水準で有意であり、高製品関与と低製品関与も同様に1%水準で有意であった。それぞれの平均値は高製品関与が1234円、中製品関与が818円、低製品関与が551円であり、製品関与が高いほど1か月あたりのチョコレートに使う金額が高いことがわかる。
　また、バラエティ・シーキング傾向においては、10%水準で有意であった（$F(2, 443) = 2.572, p = .078$）。その内、高バラエティ・シーキング傾向と低バラエティ・シーキング傾向が5%水準で有意、中バラエティ・シーキング傾

第9章 製品カテゴリー内の品揃えの豊富さとバラエティ・シーキング　275

表9-5　分散分析の結果

変動源	平方和	自由度	F 値
製品関与	11340905.10	2	8.45 ***
バラエティ・シーキング傾向	3453643.65	2	2.57 *
製品関与 * バラエティ3水準	1728143.82	4	1.29
誤差	562437006.28	434	
修正総和	656657595.30	451	

*** $p<0.01$、** $p<0.05$、* $p<0.1$

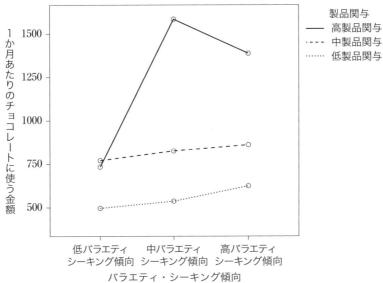

図9-1　分析結果（1か月あたりのチョコレートに使う金額）

向と低バラエティ・シーキング傾向が10％水準で有意であった。それぞれ、高バラエティ・シーキング傾向が957円、中バラエティ・シーキング傾向が981円、低バラエティ・シーキング傾向が666円であり、バラエティ・シーキング傾向の高いあるいは中程度の被験者はそれぞれ、低バラエティ・シーキング傾向の被験者よりもチョコレートに使う金額が高いことがわかる。

9.8.1 購買1回目の購買数量

購買1回目に購買された商品数（購買数量）に対して、先ほどの製品関与水準、バラエティ・シーキング傾向と共に、品揃えの豊富さが異なるチョコレートのタイプ（板チョコレート、定番チョコレート）の三元配置分散分析を行った。いずれの要因間の交互作用においても有意な値ではなかったが、製品関与とバラエティ・シーキングにおける主効果はそれぞれ、1％水準、10％水準で有意であった（表9-6）。また、製品関与水準×バラエティ・シーキング傾向の購買数量の平均値のプロットを全体、板チョコレート、定番チョコレートにおけるそれぞれの結果を示している（図9-2〜図9-4）。

それぞれの主効果において、ボンフェローニ法による多重比較を行った。まず、製品関与水準では、有意であった（$F(2,434)=8.734, p<0.01$）。その製品関与水準において、高製品関与と中製品関与は1％水準で有意であり、高製品関与と低製品関与も同様に1％水準で有意であった。それぞれの平均値は高製品関与が4.26個、中製品関与が3.39個、低製品関与が2.71個であり、製品関与水準が高いほど購買数量が多いことがわかる。また、バラエティ・シーキング傾向においては、10％水準で有意であった（$F(2,434)=2.763, p=.064$）。そのバラエティ・シーキング傾向では、高バラエティ・シーキング傾向と中バラエティ・シーキング傾向が10％水準で有意であった。それ

表9-6 購買1回目の購買数量の分散分析の結果

変動源	平方和	自由度	F値
製品関与	109.33	2	8.73 ***
バラエティ・シーキング傾向	34.58	2	2.76 *
チョコのタイプ	1.47	1	0.24
製品関与＊バラエティ・シーキング傾向	24.79	4	0.99
製品関与＊チョコのタイプ	4.39	2	0.35
バラエティ・シーキング傾向＊チョコのタイプ	15.03	2	1.20
製品関与＊バラエティ・シーキング傾向＊チョコのタイプ	39.21	4	1.57
誤差	2716.17	434	
修正総和	3001.19	451	

*** $p<0.01$、** $p<0.05$、* $p<0.1$

第9章 製品カテゴリー内の品揃えの豊富さとバラエティ・シーキング　277

図9-2　購買1回目の分析結果（全体）

図9-3　購買1回目の分析結果（板チョコレート）

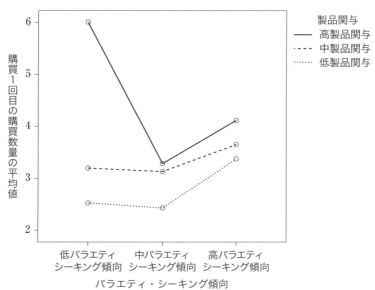

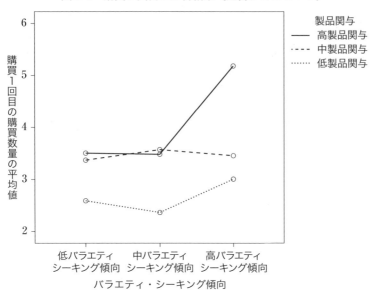

図 9-4　購買 1 回目の分析結果（定番チョコレート）

ぞれの平均値は、高バラエティ・シーキング傾向が 3.79 個、中バラエティ・シーキング傾向が 3.04 個、低バラエティ・シーキング傾向が 3.53 個であった。

　また、傾向として、製品関与水準とバラエティ・シーキング傾向が共に高い被験者でも、その購買数量の平均値において、定番チョコレート条件では 5.18 個なのに対し、板チョコレート条件においては 4.12 個と少ない傾向にある。加えて、板チョコレート条件において、同じく製品関与が高い被験者でも、低バラエティ・シーキング傾向では購買数量の平均値が 6.00 個であるのに対して、高バラエティ・シーキング傾向では 4.12 個と少ない。このことは、先ほどの 1 か月あたりのチョコレートに使う金額の結果を踏まえると、製品関与水準とバラエティ・シーキング傾向がどちらも高い状態でも、与えられる選択肢の影響、すなわち品揃えの豊富さの程度によって、購買数量が変化する可能性がある。つまり、製品関与水準ならびにバラエティ・シーキング傾向がどちらも高い状態にある消費者は、品揃えが豊富でないと購買の機会あるいは購買数量が増えないといった可能性がある。

9.8.2 購買2回目の購買数量

購買2回目に購買された商品数(購買数量)に対してもこれまでと同様、製品関与水準、バラエティ・シーキング傾向、チョコレートのタイプの三元

表9-7 購買2回目の購買数量の分散分析の結果

変動源	平方和	自由度	F値
製品関与	61.68	2	5.68***
バラエティ・シーキング傾向	0.80	2	0.99
チョコのタイプ	3.65	1	0.67
製品関与＊バラエティ・シーキング傾向	20.78	4	0.96
製品関与＊チョコのタイプ	3.41	2	0.31
バラエティ・シーキング傾向＊チョコのタイプ	4.00	2	0.37
製品関与＊バラエティ・シーキング傾向＊チョコのタイプ	53.27	4	2.45
誤差	2355.98	434	
修正総和	2608.467	451	

*** $p<0.01$、** $p<0.05$、* $p<0.1$

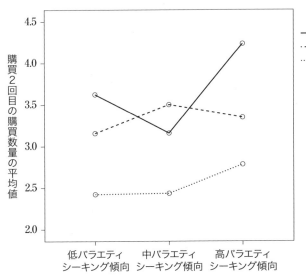

図9-5 購買2回目の分析結果(全体)

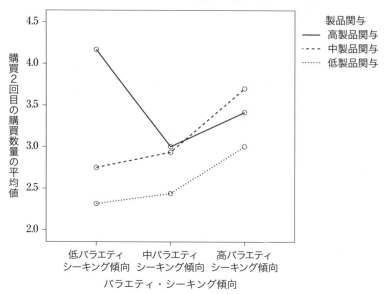

図 9-6　購買 2 回目の分析結果（板チョコレート）

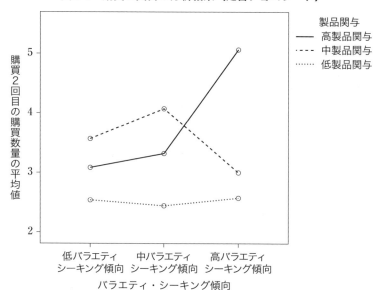

図 9-7　購買 2 回目の分析結果（定番チョコレート）

配置分散分析を行った。いずれの要因間の交互作用も有意な値ではなく、主効果に関しては製品関与水準のみ主効果が1%水準で有意であった（表9-7）。また、製品関与水準×バラエティ・シーキング傾向の購買数量の平均値のプロットを全体、板チョコレート、定番チョコレートにおけるそれぞれの結果を示している（図9-5〜図9-7）。

製品関与水準の主効果において、ボンフェローニ法による多重比較を行った。製品関与水準では、有意であった（$F(2,434)=5.681, p=.004$）。それぞれ高製品関与と低製品関与は1%水準で有意であり、中製品関与と低製品関与も同様に1%水準で有意であった。それぞれの平均値は高製品関与が3.67個、中製品関与が3.33個、低製品関与が2.55個であり、製品関与が高いほど第1回目の購買数量が多く、第1回目の購買数量と同じ程度かやや少ない。

また、主効果は有意ではなかったが、バラエティ・シーキング傾向における購買数量の各平均値は、高バラエティ・シーキング傾向が3.46個、中バラエティ・シーキング傾向が3.03個、低バラエティ・シーキング傾向が3.07個であった。

ここでもチョコレートのタイプによって差異がみられる。まず、板チョコレート条件において、製品関与が高い被験者で、高バラエティ・シーキング傾向であれば3.41個、低バラエティ・シーキング傾向であれば4.17個がその購買数量の平均値となっている。一方、定番チョコレート条件においては、製品関与が高い被験者で、高バラエティ・シーキング傾向であれば5.06個、低バラエティ・シーキング傾向であれば3.08個と先ほどの板チョコレート条件下における値とは反対となっている。このことも、購買1回目と同様に、与えられる選択肢の影響によって、購買数量が変化するかもしれないという可能性が示される。

9.9　おわりに

本研究における調査の主眼は、製品カテゴリー内の品揃えの豊富さが異なる条件下（板チョコレートと定番チョコレート）において、消費者の製品関与水準やバラエティ・シーキング傾向の2要因によって購買課題における購

買数量に差異が生じるか、あるいは普段の1か月あたりにチョコレートに使う金額に差異があるのかといった点であった。

　ここで明らかとなったのは、全体的な傾向として、製品関与水準が高ければ、あるいは、バラエティ・シーキング傾向が高ければ、それぞれ1か月あたりのチョコレートに使う金額が高いこと、そして購買数量が多くなることである。こうした消費者は、市場規模に占める割合が大きい可能性が指摘されている（*e.g.,* 西原 2012）。その際、製品関与水準が高い場合でも、バラエティ・シーキング傾向も同様に高くなければ消費者がその製品を購買するにあたって使用する金額や購買数量が多くならない可能性がある。加えて、調査結果より、製品関与水準ならびにバラエティ・シーキング傾向がどちらも高い場合、品揃えが豊富と思われる定番チョコレート条件下では購買数量が多く、品揃えが豊富ではないと思われる板チョコレート条件下では購買数量が少ない傾向が見られた。

　つまり、高製品関与型バラエティ・シーカーとも言うべき、製品関与水準が高くバラエティ・シーキング傾向も高い消費者は、使用する金額や購買数量は多いが、製品カテゴリーの品揃えが豊富でないと購買数量が伸びない可能性がある。そのため、小売業は製品カテゴリーに対する関与水準が高く、バラエティ・シーキング傾向も高い消費者をターゲットとした場合、品揃えを豊富にしていく必要がある。ただし、調査結果からは、品揃えを豊富にした場合、製品関与水準ならびにバラエティ・シーキング傾向どちらも低い消費者の場合、購買数量が少なくなる可能性も示唆された。

　一方、メーカーにおいても既存の製品カテゴリー内における競争から抜け出すため、新たな製品カテゴリーあるいは既存の製品カテゴリー内でのサブ・カテゴリーの創造・創生、活性化の必要性が問われるようになっている（Aaker 2011）。こうした動きもまた、小売業における売場展開に影響を及ぼすだろう。

　いずれにしろ、小売業は、競合他社への対応と共に、消費者を飽きさせないように売場を活性化させるため品揃えに変化をつけ続けていくことが求められている。その場合に、消費者がその製品カテゴリーに対してヨリ強い興味・関心を持ち続けるのか、あるいは反対に興味・関心を失っていくのかと

いった消費者の反応に関しては充分な理解は得られていない。そのためにも、小売業はカテゴリーをいずれの水準で捉えるにしろ、それぞれのカテゴリー全体の売上や利益の向上を図っていく取り組みの中で消費者の製品カテゴリーへの関わり方やその内的側面について理解を深めていく必要がある。

また、刻々と変化していくVUCA的要素的含んだ市場環境に対する消費者の反応や関わり方について明らかにしていく上で、今後の課題としていくつかの点が残されている。まず、バラエティ・シーキングならびに製品関与の両方に該当するものは、バラエティ・シーキング（あるいはバラエティ動因）と製品関与のそれぞれを生起させる要因のヨリ精緻な解明であり、消費者特性、製品特性、状況特性といった側面から整理していく必要がある。

製品関与に関しては、関与自体が動機づけられた状態であるため関与の動機のタイプ（感情的関与や認知的関与）や、関与を高める要因としての製品に対する知識量や精通性、そして両者に関連した消費者の製品カテゴリーに関する知識構造といった事柄も視野に入れていく必要がある。

バラエティ・シーキングにおいては、探索行動としてのバラエティ・シーキングが購買を前提としない情報探索から購買後の消費も含む一連の行動のプロセスとして捉えるべき概念であり、本研究で分析に用いたデータは現実の購買に基づいたデータではないため、購買ならびに消費が行われるある一定の期間をその調査期間として設定し、日記式パネルならびに購買パネルデータといった実際の購買データと共に質問紙調査等による消費者の内的側面を捉えたデータを用いた分析を行っていく必要がある。

(西原 彰宏)

注釈

1) もちろん、いずれの領域の研究においても同様に、製品カテゴリー横断的に新製品に関心を示すノベルティ・シーカー型の消費者も存在すれば、一方で特定の製品カテゴリー内での新製品に対して関心を示す消費者も存在すると考えられる。さらに、これらの研究では、購買課題等の目的が定まっており問題解決行動として手段的に行われる探索行動（search behavior）と無目的行動としても呼ばれる合理的な目的を持たない探索行動（exploratory behavior）とが明確に識別されていないのが現状である。

参考文献

Arnold, M. J. and K. E. Reynolds (2003), "Hedonic Shopping Motivations," *Journal of Retailing*, 79 (2), 77-95.

Aaker, D. A. (2011), *Brand Relevance: Making Competitors Irrelevant*. San Francisco, CA: Jossey-Bass.

青木幸弘 (1987)「関与概念と消費者情報処理 (1) : 概念的枠組と研究課題」『商學論究』35 (1)、97-113。

麻田孝治 (2004)『戦略的カテゴリーマネジメント』日本経済新聞社。

Baumgartner, H. and Jan-Benedict E. M. Steenkamp (1996), "Exploratory Consumer Buying Behavior: Conceptualization and Measurement," *International Journal of Research in Marketing*, 13, 121-137.

Bettman, J. R. (1979), *An Information Processing Theory of Consumer Choice*. Reading, MA: Addison-Wesley Publishing Company.

Bloch, P. H. and M. L. Richins (1983), "A Theoretical Model for the Study of Product Importance Perceptions," *Journal of Marketing*, 47 (Summer), 69-81.

Bloch, P. H., D. L. Sherrell, and N. M. Ridgway (1986), "Consumer Search: An Extended Framework," *Journal of Consumer Research*, 13, 1, 119-126.

Efficient Consumer Response Europe (1997), *Category Management Best Practices Report*. The Partnering Group & Roland Berger & Partners.

Choi, J., B. Kyu Kim, Incheol Choi, and Youjae Yi (2006), "Variety-Seeking Tendency in Choice for Others: Interpersonal and Intrapersonal Causes," *Journal of Consumer Research*, 32 (March), 590-595.

Copley, P. T., and F. L. Callom (1971), "Industrial Search Behavior and Perceived Risk," Proceedings of second Annual Conference, *Association for Consumer Research*, 208-231.

Dholakia, U. and R. P. Bagozzi (2000), "Consumer Behavior in Digital Environments," in Jerry Wind and Vijay Mahajan (eds.) *Digital Marketing: Global Strategies from the World's Leading Experts*. New York, NY: John Wiley & Sons.

Dodd, T. H., B. E. Pinkleton and A. W. Gustafson (1996), "External Information Sources of Product Enthusiasts: Differences between Variety Seekers, Variety Neutrals, and Variety Avoiders," *Psychology & Marketing*, 13 (3), 291-304.

Faison, E. W. J. (1977), "The Neglected Variety Drive: A Useful Concept for Consumer Behavior," *Journal of Consumer Research*, 4, 3, 172-175.

第 9 章　製品カテゴリー内の品揃えの豊富さとバラエティ・シーキング　　285

Goodwin, S. A. (1980), "Impact of Stimulus Variables on Exploratory Behavior," *Advances in Consumer Research*, 7, 264-269.
Helm, R. and S. Landschulze (2009), "Optimal Stimulation Level Theory, Exploratory Consumer Behavior and Product Adoption: An Analysis of Underlying Structures across Product Categories," *Review of Managerial Science*, 3 (1), 41-73.
Hewett, W. C. (1975), "The Significance of Human Curiosity in an Outdoor Advertising Experiment," *Journal of Business*, 48 (1), 108-110.
Howard, J. A. and J. N. Sheth, (1969), *The Theory of Buyer Behavior*. New York, NY: John Wiley & Sons.
Hoyer, W. D. and N. M. Ridgway (1984), "Variety Seeking as an Explanation for Exploratory Purchase Behavior: A Theoretical Model," *Advances in Consumer Research*, 11, 114-119.
Levav, J. and R. J. Zhu (2009), "Seeking Freedom through Variety," *Journal of Consumer Research*, 36 (December), 600-610.
Maloney, J. C. (1962), "Curiosity versus Disbelief in Advertising," *Journal of Advertising Research*, 2, 2-8.
McAlister, L. and E. Pessemier (1982), "Variety Seeking Behavior: An Interdisciplinary Review," *Journal of Consumer Research*, 9 (3), 311-322.
Menon, S. and B. E. Kahn (1995), "The Impact of Context on Variety Seeking in Product Choices," *Journal of Consumer Research*, 22 (3), 285-295.
Miller, S. J., M. B. Mazis, and P. L. Wright (1971), "The Influence of Brand Ambiguity on Brand Attitude Development," *Journal of Marketing Research*, 8 (4), 455-459.
Morrison, B. J. and M. J. Dainoff (1972), "Advertisement Complexity and Looking Time," *Journal of Marketing Research*, 9 (4), 396-400.
日経ビジネス (2006)「商品の寿命は 3 週間」『日経ビジネス』2006 年 5 月 29 日、26-29。
西原彰宏 (2011)「消費者文脈における探索行動」関西学院大学商学研究科研究会『関西学院商学研究』64、1-24。
西原彰宏 (2012)「バラエティ・シーキング：その要因と今後の研究の方向性」『繊維製品消費科学』53 (1)、20-27。
西原彰宏 (2013)「関与概念の整理と類型化の試み」『商學論究』60 (4)、305-323。
小川孔輔 (2005)「バラエティシーキング行動モデル：既存文献の概括とモデルの将来展望」『商學論究』52 (4)、35-52。
Raju, P. S. (1980), "Optimum Stimulation Level: Its Relationship to Personality, Demographics, and Exploratory Behavior," *The Journal of Consumer Research*, 7 (3),

272-282.

Raju, P. S. (1981), "Theories of Exploratory Behavior: Review and Consumer Research Implications," in J. N. Sheth (ed.), *Research in Marketing*, volume 4. Greenwich, CT: JAI Press, 223-249.

Raju, P. S. and M. Venkatesan (1980), "Exploratory Behavior in the Consumer Context: A State of the Art Review," in J. C. Olson (ed.), *Advances in Consumer Research*, 7, Ann Arbor, MI: Association for Consumer Research, 258-263.

Ratner, R. K. and B. E. Kahn, (2002), "The Impact of Private versus Public Consumption on Variety-Seeking Behavior," *Journal of Consumer Research*, 29 (2), 246-257.

Richins, M. L. and P. H. Bloch (1986), "After the New Wears off: The Temporal Context of Product Involvement," *Journal of Consumer Research*, 13 (2), 280-285.

Robertson, T. S. (1976), "Low-Commitment Consumer Behavior," *Journal of Advertising Research*, 16 (2), 19-24.

高橋広行、徳山美津恵 (2012)「消費者視点のカテゴリー・マネジメント」『繊維製品消費科学』53 (10)、780-787。

Tauber, E. M. (1972), "Why Do People Shop?" *Journal of Marketing*, 36 (October), 46-49.

Tyebjee, T. T. (1979), "Refinement of the Involvement Concept an Advertising Planning Point of View," J. C. Maloney and B. Silverman (eds.), *Attitude Research Plays for High Stakes*. Chicago, IL: AMA, 94-111.

Van Trijp, Hans C. M., W. D. Hoyer, and J. J. Inman (1996), "Why Switch? Product Category-Level Explanations for True Variety-Seeking Behavior," *Journal of Marketing Research*, 33 (3), 281-292.

和田充夫 (1984)「マーケティング戦略の構築とインヴォルブメント概念」『慶應経営論集』5 (3)、1-13。

Westbrook, R. A. and W. C. Black (1985), "A Motivation-Based Shopper Typology," *Journal of Retailing*, 61 (1), 78-103.

索 引

ABC

MCIモデル　序5, 158, 172, 173
MCMC(マルコフ連鎖モンテカルロ)法　240
VUCA　257, 258, 259, 283

あ

売り場行動スクリプト　200, 201, 202, 204, 210, 211
エグゼンプラー　106, 107, 108, 109, 110, 111, 112, 113, 114, 115, 116, 117, 241, 242, 251
エグゼタイプ　109, 110, 111, 114, 115, 116
卸売業者　177, 178, 179, 180, 181, 183, 184, 185, 187, 188, 189, 190, 191, 192, 193

か

買物動機　序6, 154, 168, 169, 170, 258, 266
価格弾力性　80, 88
革新性　序4, 100, 103, 201, 202, 203, 204, 206, 207, 210, 211, 213, 217, 219
確認的因子分析　159, 161, 174
カテゴリー　序6, 54, 98, 100, 106, 107, 108, 109, 110, 111, 112, 113, 114, 115, 116, 117, 118, 149, 155, 173, 181, 185, 186, 187, 188, 193, 203, 207, 208, 210, 225, 226, 227, 229, 230, 231, 232, 233, 234, 235, 236, 237, 238, 239, 240, 241, 242, 243, 244, 245, 246, 247, 248, 249, 250, 251, 257, 258, 259, 260, 261, 262, 264, 265, 266, 267, 268, 269, 281, 282, 283
カテゴリー不確実性　序5, 225, 226, 229, 230, 231, 232, 234, 235, 242, 249
カテゴリー・マネジメント　187, 188, 190, 191, 220, 258, 259, 260, 261, 268, 269
カテゴリーメンバーシップ値　239, 240, 241, 242, 249
株式会社リテールサポート大阪（RSO)　180
技術フロンティア　1, 4, 5, 6, 7, 8, 9, 10, 13, 14, 15, 20, 27, 28, 29, 30, 31, 32, 102, 103, 104, 105, 118
北野エース　203, 204, 207, 208, 209, 210, 211, 212, 213, 214, 215, 216, 217, 218, 219, 220
ギブスサンプリング　240
業種　序6, 13, 15, 16, 18, 19, 20, 21, 22, 23, 31, 96, 97, 104, 112, 135, 160, 165, 166, 167, 168, 169, 170, 171, 174, 181, 182, 183, 184, 198
共存関係　序4, 177, 179, 180, 184, 187, 190, 191
業態　序4, 序5, 1, 2, 3, 4, 5, 6, 7, 8, 9, 10, 11, 12, 13, 15, 16, 17, 18, 19, 20, 21, 22, 23, 24, 25, 26, 27, 28, 29, 30, 31, 32, 33, 37, 38, 39, 40, 43, 64, 77, 93, 94, 95, 96, 97, 98, 99, 100, 101, 102, 103, 104, 105, 106, 107, 109, 111, 112, 113, 114, 115, 116, 117,

118, 121, 190, 193, 197, 198, 199, 200, 201, 203, 204, 206, 207, 213, 217, 219, 220
業態間競争　序3, 7, 11, 19, 20, 32, 33
業態内競争　3, 4, 6, 7, 27, 32, 33
業態の定義　9, 11, 15, 21
協働マーケティング　185, 187, 191,
キルト教室　122, 123, 127, 135, 136, 138, 139, 141, 142, 143
キルトショップ　序5, 121, 122, 123, 127, 128, 129, 130, 131, 132, 133, 134, 135, 136, 137, 138, 139, 140, 141, 142
キルトショップ・オーナー　122, 124, 129, 139, 140, 143
小売吸引力モデル　序6, 145, 150, 156, 173
小売業者　序5, 序6, 11, 14, 61, 62, 63, 64, 65, 68, 69, 78, 80, 81, 82, 83, 84, 85, 86, 87, 88, 89, 121, 123, 129, 130, 131, 132, 136, 141, 142, 146, 156, 178, 179, 185, 187, 188, 190, 191, 193, 258, 259
小売生産性　35, 36, 39, 57, 185
小売の輪仮説　序4, 1, 2, 3, 4, 7, 9, 20, 31, 32, 94
新小売の輪仮説　序4, 2, 7, 8, 9, 20, 27, 28, 31, 32, 33
購買単価　201, 217, 218, 219
購買点数　201, 207, 217, 218, 219
経験価値　202, 206
顧客愛顧　61, 62, 63, 64, 80, 81, 82, 84, 85, 86, 87, 88
顧客関係　序5, 121, 122, 123, 128, 129, 132, 133, 136, 138, 141
互恵　序5, 61, 62, 68, 69, 80, 85, 86, 87, 88, 89
「混合」業態　26
コンジョイントデザイン　235, 238, 240, 242, 249

コーズ・リレーティッド・マーケティング（CRM）　62, 66, 88

さ

社会的マーケティング　62, 63, 65, 66, 68, 80
サンシャイン　202, 204, 205, 206, 207, 210, 211, 212, 213, 214, 215, 216, 217, 218, 219, 220
サービス品質　36, 37, 38, 39, 40, 41, 44, 50, 53
品揃え　序4, 序5, 序6, 9, 12, 17, 21, 22, 23, 33, 36, 38, 39, 40, 41, 42, 43, 50, 96, 117, 121, 123, 130, 132, 133, 136, 137, 141, 142, 147, 148, 164, 179, 181, 182, 183, 184, 185, 190, 192, 193, 202, 203, 205, 206, 207, 208, 209, 210, 219, 220, 257, 258, 259, 260, 261, 268, 273, 276, 278, 281, 282
自己目的志向　序5, 121, 123, 129, 130, 131, 132, 136, 141, 142
消費者ニーズ　10, 11, 12, 15, 16, 17, 18, 19, 20, 22, 24, 25, 26, 182, 185, 198, 257, 259, 268
収益性シミュレーション　80
手芸　121, 122, 123, 124, 125, 126, 127, 133, 134, 136, 137, 138, 139, 141, 142, 143
商業集積　序5, 序6, 145, 146, 147, 148, 149, 150, 151, 152, 153, 154, 155, 156, 157, 159, 160, 161, 163, 165, 166, 167, 168, 169, 170, 171, 172, 173, 174
小規模小売業者　序5, 123, 129, 132, 141
消費者情報処理　93, 104, 105
情報探索　262, 263, 265, 266, 267, 268, 283
食品スーパー　22, 35, 39, 40, 41, 42,

43, 44, 45, 48, 50, 52, 57, 105, 106, 108, 190, 197, 198, 200, 201, 202, 203, 205, 206, 207, 210, 211, 212, 213, 214, 215, 216, 219, 220
ショッピング　2, 16, 23, 24, 148, 201, 205, 206, 213, 219, 267
真空地帯理論　2, 3, 4, 5, 7, 32
人時生産性　35, 39, 40, 41, 43, 44, 45, 46, 47, 49, 50, 51, 55, 56, 57
シングルカテゴリー信念　230, 231, 232, 242, 243, 244, 245, 246, 247, 248, 249, 251
スクリプト　序4, 序5, 197, 198, 199, 200, 201, 202, 204, 207, 210, 211, 212, 214, 215, 216, 219
生産関数　38, 39, 46, 51, 52, 55, 56
製品関与　259, 263, 264, 265, 266, 268, 269, 271, 272, 274, 275, 276, 277, 278, 279, 280, 281, 282, 283
セグメンテーション　16, 25, 27, 178, 179, 184, 185
選択行動スクリプト　200, 201, 204
「千のトイレ」プロジェクト　62, 69, 73, 74, 75, 76, 77, 78, 79, 80, 88
セールス・プロモーション　61, 62, 63, 64, 65, 66, 68, 69, 80, 88, 89
測定不変モデル　161, 162

た

探索行動　259, 261, 262, 264, 267, 268, 283
チャネル　36, 64, 178, 187, 188, 190, 191, 234
調整変数　序6, 146, 165, 169, 170, 172
特定商業集積整備法　145, 156
都市施設　序6, 145, 146, 147, 148, 149, 150, 151, 152, 153, 154, 155, 156, 157, 158, 159, 161, 162, 163, 164, 165, 166, 167, 168, 169, 170,

171, 172, 173
トップダウン型処理　106, 107, 109, 111
取引制度　185, 191, 192
店舗規模　46, 49, 51, 52, 53, 55, 98, 100, 131, 186
店舗内行動スクリプト　200, 201, 204, 207, 210
店舗面積

な

ネピア（nepia）, 62, 69, 70, 71, 73, 75, 76, 77, 80, 88
能動的生業志向　131, 132

は

配置不変モデル　161
ハイパーパラメータ　229, 239, 241, 249
ハイブリッド製品　225, 226, 227, 228, 229, 230, 233, 234, 235, 236, 242, 246, 249, 250, 251
バラエティ・シーキング　序5, 序6, 226, 251, 257, 259, 261, 262, 263, 264, 265, 266, 268, 269, 271, 272, 274, 275, 276, 277, 278, 279, 280, 281, 282, 283
バラエティ・スイッチ　264
バラエティ動因　262, 263, 264, 283
パートタイム　50, 55, 56
フィールドワーク　序5, 122, 133, 142, 143
フォーマット　序4, 10, 11, 17, 19, 21, 22, 23, 26, 27, 28, 29, 30, 31, 32, 97, 98, 99, 100, 105
フォーミュラ　97, 99, 100, 105
付加価値額　序4, 44, 50, 51, 55, 56, 57
ブランド・スイッチング　261, 262, 263, 264, 266

プロトタイプ　　106, 107, 108, 109, 110, 111, 112, 113, 114, 115, 116, 117
ボトムアップ型処理　　106, 107, 109, 111

ま

街づくり　　145, 170
マルチプルカテゴリー信念　　231, 232, 237, 242, 243, 244, 245, 246, 247, 248, 249, 251
マージン追求　　80, 81, 82, 83, 85, 86, 87, 88
最寄品　　43, 44

ら

流通技術集合　　序4, 6, 9, 10, 11, 13, 17, 18, 19, 21, 22, 24, 25, 26, 27, 28, 29, 30, 31, 32
流通サービス・ミックス　　序4, 11, 12, 13, 16, 17, 18, 19, 21, 22, 23, 24, 25, 26, 27, 29, 30, 31
リテール・サポート　　序4, 179, 180, 181, 182, 183, 184, 185, 187, 188, 189, 190, 191, 192

執筆者一覧

序	鶴坂 貴恵（つるさか たかえ）	摂南大学経営学部准教授
特別寄稿	中西 正雄（なかにし まさお）	関西学院大学名誉教授
第1章	山本 昭二（やまもと しょうじ）	関西学院大学大学院経営戦略研究科教授
第2章	井上 哲浩（いのうえ あきひろ）	慶應義塾大学大学院経営管理研究科教授
第3章	新倉 貴士（にいくら たかし）	法政大学経営学部教授
第4章	坂田 博美（さかた ひろみ）	富山大学経済学部教授
第5章	石淵 順也（いしぶち じゅんや）	関西学院大学商学部教授
第6章	杉本 宏幸（すぎもと ひろゆき）	福岡大学商学部准教授
第7章	髙橋 広行（たかはし ひろゆき）	流通科学大学商学部准教授
第8章	西本 章宏（にしもと あきひろ）	関西学院大学商学部准教授
第9章	西原 彰宏（にしはら あきひろ）	亜細亜大学経営学部専任講師

小売マーケティング研究のニューフロンティア

2015 年 3 月 31 日 初版第一刷発行

編著者　中西正雄・石淵順也・井上哲浩・鶴坂貴恵

発行者　田中きく代
発行所　関西学院大学出版会
所在地　〒 662-0891
　　　　兵庫県西宮市上ケ原一番町 1-155
電　話　0798-53-7002

印　刷　大和出版印刷株式会社

©2015 Masao Nakanishi, Junya Ishibuchi, Akihiro Inoue, Takae Tsurusaka
Printed in Japan by Kwansei Gakuin University Press
ISBN 978-4-86283-192-7
乱丁・落丁本はお取り替えいたします。
本書の全部または一部を無断で複写・複製することを禁じます。

コトワリ

KOTOWARI
No.75
2025

五〇〇点刊行記念

関西学院大学出版会の総刊行数が五〇〇点となりました。草創期とこれまでの歩みを歴代理事長が綴ります。

自著を語る
未来の教育を語ろう
關谷 武司 2

関西学院大学出版会の草創期を語る
関西学院大学出版会の誕生と私
荻野 昌弘 4

草創期をふり返って
宮原 浩二郎 6

これまでの歩み
関西学院大学出版会への私信
田中 きく代 8

ふたつの追悼集
田村 和彦 10

連載 スワヒリ詩人列伝
第8回 政権の御用詩人、マティアス・ムニャンパラの矛盾
小野田 風子 2

1997–2025

関西学院大学出版会
KWANSEI GAKUIN UNIVERSITY PRESS

自著を語る

未来の教育を語ろう

關谷 武司(せきや たけし) 関西学院大学教授

著者は現在六四歳になります。思えば、自身が大学に入学した頃に、パーソナル・コンピューター（PC）というものが世に現れ、最初はソフトウェアもほとんどなく、研究室にあるただの箱のような扱いでした。それが、毎年毎年数倍の革新的な能力アップを遂げ、あっという間に、PCなくしては、研究だけでなく、あらゆるオフィス業務が考えられない状況が出現しました。その後のインターネットの充実は、さらに便利な社会をもたらし、近年はクラウドやバーチャルという空間まで生み出しました。そして、数年前から、ついに人工知能（AI）の実用化が始まり、人間の能力を超える存在にならんとしつつあります。ここまでの激的な変化が、わずか人間一代の時間軸の中で起こってきたわけです。

もはや、それまでの仕事の進め方は完全に時代遅れとなり、昨年まであった業務ポストがなくなり、人間の役割が問い直されるまでに至りました。この影響は、すでに学びの場、学校や大学にも及んでいます。

これまで生徒に対してスマートフォンの使用を制限していた中学や高等学校では、タブレットが導入され、AIを使う生徒の姿に教師が戸惑う光景が見られるようになりました。教室で、AIなどの先進科学技術を利用しながら、子どもたちに、何を、どのように学ばせるべきなのか。これは避けて通れない目の前のことで、教育者はいま、その解を求められています。

しかし、学校現場は日々の業務に忙殺されており、立ち止まって現状を見直し、高い視点に立って将来を見据えて考える、そんな時間的余裕などはとてもありません。ただただ、「これでいいわけはない」「今後に向けてどのような教育があるべきか」

など、焦燥感だけが募る毎日。

この書籍は、そのような状況にたまりかねた著者が、仲間うちの教育関係者に訴えかけて円卓会議を開いた、そのときに話された内容を記録したものです。まずは、僭越ながら著者が基調講演をおこない、続いて小学校から高等学校までの現場の先生方、そして教育委員会の指導主事の先生方にグループ討議をしていただきました。それぞれの教育現場における課題や懸念、今後やるべき取り組みやアイデアの提示を自由に話し合い、互いに共有しました。そして、それを受けて、大学の異なるご専門の先生方から、大学としていかなる変革が必要となるか、コメントを頂戴しました。実に有益なご示唆をいただくことができました。

では、私たちはどのような一歩を歩み出すべきなのでしょうか。社会の変化は非常に早い。

そこで、小学校から高等学校までの学校教育に多大な影響を及ぼしている大学教育に着目しました。それはまた、輩出する卒業生を通して社会に対しても大きな影響を及ぼす存在です。一九七〇年にOECDの教育調査団から、まるでレジャーランドの如くという評価を受けてから半世紀以上が経ちました。もはや、このまま変わらずにはいられない大学教育に関して、大胆かつ具体的に、これからの日本に求められる理想としての大学の姿を提示してみました。遠いぼんやりした次世紀の大学ではなく、シンギュラリティが到来しているかもしれない、二〇五〇年を具体的にイメージしたとき、どういう教育理念で、どのようなカリキュラムを、どのような教授法で実施するのか。いま現在の制約をすべて取り払い、自らが主体的に動ける人材を生み出すために、妥協を廃して考えた具体的なアイデアを提示する。この奇抜な挑戦をやってみました。

このような大学がもし本当に出現したなら、社会にどのようなインパクトを及ぼすでしょうか。消滅しつつある、けれど本来は資源豊かな地方に設立されたら、どれほどの効果を生み出すでしょうか。その影響が共鳴しだせば、日本全体の教育を変えていくことにもつながるのではないでしょうか。

そんな希望を乗せて、この書籍を世に出させていただきました。批判も含め、大いに議論が弾む、その礎となることを願っています。

\500/
点目の新刊

未来の教育を語ろう

關谷 武司[編著]

A5判／一九四頁
二五三〇円(税込)

超テクノロジー時代の到来を目前にして現在の日本の教育システムをいかに改革するべきか「教育者」たちからの提言。

五〇〇点刊行記念 関西学院大学出版会の草創期を語る

関西学院大学出版会の誕生と私

荻野 昌弘 関西学院理事長

一九九五年は、阪神・淡路大震災が起こった年である。関西学院大学も、教職員・学生の犠牲者が出て、授業も一時中断した。この年の秋、大学生協書籍部の谷川恭生さん、岡見精夫さんと神戸三田キャンパスを見学しに行った。新しいキャンパスに総合政策学部が創設されたのは、震災が起こった一九九五年の四月のことである。震災という不幸にもかかわらず、神戸三田キャンパスの新入生は、活き活きとしているように見えた。

その後、三田市ということで、三田屋でステーキを食べた。その時に、私が、そろそろ、単著を出版したいと話して、具体的な出版社名も挙げたところ、谷川さんがそれよりもいい出版社があると切り出した。それは、関西学院大学生活協同組合出版会のことで、たしかに蔵内数太著作集全五巻を出版していることで、生協の出版会を基に、本格的な大学出版会を作っていけばいいという話だった。

震災は数多くの建築物を倒壊させた。それは、不幸なできごとであったが、そこから新たな再建、復興計画が生まれる。何か新しいものを生み出したいという気運が生まれてくる。私は、谷川さんの新たな出版会創設計画に大きな魅力を感じ、積極的にそれを推進したいという気持ちになった。

そこで、まず、出版会設立に賛同する教員を各学部から集め、設立準備有志の会を作った。岡本仁宏（法）、田和正孝（文）、田村和彦（経＝当時）、広瀬憲三（商）、浅野考平（理＝当時）の各先生が参加し、委員会がまず設立された。また、経済学部の山本栄一先生から、おりに触れ、アドバイスをもらうことになった。出版会を設立するうえで決めなければならないのは、まずその法人格をどのようにするかだが、これは、財団法人を目指す

任意団体にすることにした。そして、何よりの懸案事項は、出版資金をどのように調達するかという点だった。あるときに、たしか当時、学術常任理事だった、私と同じ社会学部の髙坂健次先生から山口恭平常務に会いにいけばいいと言われ、単身、常務の執務室に伺った。山口常務に出版会設立計画をお話し、資金を融通してもらいたい旨お願いした。山口さんは、社会学部の事務長を経験されており、そのときが一番楽しかったという話をされ、その後に、一言「出版会設立の件、承りました」と言われた。事実上、出版会の設立が決まった瞬間だった。

その後、書籍の取次会社と交渉するため、何度か東京に足を運んだ。そのとき、谷川さんと共に同行していたのが、今日まで、出版会の運営を担ってきた田中直哉さんである。東京出張の折には、よく酒を飲む機会があったが、取次会社の紹介で、高齢の女性が、一人で自宅の応接間で営むカラオケバーで、バラのリキュールを飲んだのが、印象に残っている。

取次会社との契約を無事済ませ、社会学部教授の宮原浩二郎編集長の下、編集委員会が発足し、震災から三年後の一九九八年に、最初の出版物が刊行された。

ところで、当初の私の単著を出版したいという目的はどうなったのか。出版会設立準備の傍ら、執筆にも勤しみ、第一回の刊行物の一冊に『資本主義と他者』を含めることがかなっ

た。新たな出版会で刊行したにもかかわらず、書評紙にも取り上げられ、また、読売新聞が、出版記念シンポジウムに関する記事を書いてくれた。当時大学院生で、その後研究者になった方々から私の本を読んだという話を聞くことがあるので、それなりの反響を得ることができたのではないか。書店で『資本主義と他者』を手にとり、読了後すぐに連絡をくれたのが、当時大阪大学大学院の院生だった、山泰幸人間福祉学部長である。

また、いち早く、論文に引用してくれたのが、今井信雄社会学部教授（当時、神戸大学の院生）で、今井論文は後に、日本社会学会奨励賞を受賞する。出版会の立ち上げが、新たなつながりを生み出していることは、私にとって大きな喜びであり、出版会が、今後も知的ネットワークを築いていくことを期待したい。

『資本主義と他者』1998年
資本主義を可能にしたものは？　他者の表象をめぐる闘争から生まれる、新たな社会秩序の形成を、近世思想、文学、美術等の資料をもとに分析する

五〇〇点刊行記念 関西学院大学出版会の草創期を語る

草創期をふり返って

宮原　浩二郎　関西学院大学名誉教授

関西学院大学出版会の刊行書が累計で五〇〇点に到達した。ホームページで確認すると、設立当初の一〇年間は毎年一〇点前後、その後は毎年二〇点前後のペースで刊行実績を積み重ねてきたことがわかる。あらためて今回の「五〇〇」という大台達成を喜びたい。

草創期の出版企画や運営体制づくりに関わった初代編集長として当時をふり返ると、何よりもまず出版会立ち上げの実務を担った谷川恭生氏の面影が浮かんでくる。当時の谷川さんは関学生協書籍部の「マスター」として、関学内外の多くの大学教員や研究者を知的ネットワークに巻き込みながら、学術書を中心に本の編集、出版、流通、販売の仕組みや課題を深く研究し、全国の書店や出版社、取次会社に多彩な人脈を築いていた。谷川さんに連れられて、東京の大手取次会社を訪問した帰りの新幹線で、ウィスキーのミニボトルをあけながら夢中で語り合い、気がつくともう新大阪に着いていたのをなつかしく思い出す。

数年後に病を得た谷川さんが実際に手にとることができた新刊書は当初の五〇点ほどだったはずである。今や格段に充実した刊行書のラインアップに喜び、深く安堵してくれているにちがいない。それはまた、谷川さんの知識経験や文化遺伝子を引き継いだ、田中直哉氏はじめ事務局・編集スタッフによる献身と創意工夫の賜物でもあるのだから。

草創期の出版会はまず著者を学内の教員・研究者に求め「関学（の）」学術発信拠点としての定着を図る一方、学外の大学教員・研究者にも広く開かれた形を目指していた。そのためすでに初期の新刊書のなかに関学教員の著作に混じって学外の大学

教員・研究者による著作も見受けられる。その後も「学内を中心としながら、学外の著者にも広く開かれている」という当初の方針は今日まで維持され、それが刊行書籍の増加や多様性の確保にも少なからず貢献してきたように思う。

他方、新刊学術書の専門分野別の構成はこの三〇年弱の間に大きく変わってきている。たとえば出版会初期の五年間と最近五年間の新刊書の「ジャンル」を見比べていくと、現在では当初よりも全体的に幅広く多様化していることがわかる。「社会・環境（復興）」（災害復興研究を含むユニークな「ジャンル」や「経済・経営」は現在まで依然として多いが、いずれも新刊書全体に占める比重は低下し、「法律・政治」「福祉」「宗教・キリスト教」「関西学院」「エッセイその他」にくわえて、当初は見られなかった「言語」や「自然科学」のような新たな「ジャンル」が加わっている。何よりも目立つ近年の傾向は、「哲学・思想」や「文学・芸術」「国際」、「地理・歴史」のシェアが大きく上昇していることである。

こうした「ジャンル」構成の変化には、この間の関西学院大学の学部増設（人間福祉、国際、教育の新学部、理系の学部増設など）がそのまま反映されている面がある。ただ、その背景には関学だけではなく日本の大学の研究教育をめぐる状況の変化もあるにちがいない。思い返せば、関西学院大学出版会の源流の一つに、かつて谷川さんが関学生協書籍部で編集していた書評誌『みくわんせい』（一九八八—九二年）がある。それは当時の「ポストモダニズム」の雰囲気に感応し、最新の哲学書や思想書の魅力を伝えることを通して、専門の研究者や大学院生だけでなく広く読書好きの一般学生の期待に応えようとする試みでもあった。出版会草創期の新刊書にみる「哲学・思想」や「文学・芸術」のシェアの大きさとその近年の低下には、そうした一般学生・読者ニーズの変化という背景もあるように思う。関西学院大学出版会も着実に「歴史」を刻んできたことにあらためて気づかされる。これから二、三十年後、刊行書「一〇〇点」達成の頃には、どんな「ジャンル」構成になっているだろうか、今から想像するのも楽しみである。

『みくわんせい』
創刊準備号、1986年

この書評誌を介して集った人たちによって関西学院大学出版会が設立された

関西学院大学出版会への私信

田中 きく代　関西学院大学名誉教授

私は出版会設立時の発起人ではありませんでしたが、初代理事長の荻野昌弘さん、初代編集長の宮原浩二郎さんから設立のお話をいただいて、気持ちが高まりワクワクしたことを覚えています。発起人の方々の熱い思いに感銘を受けてのことで、「田中さん、研究発進の出版部局を持たないと大学と言えないよね」という誘いに、もちろん「そうよね‼」と即答しました。皆さんの良い本をつくりたいという理想も高く、何度も会合がもたれました。ことに『理』の責任者であった生協の書籍においられた谷川恭生さんのご尽力は並々ならないものであったと感謝しております。谷川さんを除けば、皆さん本屋さんの出版にはさほど経験がなく、苦労も多かったのですが、苦労よりも新しいものを生み出すことに嬉々としていたように思います。私は、設立から今日まで、理事として編集委員として関わらせていただき、一時期には理事長の要職に就くことにもなりましたが、荻野さん、宮原さん、山本栄一先生、大東和重さん、前川裕さん、田中直哉さん、戸坂美果さんと、指を折りながら思い返し、多くの編集部の方々のおかげで、やってくることができたと実感しています。五〇〇冊記念を機に、まずは感謝を申し上げ、いくつか関西学院大学出版会の「いいとこ」を宣伝しておきたいと思います。

「関学出版会の『いいとこ』は何？」と聞かれると、本がとても「温かい」と答えます。出版会の出版目録を見ていると、それぞれの本が出来上がった時の記憶が蘇ってきますが、どの本も微笑んでいます。教員と編集担当者が率先して一致協力して運営に関わっていることと、妥協しないで良い本をつくろうとすることからくる真剣な取り組みとなっているのです。出版

会の本は丁寧につくられ皆さんの心が込められているのです。

また、本をつくる喜びも付け加えておきます。毎月の編集委員会では、新しい企画にいつもドキドキしています。私事ですが、私は歴史学の研究者の道を歩んできましたが、同時にどこかでいつか本屋さんをやりたいという気持ちがあったことは否定できません。関学出版会では、自らの本をつくる時など特にそうですが、企画から装丁まですべてに自分で直接に関わることができるのですよ。こんな嬉しいことがありますか。

皆でつくるということでは、夏の拡大編集委員会の合宿も思い出されます。毎夏、有馬温泉の「小宿とうじ」で実施されてきましたが、そこでは編集方針について議論するだけではなく、毎回「私の本棚」「思い出の本」「旅に持っていく本」などの議題が提示されました。自分の好きな本を本好きの他者に「押しつけ?」、本好きの他者から「押しつけられる?」楽しみを得る機会が持てたことも私の財産となりました。夕食後には皆で集まって、学生時代のように深夜まで喧々諤々の時間を過ごしてきたことも楽しい思い出です。今後もずっと続けていけたらと思っています。

記念事業としては、設立二〇周年の一連の企画がありましたが、田村さんのご尽力で、「ことばの立ち上げ」に関われた諸氏にお話しいただき、本づくりの大切さを再確認することができきました。今でも「投壜通信」という「ことば」がビンビン響いてきます。文字化される「ことば」に内包される心、誰かに届けたい「ことば」のことを、本づくりの人間は忘れてはいけないと実感したものです。

インターネットが広がり、本を読まない人が増えている現状で、今後の出版界も変革を求められていくでしょうが、大学出版会としては、学生に「ことば」を伝える義務があります。ネット化を余儀なくされ「ことば」を伝えるにも印刷物ではなくなることも増えるでしょう。だが、学生に学びの「知」を長く蓄積し生涯の糧としていただくには、やはり「本棚の本」が大切だと思います。出版会の役割は重いですね。

『いま、ことばを立ち上げること』
K.G.りぶれっとNo.50、2019年
2018年に開催した関西学院大学出版会設立20周年記念シンポジウムの講演録

五〇〇点刊行記念 これまでの歩み

ふたつの追悼集

田村　和彦（たむら　かずひこ）　関西学院大学名誉教授

荻野昌弘さんの原稿で、一九九五年の阪神淡路の震災が出版会誕生の一つのきっかけだったことを思い出した。今から三〇年前になる。ぼく自身は一九九〇年に関西学院大学に移籍して間もなくだった。震災との直接のつながりは思いつかないが、新たな出発に向けての思いが大学に満ちていたことは確かである。

ぼく自身と出版会とのかかわりは、当時関学生協書籍部にいた谷川恭生さんに直接声をかけられたことから始まる。谷川さんの関西学院大学出版会発足にかけた情熱については、本誌で他の方々も触れられているとおりである。残念ながら、出版会がどうやら軌道に乗り始めた二〇〇四年にわずか四九歳で急逝した谷川さんには、翌年に当出版会が出した追悼文集『時（カイロス）の絆』に学内外の多くの方々が思いを寄せている。出版会についていえば、前身には発足の十年近く前から谷川さんが発行していた書評誌『みくわんせい』があったことも忘れえない。『みくわん

せい』のバックナンバーの書影は前記追悼集に収録されている。出版会を立ちあげて以来発行されてきたこの小冊子『理』にしても、最初は彼が構想する大学発の総合雑誌の前身となるべきものだったと記憶している。「理」を「ことわり」と読むことにこだわったのも彼である。谷川さんのアイデアは尽きることなく広がり、何度かの出版会主催のシンポジウムも行われた。そんななか、出版会が発足してからもいつもは外野のにぎわわせ役を決めこんでいたぼくに、谷川さんから研究室に突然電話が入り、「編集長になりませんか」という依頼があった。なんとも闇雲な頼みで、答えあぐねているうちにいつの間にやら引き受けることになってしまった。その後編集長として十数年、その後は出版会理事長として谷川さんが蒔いた種から育った出版会の活動を、不十分ながら引き継いできた。

関学出版会を語るうえでもう一人忘れえないのが山本栄一氏で

ある。

　山本さんは阪神淡路の震災の折、ちょうど経済学部の学部長で、ぼく自身もそこに所属していた。学部運営にかかわる面倒なやり取りに辟易していたぼくだが、震災の直後に山本さんが学部活性化のために経済学部の教員のための紀要刊行費を削って、代わりに学部生を巻きこんで情報発信と活動報告を行う経済学部広報誌『エコノフォーラム』を公刊するアイデアを出したときには、それに全面的に乗り、編集役まで買って出た。それをきっかけに学部行政以外のつき合いが深まるなかで、なんとも型破りで自由闊達な山本さんの人柄にほれ込むことになった。

　発足間もない関学出版会についても、学部の枠を越えて、教員ばかりか事務職にまで関学随一の広い人脈を持つ山本さんの「拡散力」と「交渉力」が大いに頼みになった。一九九九年に関学出版会の二代目の理事長に就かれた山本さんは、毎月の編集会議にも、当時千刈のセミナーハウスで行なわれていた夏の合宿にも必ず出席なさった。堅苦しい会議の場は山本さんの一見脈絡のないおしゃべりをきっかけに、どんな話題に対しても、誰に対しても開かれた、くつろいだ自由な議論の場になった。本の編集・出版という作業は、著者だけでなく、編集者・校閲者も巻きこんで、まったくの門外漢や未来の読者までを想定した、実に楽しい仕事になった。山本さんは二〇〇八年の定年後も引き続き出版会事事長を引き受けてくださったが、二〇一一年に七一歳で亡く

なられた。没後、関学出版会は上方落語が大好きだった山本さんを偲んで『賑わいの交点』という追悼文集を発刊している。

　出版会発足二八年、刊行点数五〇〇点を記念するにあたって特にお二人の名前を挙げるのは、お二人のたぐいまれな個性とアイデアが今なお引き継がれていると感じるからである。二つの追悼集のタイトルをつけたのは実はぼくだった。いま、それを久しぶりに紐解いていると関西学院大学出版会の草創期の熱気と、それを継続させた人的交流の広さと暖かさとが伝わってくる。

『賑わいの交点』
山本栄一先生追悼文集、
2012年（私家版）

39名の追悼寄稿文と、
山本先生の著作目録・
年譜・俳句など

『時（カイロス）の絆』
谷川恭生追悼文集、
2005年（私家版）

21名の追悼寄稿文と、
谷川氏の講義ノート・
『みくわんせい』の軌跡
を収録

連載 **スワヒリ詩人列伝** 小野田 風子

第8回 政権の御用詩人、マティアス・ムニャンパラの矛盾

スワヒリ語詩、それは東アフリカ海岸地方の風土とイスラム的伝統に強く結びついた世界である。そのなかで、内陸部出身のキリスト教徒として初めてシャーバン・ロバート（本連載第2回「理59号」参照）に次ぐ大詩人として認められたのが、今回の詩人、マティアス・ムニャンパラ (Mathias Mnyampala, 1917-1969) である。

ムニャンパラは一九一七年、タンガニーカ（後のタンザニア）中央部のドドマで、ゴゴ民族の牛飼いの家庭に生まれる。幼いころから家畜の世話をしつつ、カトリック教会で読み書きを身につけた。政府系の学校で法律を学び、一九三六年から亡くなるまで教師や税務署員、判事など様々な職に就きながら文筆活動を行った。これまでに詩集やゴゴの民族誌、民話など十八点の著作が出版されている (Kyamba 2016)。

詩人としてのムニャンパラの最も重要な功績とされているのは、「ンゴンジェラ」(ngonjera) 注1という詩形式の発明である。

独立後のタンザニアは、初代大統領ジュリウス・ニェレレの強い指導力の下、社会主義を標榜し、「ウジャマー」(Ujamaa) と呼ばれる独自の社会主義政策を推進した。ニェレレは当時のスワヒリ語詩人たちに政策の普及への協力を要請し、詩人たちはUKUTA (Usanifu wa Kiswahili na Ushairi Tanzania) という文学団体を結成した。UKUTAの代表として政権の御用詩人を引き受けたムニャンパラが、非識字の人々に社会主義の理念を伝えるのに最適な形式として創り出したのが、ンゴンジェラである。これは、詩の中の二人以上の登場人物が政治的なトピックについて議論を交わすという質疑応答形式の詩である。ムニャンパラがまとめた詩集『UKUTAのンゴンジェラ』(*Ngonjera za Ukuta I & II,* 1971, 1972) はタンザニア中の成人教育の場で正式な出版前から活用され、地元紙には類似の詩が多数掲載された。

ムニャンパラの詩はすべて韻と音節数の規則を完璧に守った定型詩である。ンゴンジェラ以外の詩では、言葉の選択に細心の注意が払われ、表現の洗練が追求されている。詩の内容は良い生き方を諭す教訓的なものや、物事の性質や本質を解説するものが目立つ。詩のタイトルも、「世の中」「団結」「嫉妬」「死」など一語が多く、詩の形式で書かれた辞書のようでさえある。美徳や悪徳、無力さといった人間に共通する性質を扱う一方、差別や植民地主義への明確な非難も見られ、人類の平等や普遍性について

書いた詩人と大まかに評価できよう。

一方、ムニャンパラのンゴンジェラは、それ以外の詩と比べて深みや洗練に欠けると言われる。ムニャンパラは「庶民の良心」であることを放棄し、「政権の拡声器」に成り下がったとも批判されている (Ndulute 1985: 154)。知識人が無知な者を啓蒙するというンゴンジェラの基本的な性質上、確かにそこには「愚か者」の単純化や、善悪の決めつけ、庶民の軽視が見られる。人間の共通性や普遍性に焦点を当てるヒューマニズムも失われている。表現の推敲の跡もあまり見られず、政権のスローガンをただ詩の形式に当てはめただけのようである。以下より、ムニャンパラのンゴンジェラが収められている『UKUTAのンゴンジェラI』(Diwani ya Mnyampala, 1965)、そして『詩の教え』(Waadhi wa Ushairi, 1965) から、一般的な詩をいくつか詩を見てみよう。

『UKUTAのンゴンジェラI』内の「愚かさは我らが敵」では、「愚か者」が以下のように発言する。「みんな私をバカだと言う／学のない奴と／私が通るとみんなであざけり　友達でさえ私を笑う／悪口ばかり浴びせられ　言葉数さえ減ってきた／さあ、確かなことを教えてくれ　私のどこがバカなんだ？／それに対し、「助言者」は、「君は本当にバカだな　そう言われるのももっともだ／だって君は無知だ　教育されていないのだから／君は幼子、

背負われた子どもだ／教育を欠いているからこそ　君はバカなのだ」と切り捨てる。その後のやり取りが続けられ、最後には「愚か者」が、「やっと理解した　私の欠陥を／勉強に邁進し　愚かさから抜け出そう／そして味わおう　読書の楽しみを／確かに私は　バカだったのだ」と改心する (Mnyampala 1970: 14-15)。

一方、『詩の教え』内の詩「愚か者こそが教師である」では、「愚か者」についての認識に大きな違いがある。詩人は、「愚か者はこし器のようなもの　知覚を清めることができる／愚か者こそが、賢者を教える教師なのである」(Mnyampala 1965b: 55) と、ンゴンジェラとは異なる思慮深さを見せる。また、上記のンゴンジェラに見られる教育至上主義は、『詩の教え』内の別の詩「高貴さ」とも矛盾する。

たとえば人の服装や金の装身具／あるいは大学教育や宗教の知識に驚かされることはあっても／それが人に高貴さをもたらすわけではない　そういったものに惑わされるな／服は高貴さとは無縁だ　高貴さとは信心なのだ／読書習慣とは関係ない／スルタンであることや、ローマ人やアラブ人であることでもない／それは心の中にある信心　慈悲深き神を知ること／騒乱は高貴さには似合わない　高貴さとは信心なのだ (Mnyampala 1965b: 24)

同様の矛盾は、社会主義政策の根幹であったウジャマー村に

ついての詩にも見出せる。一九六〇年代末から七〇年代にかけて、平等と農業の実施と農業の効率化を目的として、人工的な村における集団農業の実施が試みられた。『UKUTAのンゴンジェラ』内の詩「ウジャマー村」では、政治家が定職のない都市の若者に、村に移住し農業に精を出すよう諭す。若者は「彼らが言うのだ 私たちは町を出ないといけないと／ウジャマー村というが 何の利益があるんだ？」と疑問を投げかけ、「この私がどんな利益を上げられるだろう？／体には力はなく 何も収穫することなどできない」、「なぜ一緒に暮らさないといけないのか どういう義務なのか？／せっかくの成果を無駄にして もっと貧しくなるだろう」と移住政策の有効性を疑問視し、「私はここの馴染みだ 私の人生は町にある／私はここで丸々肥えて いつも喜びの中にある／もし村に住んだなら 骨と皮だけになってしまう」と懸念する。それに対し政治家は、「町を出ることは重要だ 共に村へ移住しよう／恩恵を共に得て 勝者の人生を歩もう」、「みんなで一緒に住むことは 国にとって大変意義のあること／例えば橋を作って 洪水を防ぐことができる／一緒に耕すのも有益だ 経済的成果を上げられる」とお決まりのスローガンを並べるだけである。にもかかわらず若者は最終的に、「鋭い言葉で 説得してくれてありがとう／怠け癖を捨て 鍬の柄を握ろう／そして雑草を抜いて 村に参加しよう／ウジャマー村には 確かに利益がある」

と心変わりをするのである(Mnyampala 1970: 38-39)。

この詩は、その書かれた目的とは裏腹に、若者の懸念の妥当性と、政治家の理想主義の非現実性とを強く印象づける。以下の詩を書いたときのムニャンパラ自身も、この印象に賛同してくれるはずである。『ムニャンパラ詩集』内の詩「農民の苦労」では、農業の困難さが写実的かつ切実につづられる。

はるか昔から 農業には困難がつきもの／まずは原野を開墾し 枯草を山ほど燃やす／草にまみれ 一日中働きづめだ／農民の苦労には 忍耐が不可欠

忍耐こそが不可欠 心変わりは許されぬ／毎日夜明け前に目を覚まし／すぐに手に取るのは鍬 あるいは鍬の残骸／農民の苦労には 忍耐が不可欠

森を耕し キビを植え 草原を耕し モロコシを植え／たとえ一段落しても いびきをかいて眠るなかれ／動物が畑にやってきて 作物を食い荒らす／農民の苦労には 忍耐が不可欠 (三連略)

いつ休めるのか いつこの辛苦が終わるのか／イノシシやサルに怯えて暮らす苦しみが？／収穫の稼ぎを得る前から 疑念が膨らむばかり／農民の苦労には 忍耐が不可欠

キビがよく実ると 私はひたすら無事を祈る／すべての枝が花をつける時 私の疑いは晴れていく／そして鳥たちが舞い

降りて　私のキビを狙い打ち／農民の苦労には　忍耐が不可欠（一連略）
農民は衰弱し　憐れみを掻き立てる／その顔はやせ衰え　見る影もない／すべての困難は終わり、農民はついに収穫する　みずからの終焉を／農民の苦労には　忍耐が不可欠
(Mnyampala 1965a: 53-54)

ウジャマー村への移住政策は遅々として進まず、一九七〇年代に入ると武力を用いた強制移住が始まる。しかしムニャンパラはタンザニア政治が暴力性を帯びる前、一九六九年に亡くなった。『詩の教え』内の「政治」という詩には「国民に無理強いするのは、政府のやることではない」という一節がある (Mnyampala 1965b: 5)。ムニャンパラがもう少し長く生き、社会主義政策の失敗を目の当たりにしていたなら、「政権の拡声器」か「庶民の良心」か、どちらの役割を守っただろうか。

ムニャンパラは、時の政権であれ、身近なコミュニティであれ、そこから期待された役割を忠実に演じきった詩人と言えるだろう。そのような詩人を前にしたとき、われわれはつい、詩人自身の思いはどこにあるのかと問いたくなる。しかしスワヒリ語詩において重要なのは個人の思いではなく、詩がその時代や社会において良い影響を与え得るかどうかである。よって本稿のように、社会情勢が変われば詩の内容も変わる。詩人の主張が一貫して

いないことを指摘するのは野暮なのだろう。社会主義政策は失敗に終わったが、ンゴンジェラは現在でも教育的娯楽として広く親しまれている。特に教育現場では、子どもたちが保護者等の前で教育的成果を発表するための形式として重宝されている。自由詩の詩人ケジラハビ（本連載第6回〔「理」71号〕参照）は、ムニャンパラの功績を以下のように称えた。「都会の人も田舎の人もあなたの前に腰を下ろす／そしてあなたは彼らを楽しませ、一人一人の聴衆を／ンゴンジェラの詩人へと変えた！」(Kezilahabi 1974: 40)。

（大阪大学　おのだ・ふうこ）

注1　ゴゴ語で「一緒に行くこと」を意味するという (Kyamba 2022: 135)。

参考文献
Kezilahabi, E. (1974) *Kichomi*, Heineman Educational Books.
Kyamba, Anna N. (2022) "Mchango wa Mathias Mnyampala katika Maendeleo ya Ushairi wa Kiswahili". *Kioo cha Lugha* 20(1): 130-149.
Kyamba, Anna Nicholaus (2016) "Muundo wa Mashairi katika *Diwani ya Mnyampala* Juz. 14: 94-109.
Mnyampala, Mathias (1965a) *Diwani ya Mnyampala*, Kenya Literature Bureau.
―――― (1965b) *Waadhi wa Ushairi*, East African Literature Bureau.
―――― (1970) *Ngonjera za UKUTA Kitabu cha Kwanza*, Oxford University Press.
Ndulute, C. L. (1985) "Politics in a Poetic Garb: The Literary Fortunes of Mathias Mnyampala". *Kiswahili* Vol. 52 (1-2): 143-162.

【4〜7月の新刊】

『未来の教育を語ろう』
關谷武司［編著］
A5判 一九四頁 二五三○円

【近刊】 ＊タイトルは仮題

『宅建業法に基づく重要事項説明Q&A 100』
弁護士法人 村上・新村法律事務所［監修］

『教会暦によるキリスト教入門』
前川裕［著］

『ローマ・ギリシア世界・東方』
ファーガス・ミラー古代史論集
ファーガス・ミラー［著］
藤井崇／増永理考［監訳］

『KGりぶれっと60 学生たちは挑戦する』
開発途上国におけるユースボランティアの20年
村田俊一［編著］
関西学院大学国際連携機構［編］

【好評既刊】

『ポスト「社会」の時代』
社会の市場化と個人の企業化のゆくえ
田中耕一［著］
A5判 一八六頁 二七五○円

『カントと啓蒙の時代』
河村克俊［著］
A5判 三二六頁 四九五○円

『学生の自律性を育てる授業』
自己評価を活かした教授法の開発
岩田貴帆［著］
A5判 二○○頁 四四○○円

『破壊の社会学』
社会の再生のために
荻野昌弘／足立重和／山泰幸［編著］
A5判 五六八頁 九二四○円

『KGりぶれっと59 基礎演習ハンドブック 第三版』
さあ、大学での学びをはじめよう！
関西学院大学総合政策学部［編］
A5判 一四○頁 一三二○円

※価格はすべて税込表示です。

▍好評既刊 ▍ 絵本で読み解く 保育内容 言葉

齋木喜美子［編著］

絵本を各章の核として構成したテキスト。児童文化についての知識を深め、将来質の高い保育を立案・実践するための基礎を学ぶ。

B5判 214頁 2420円（税込）

スタッフ通信

弊会の刊行点数が五百点に到達した。九七年の設立から二八年かかったことになる。設立当初はまさかこんな日が来るとは思っていなかった。ちなみに東京大学出版会の五百点目は一九六二年（設立一二年目）、京都大学学術出版会は二○○九年（二○年目）、名古屋大学出版会は二○○四年（二三年目）とのこと。特集に執筆いただいた草創期からの教員理事長をはじめ、歴代編集長・編集委員の方々、そしてこれまで支えていただいたすべての皆様に感謝申し上げるとともに、つぎの千点にむけてバトンを渡してゆければと思う。（田）

コトワリ No. 75　2025年7月発行
〈非売品・ご自由にお持ちください〉

知の創造空間から発信する
関西学院大学出版会

〒662-0891　兵庫県西宮市上ケ原一番町1-155
電話 0798-53-7002　FAX 0798-53-5870
http://www.kgup.jp/　mail kwansei-up@kgup.jp